개정판

technology for social welfare practice

사회복지실천기술론

박귀영 류미령 오현숙 이영희 이용환 현영렬 공저

양성원

머리말

2020년 불어 닥친 코로나 바이러스 19로 인한 세계적 재앙과 기후 변화에 따른 예상치 못했던 상황에서 야기되는 경제적 최대 위기 속에서 사회복지 소요는 극대화되는데, 이때야 말로 사회복지현장에서의 사회복지실천기술의 적용이 절실히 요구되고 있다.

세계 위기 속에서 복지욕구는 다양한 국가와 인종의 각기 다른 지역에서 일어나고 있으며 개인과 국가가 감당하기에 너무나 큰 상황이다 보니 사회는 분쟁과 혼란이 끊이지 않고 있으며 돈과 권력의 소용돌이 속에서 많은 사람들은 자기 역할을 감당하지 못하고 있다. 이러한 맥락에서 자신과 가족 그리고 국가가 감당하지 못하고 있는 자신의 스트레스와 역기능적 행위를 최소화하고 사회의 부적응을 합리적으로 전환하기 위해 전문지식과 사회복지실천기술을 갖춘 전문복지사가 필요하다.

따라서 사회복지사가 클라이언트를 돕는 상황에서 인간에 대한 지식의 체계, 일련의 가치관 그리고 사용 가능한 기법 내지 기술의 체계로부터 가장 효과적이라고 확신하는 도움의 방법이나 개입전략을 신중하게 선택해서 사용하게 하는 바, 이러한 맥락에서 활용하는 기법 및 기술들이 사회복지실천기술이다.

사회복지실천기술은 사회복지실천론을 바탕으로 다양한 대상들(개인, 집단, 가족)에 따라 차별적으로 적용할 수 있는 능력을 함양하고, 다양한 실천모델의 기본 과정 및 특성, 주요 기법 등을 익혀 클라이언트의 변화를 유도할 수 있도록 개입하며, 집단프로그램의 계획 및 운영능력을 함양시켜서 다양한 가족과 일하는 방법을 익히는 것을 목적으로 한다.

이러한 목적을 달성하기 위하여 다음과 같은 목표를 선정하였다.

첫째, 개인, 집단, 가족 등을 대상으로 한 개입 및 변화를 촉진하는 심층 기법을 학습한다.

둘째, 실천기술을 다양한 클라이언트에게 적용하는 역량을 향상시킨다.

셋째, 다양한 모델의 기본적 전제와 가정, 주요 기법 습득과 적용능력을 함양한다.

머리말

넷째, 어려운 클라이언트 및 다양한 유형의 가족 대상 기법을 습득한다.

다섯째, 집단대상 실천기술의 학습 및 집단프로그램 운영 능력을 향상시킨다.

그렇다면 사회복지실천기술을 왜 배우는가? 사회복지가 개인의 삶의 질을 유지, 향상하는 데 있어서 가장 중요한 제도라고 한다면, 사회복지실천은 복지제도와 정책을 구현하고 실현해 가는 일련의 과정이 될 것이며, 사회복지실천기술은 실천기술과 기법을 적용해 정책과 제도를 실현해 나가는 사회복지사에 의한 공식적 전문가 활동 영역이다.

사회복지실천기술론(Skills for Social Work Practice)은 사회복지사가 사회복지현장에서 클라이언트를 돕는 상황에서 클라이언트에 대한 지식의 체계, 일련의 가치관 그리고 사용 가능한 기법 내지 기술의 체계로부터 가장 효과적이라고 확신하는 도움의 방법이나 개입 전략을 신중하게 선택해서 사용하게 하는 바 이러한 맥락에서 활용하는 기법 및 기술이다.

사회복지실천기술에서 요망되는 목표를 달성하기 위해 어떻게 공부할 것인가? 먼저 강의 발표, 사례, 시청각 교육(영화, 현장 사례 등)을 통해 이론을 습득하고, 다음은 배운 내용을 가지고 중간, 기말 시험을 통해 총 정리하는 방법을 선택한다.

이를 위해 다음과 같은 순서로 내용을 구성하였다.

제1부 영역에서는 사회복지실천기술에 대한 기초와 기술(사회복지실천기술에 대한 기초, 사회복지실천기술의 정체성과 원조관계와 기술)을 적용할 수 있는 기초를 제공하고 그 사회복지실천기술의 관계에 대하여 기술하였다.

제2부 영역에서는 사회복지실천 모델별(사회심리 모델, 인지행동 모델, 과제중심 모델, 위기개입 모델) 개입기술로 모델별 기본개념, 실천목표와 과정, 실천기술에 대하여 기술하였다.

제3부 영역에서는 사회복지실천 대상별 기술(개인, 가족, 집단, 지역사회)로 구체적 실천기술에 대하여 기술하였다.

머리말

본 교재는, 2019-2020년 교수협의회 교과목지침의 수정사항, 직접 교재를 사용하는 교수님들의 요구사항과 일부 부족한 부분들을 최대한 반영하였다. 사회복지사 2급 학습자, 1급 자격시험을 공부하는 모든 학습자에게 사회복지실천기술을 이해하고 필드에서 사회복지 업무를 담당하는 모든 학습자들에게 사회복지실천기술에 관한 지식을 제공하고자 한다.

열심히 노력하지만 제한된 학습 영역으로 인해 부족한 부분이 많이 있다고 확신한다. 부족하지만 독자의 넓은 아량으로 이해하고 미흡한 분야에 대한 충고와 사랑을 베풀어 주시기를 부탁한다.

끝으로 책을 집필하면서 바쁜 일정 가운데서도 출판을 허락해 주신 양성원 대표님과 직원 여러분께 고마움을 전한다.

2021년 3월

선지동산에서 박귀영 씀

차 례

• 머리말 / 3

제1부 사회복지실천기술에 대한 기초와 기술

제1장 사회복지실천기술에 대한 기초 11

제1절 사회복지실천기술의 개념과 정의 13
제2절 사회복지실천기술의 준거 틀 21
제3절 사회복지사의 역할수행과 실천기술의 이전성 31

제2장 사회복지실천기술의 정체성과 원조관계와 기술 35

제1절 사회복지전문직의 정체성 37
제2절 전문적 원조관계 49
제3절 사회복지실천 원조기술 53

제2부 사회복지실천 모델 개입기술

제3장 심리사회 모델 61

제1절 기본개념 63
제2절 실천목표와 과정 66
제3절 실천기술 69

제4장 인지행동 모델 79

제1절 기본개념 81
제2절 실천목표와 과정 85
제3절 실천기술 88

제5장 과제중심 모델 ········· 95

제1절 기본개념 ········· 97
제2절 실천목표와 과정 ········· 100
제3절 실천기술 ········· 105

제6장 위기개입 모델 ········· 113

제1절 기본개념 ········· 115
제2절 실천목표와 과정 ········· 123
제3절 실천기술 ········· 128

제3부 사회복지실천 대상별 실천기술

제7장 개인대상 실천기술 ········· 137

제1절 개인대상 실천기술의 기본개념 ········· 138
제2절 개인대상 실천기술의 과정 ········· 141
제3절 개인대상 실천기술 ········· 158

제8장 가족대상 실천기술 ········· 167

제1절 가족대상 실천의 기본 개념 ········· 168
제2절 가족을 바라보는 관점과 속성의 변화 ········· 175
제3절 가족생활주기 ········· 185

제9장 가족대상 실천기술 과정 ········· 201

제1절 초기단계의 실천기술 ········· 202
제2절 중기단계 실천기술 ········· 215
제3절 종결단계의 실천기술 ········· 234

차 례

제10장 집단대상 실천기술 243

제1절 집단대상 실천기술의 기본개념 244
제2절 집단대상 실천기술의 목적과 유형 250
제3절 집단대상 사회복지사의 실천기술 261

제11장 집단대상 실천기술 과정 267

제1절 초기단계의 실천기술 268
제2절 중기단계의 실천기술 280
제3절 종결단계의 실천기술 291

제12장 지역사회대상 실천기술 301

제1절 지역사회대상 실천의 기본개념 302
제2절 지역사회대상 실천기술의 과정 309
제3절 지역사회대상 실천기술 318

• 참고문헌 324
• 찾아보기 326

제1부

사회복지실천기술에 대한 기초와 기술

제1장

사회복지실천기술에 대한 기초

학습목표

1. 사회복지실천기술의 개념과 정의를 이해한다.
2. 사회복지실천기술의 준거 틀을 학습한다.
3. 사회복지사의 역할수행과 실천기술의 이전성을 학습한다.

키워드

사회복지실천기술의 개념, 준거 틀, 사회복지사 역할수행, 사회복지실천기술의 이전성, 강점 관점, 페미니스트 관점

01 사회복지실천기술에 대한 기초

사회복지실천기술의 기초를 다지기 위하여 사회복지실천기술의 개념과 정의를 통해 사회복지실천기술의 정의와 의미를 정립하도록 한다. 사회복지실천기술론에서 사회복지사는 여러 가지 갈등에서 어떤 것을 선택할 것인지 결정하기란 쉽지 않아, 전문직으로서 정체성을 찾는 것 또한 어려운 일이다. 그러나 전문가로서 결정하지 않으면 안 되는 상황에서 현재 안고 있는 상황을 분석하고 해석하여 여러 대안을 선정하고 그 대안 중 최선의 안을 결정해야 한다.

이때 지금까지 쌓아온 수많은 지식을 통해 그것에 맞는 이론이나 모델을 선택하고 클라이언트의 심리적 상태를 읽어야 하며, 이것들이 사회복지정책과의 적용을 결정하고 그것을 실행에 옮기는 데 행정적 구조를 선택하고 적용시켜 나가는 일련의 과정이다.

이러한 일련의 과정의 중심에 선 사회복지 전문가로서의 역할을 판단하고 업무를 다루는 과정에서 올바른 사상과 이념, 가치관과 윤리의식을 가지고 적용하지 않으면 실패할 수 있다.

본 장에서는 이를 위해 사회복지실천기술의 개념과 정의, 사회복지실천기술의 준거 틀, 사회복지사의 역할수행과 실천기술의 이전성에 대하여 정리하였다.

제1절 사회복지실천기술의 개념과 정의

1. 사회복지실천기술의 정의

사회복지실천기술은 사회복지(social welfare)와 사회복지실천(social work practice) 그리고 사회복지실천기술(social work practice skill and techniques)이다. 사회복지는 '혼자서는 해결할 수 없는 어려운 문제로 도움을 요청하는 이들에게 전문적 조직에 종사하는 이들이 제공하는 원조활동이다.'라고 정의되고 있다.

사회복지실천은 '사람의 질 향상을 위해 개인, 가족, 집단, 지역사회의 문제와 욕구를 해결하기 위해 종합적인 서비스 접근방법을 찾아 적용하는 종합적인 전문 활동'으로 정의되어 있으며, 사회복지실천기술은 '사회복지사가 클라이언트와의 관계에서 사회복지실천의 가치와 지식에 기초하여 클라이언트와 관련된 특별한 상황의 변화를 위하여 가장 효과적이라고 확신하는 도움의 방법이나 개입전략을 신중하게 선택해서 사용하게 하는 바, 이러한 맥락에서 활용되는 기법 및 기술들'이라고 정의한다.

사회복지는 사회구성원의 일정한 생활수준, 보건상태를 확보하기 위한 사회정책 및 제도의 조직적인 체계라고 규정할 수 있다. 사회복지의 개념을 좁은 의미로 사용할 때는 노인 · 신체장애자와 같이 평균적 생활수준에서 낙오된 사회적 약자에 대한 특수한 사회적 보호의 방책이라고 규정할 수 있다. 더 넓은 의미로는 사회적 약자뿐만 아니라 사회의 모든 구성원에게 그들이 속해 있는 사회와 적절한 관계를 확보할 수 있는 수단을 제공하는 계획적인 사회적 서비스 또는 시설의 체계로 규정할 수 있다.

사회복지실천은 사회복지를 보다 기술적이고 미시적인 측면에서 규정하거나 전문적인 실천기술을 강조하고자 할 때 주로 사용되어 왔다. 따라서 사회복지실천은 전문사회복지사가 클라이언트를 직접, 일대일로 만나서, 친밀한 상호작용을 통해 사회복지의 가치와 전문지식을 최대한 활용하여 개입함으로써 클라이언트의 욕구와 문제를 해결하고, 적절하게 사회적 기능을 수행할 수 있도록 원조하는 것이다.

사회복지실천기술을 정의하기 전에 '기술'의 정의를 살펴보면, 기술(skills)은 "학습을 통해서 발달되는 신체적 · 언어적 행동의 복합적 조직이며, 특별한 목표를 지향하거나 특별한 활동을 집중하는 것", "사회복지사가 실천상황에서 사용하는 지식, 기술적 전문성, 판단 및 경험의 정도를 의미하며, 행동과 중재의 과정을 의미"한다.

따라서 사회복지실천에서는 여러 상황에 다양하게 적용할 수 있는 기술이 필요하다. 비슷한 말로 기법(techniques)은 '기교와 방법을 아울러 이르는 말, 기교를 나타내는 방법'이라고 하고, 방법(methods)은 '어떤 일을 해 나가거나 목적을 이루기 위하여 취하는 수단이나 방식'이라고 하며, 철학적 기술의 의미는 '객관적 진리에 이르기 위하여 사유 활동을 행하는 방식'이다.

사회복지실천기술의 정의를 살펴보면, 존슨((Johnson, 1995)은 "관심과 욕구에 맞추어 지식과 가치를 행동으로 전환하는 사회실천의 구성요소는 특정 목표나 활동을 향한 복잡한 행위체계라"하였고, 모라레스와 시포(Morales & Shefor, 1998)는 "지식과 개입기법을 효과적으로 사용할 수 있는 능력"이라 하였다.

미국사회복지교육협의회의 실천기술은 다음과 같다.

첫째, **인지적 기술**: 상황 속의 사람을 생각하고, 사람과 상황에 관한 이해를 개발하고, 활용해야 할 지식을 명백히 하고, 중재를 위한 계획을 수립하고 평가를 수행하는 데 사용되는 기술이다.

둘째, **상호작용적 기술(관계적 기술)**: 개인, 가족, 집단 및 지역사회와 함께 일하는 데, 이해를 전달하고 개발하는 데, 함께 계획을 수립하는 데, 행동계획을 평가하는 데 사용되는 기술이다.

사회복지실천기술이란 '클라이언트 체계와의 관계에서 사회복지실천의 가치와 지식에 기초하여 클라이언트와 관련된 특별한 상황의 변화를 위하여 심리사회적 개입을 할 수 있는 사회복지사의 능력이며, 사회복지실천기술은 특수한 상황에 맞는 적절한 기법을 선택, 그것을 효과적으로 이용하는 능력'이라 하였다.

전재일과 이성희(2006)는 "클라이언트(개인, 집단, 지역사회)와의 관계에서 사회복지실천의 가치와 지식에 기초하여 클라이언트와 관련된 특별한 변화를 위하여 심리사회적 개입을 할 수 있는 사회복지사의 능력"이라 하였다.

김일융 외(2009)은 "클라이언트(개인, 집단, 지역사회)와의 관계 속에서 클라이언트와 관련된 특별한 상황 아래서의 사회사업의 가치와 지식에 근거한 변화를 위한 심리 · 사회적 개입을 할 수 있는 사회복지사의 능력"이라 하였다.

박귀영(2016)은 "클라이언트(개인, 가족, 집단, 지역사회)와의 관계 속에서 클라이언트와 관련된 문제에 대하여 사회적 복지이념의 가치와 지식에 근거한 개입을 할 수 있는 사회복지사의 능력"이라 정의한다.

이상의 사회복지실천기술에 대한 개념의 정의를 종합하면, 클라이언트의 변화와 사회적 기능 향상을 위해 사회복지사가 사회복지실천의 가치와 지식에 기초한 기술을 사용하는 능력을 말한다. 한편, 사회복지실천기술(social work practice skill and techniques)은 다음의 네 가지 특성을 가진 일련의 인지적이고 행동적인 행위를 말한다(Coumoyer, 2002).

① 사회복지실천의 지식, 가치, 윤리, 의무에서 나와야 하고, ② 사회복지사에게 필요한 핵심적 자질과 일치해야 하며, ③ 전문적 통합성의 특징을 반영해야 하며, ④ 실천의 단계나 과정의 맥락을 고려할 때 사회복지실천 목적과 일치하는 것이어야 한다.

그렇다면 사회복지현장에서의 기술은 사회복지의 가치와 전문적인 지식을 최대한 활용하여 클라이언트의 욕구에 적절하게 개입하는 능력이 바로 기술(skill and techniques)일 것이다. 바로 어떻게, 어떤 방식으로 접근 또는 개입할 것인가에 대한 것이다. 즉, 기술의 핵심은 언제, 어떤 방식으로 클라이언트의 문제가 해결되어 기능이 향상될 수 있도록 하느냐 하는 것이다.

따라서 실천기술은 사회복지사의 능력에 따라 그 효과가 달라질 수 있으며, 클라이언트의 구체적 상황에 따라 적용기술이 다양하게 변화할 수 있고 그 효과도 달라질 수 있다. 이와 같은 실천기술은 고도의 숙련기술이다. 특별한 훈련과 다양한 현장경험을 필요로 하는 기술이고, 현장에서 오랫동안에 체득한 기술인 것이다. 사회복지실천기술은 로봇처럼 모든 클라이언트, 모든 문제, 모든 상황에 똑같은 방식으로 이루어지는 단순한 기법적(technical, 기업은 주어진 업무에 이용되는 도구나 특별한 절차로 볼 수 있음) 활동으로 보아서는 안 된다. 사람-문제-상황의 특성과 욕구에 적합한 기술들을 선택하고 조합하고 적용할 수 있어야 하고, 숙련을 요하는 기술이다(Cournoyer, 김인숙 · 김용석 역, 2006).

2. 사회복지실천기술의 역사

사회복지실천기술의 발달에 미친 영향은 미국의 사회사업(social work) 역사에서 설명된다. 1915년 미국의 플렉스너(Flexner)는 National Conference of Charities and Correction에서의 연설에서 전문직의 속성을 6가지로 들면서(속성모델에 의하여), 사회사업이 전문직인지 아닌지를 이 6가지의 속성에 의거하여 분석하였다. 즉, 사회사업은 전문직의 특성을 보이는 면(지적이고, 과학과 학습으로부터 지식을 가져오며, 전문직업적 자기의식이 있고, 이타적이라는 면)도 있지만, 중요한 기준에서 결함이 있으므로 전문직이 아니라고 단언하였다.

플렉스너에 의하면, 이 결함의 근원은 '사회사업의 범위가 너무 넓기 때문에 경계를 정하기가 불가능하다'는 것이다(Austin, 1983: 363에서 재인용). 또한, 전문직은 확실하고 구체적인 경계가 있어야 하는데 사회사업가들의 업무는 너무 넓고 다양하며, 따라서 짜임새 있고 목적적으로 조직된 교육적 훈련이 현실적으로 불가능하다고 주장하였다.

이후 미국의 사회사업계는 플렉스너가 지적한 전문직의 속성을 갖추기 위하여 노력하여 왔다. 이러한 지적에 따라 사회사업계에서는 전문직으로 인정받기 위하여, 사회사업의 초점을 좁히고 교육적으로 소통 가능한 기법을 개발하기 위하여 노력하였다. 이는 개별사회사업, 즉 심리학 지향의 의료모델로 경도되는 결과를 가져왔다(Austin, 1983: 373). 이러한 경향은 오늘날의 임상사회사업으로 맥이 이어지며 미국 사회사업의 주류를 형성하고 있다.

사회사업은 특정 시대의 사회적 환경 안에서의 위치에 의해서 규정된다. 미국에서 사회사업은 집권정당의 정책적 기조와 경제적 환경의 변화에 따라서 강조점이 바뀌어 왔는데, 초창기부터 지금까지 관심사가 이중으로 나누어졌다. 하나의 흐름은 개인, 가족, 집단의 개별적 욕구를 강조하는 것이고, 또 하나의 흐름은 사회개혁과 사회정의, 즉 집합적 선을 강조하는 것이다. 미국사회는 전반적으로 자유주의에 기반을 두고 있으며, 전문직화에 박차를 가해 왔으므로 개인치료의 강한 전통을 가지고 있다.

그러나 1930년대의 공황시대, 그리고 1960년대의 대빈곤전쟁의 큰 사회적 변화 시기에는 사회개혁과 빈곤계층에 대한 헌신을 강조하는 주장이 대두되었으며, 이러한 입장은 오늘날까지도 흐름을 형성하고 있다(Gibelman, 1998: 300).

현재 전 세계적인 신자유주의 흐름과 맞물리면서 미국에서는 사회사업 석사학위 소지자의 50% 이상이 중산층 클라이언트에 대한 유료 서비스에 종사할 정도로 개인 치료적 흐름이 지배적이다. 그러나 이러한 시점에서 다시 사회적 약자와 빈곤계층에 대한 전문직의 헌신이 강조되고 있는데, 이는 사회사업 100주년을 맞이하여 미국 사회사업계의 대표적 학술지인 「Social Work」의 1998년과 1999년 특집호에 잘 나타나고 있다(Gibelman, 1998). 이러한 입장의 차이는 사회사업계를 분열시킨 면도 있지만, 다양한 논의를 활성화시키면서 사회사업을 발전시킨다고 볼 수 있겠다.

우리나라의 경우, 한국전쟁 이후 구호사업으로 사회사업이 시작되어 일반인들은 자선사업과 전문사회사업을 혼돈하고 있는 가운데에, 1980년대 들어 사회복지계가 급격히 확대되면서 사회복지사의 사회적 위상과 전문성의 문제가 대두되었다. 또한 사회사업 대학교육은 전문사회사업 실천현장이 없는 상태에서 미국식의 케이스워크 위주의 교육으로 시작되어 이것이 현실과 맞지 않는 가운데, 우리나라에 맞는 사회복지실천기술의 정체성과 전문성을 제시하지 못하고 있다(이창호, 1990; 박종우, 1993; 이혜경, 1995).

우리나라의 교육과정은 미국의 사회사업을 그대로 받아들이는 과정에서 지나치게 심리학적 패러다임을 갖게 되었다. 더욱이 이러한 심리학적 패러다임은 우리 사회의 정치적 보수성과 맞물리면서, 사회복지실천에서의 사회 개혁적 패러다임은 거의 목소리를 내지 못하고 있다. 따라서 사회복지실천의 지향점과 목표, 정체성에 대한 논의 자체가 활성화되어 있지 못하다. 그러나 과연 미국식 개인주의 및 자유주의에 입각한 미국식 전문사회사업의 전통, 즉 인간의 문제를 많은 부분 개인의 문제로 개념화하여 사회적응을 목표로 하여 치료를 제공하는 쪽으로 경도된 개입이, 복지제도가 정비되지 못한 우리 사회의 발전상황에 적합한 것인지에 대하여 우리는 보다 진지한 논의를 해야 할 것이다.

3. 사회복지실천기술의 필요성

좋은 의도만으로는 부족하며 바른 방법으로, 진정으로 수혜자에게 도움을 줄 수 있는 방법을 찾아야 한다. 이러한 노력이 사회복지학이며 그중에서도 직접적 실천인 사회복지실천방법론이며 실천론은 이론적 배경을, 실천기술론은 개입기술을 다루게 된다.

이렇게 돕는다는 것은 도움을 제공하는 사람의 입장이 아니라 받는 사람의 입장에서 그들의 편에서 그들에게 적절한 방법으로 제공되어야 하며 수혜자의 자립의지를 고취하며 능력을 개발하여 자립할 수 있도록 도움이 제공되어야 할 것이다. 그렇게 하기 위해서는 인간행동과 심리, 사회적 자원 등의 다양한 요소들에 대한 지식이 요구되며 이러한 지식과 이론에 근거해서 도움을 제공할 수 있는 기술이 요구된다. 즉, 사회복지실천기술이 요구되는 것이다.

사회복지는 사회적 존재로서 인간이 갖는 상호의존성과 상호작용의 욕구로 인해서 발생하는 개인이나 집단의 사회적 기능을 향상시키는 것이 목적이다. 사회적 기능이란 다른 원조 전문직과 사회복지를 구분하는 핵심개념으로 개인의 능력과 욕구, 그리고 사회적 환경의 기회와 욕구 사이의 적합성과 관련되며, 이러한 관점에서 보면 사회복지실천은 다음과 같은 일을 담당한다.

첫째, 욕구를 가진 개인들에게 실질적인 서비스를 획득하도록 도우며

둘째, 개인, 가족 그리고 집단에게 상담 및 치료를 제공하고

셋째, 집단이나 지역사회가 요구하는 서비스를 제공하거나 기존의 서비스를 개선하도록 서비스 제공과 관련된 입법, 행정 그리고 사회행동과 관련된 일을 수행한다.

예를 들면, 할아버지가 한 사회인으로서 살아가는 데 요구되는 서비스를 받을 수 있도록 도우며, 그 가족을 포함해서 할아버지에게 요구되는 상담과 치료서비스를 제공하고, 할아버지와 같은 사람들을 위해서 제공되는 서비스와 관련된 법과 행정 그리고 필요한 경우에는 사회적 행동을 통해서 할아버지가 구걸하고 다니지 않아도 되도록 기존의 서비스를 개선하는 일을 하게 된다. 이렇게 사회복지사는 특정 클라이언트와 집단의 사회적

기능을 향상시키고 장애를 예방하기 위해서 개인 심리적인 면과 함께 대인 관계적 접근과 자원과의 연계 및 조성이라는 상호관계를 다루게 된다.

사회복지의 실천방법은 두 가지로 나뉘어진다. 하나는 직접적 실천으로 직접 서비스를 전달하는 활동과 관련되는 이론과 기술들이다. 예를 들면, 어떤 문제를 가지고 찾아온 클라이언트들을 상담을 통해서 직접 문제를 해결해 주는 것이다. 이렇게 하기 위해서는 욕구를 파악하기 위한 면접의 기술과 문제를 해결하는 데 관련된 기술이 요구된다. 이와 같은 실천은 주로 개인을 대상으로, 심리적 문제와 대인관계 문제를 중심으로 이루어진다.

예를 들면, 돈을 요구하는 할아버지가 도박으로 돈을 탕진해 버렸기 때문에 가족으로부터 버림을 받아 구걸하고 있다면, 도박에서 벗어날 수 있도록 치료적 개입을 해 나갈 수 있을 것이다. 아니면 가족과의 불화로 가출했다면 가족문제를 해결하고 가족관계를 조성하기 위한 서비스를 제공할 것이다. 다른 하나는 간접적 실천으로, 자원과의 연계나 환경의 조정 등을 통한 실천으로 개인뿐만 아니라 가족, 집단이나 단체, 지역사회 등과 함께 일하는 데 자주 활용되는 실천방법이다.

예를 들면, 할아버지가 구걸을 하는 이유가 가족의 학대와 방임에 의한 것이라면 할아버지가 안전하게 생활할 수 있는 환경을 조성해 드리기 위해서 쉼터로 안내해 드릴 수 있을 것이다. 아니면 생활비가 부족해서 구걸을 한다면 다른 자원과의 연계를 통해서 생활비를 마련할 수 있도록 개입할 수 있을 것이다. 이렇게 사회복지실천은 욕구를 가진 대상자들에게 직접 상담과 치료 등의 서비스를 제공하는 것에서, 자원의 연계나 환경의 조성 등 다양한 실천이 개인, 가족, 집단 그리고 지역사회를 대상으로 이루어진다.

4. 실천기술의 기반

사회복지실천기술은 사회복지라는 큰 분야의 한 부분으로 사회복지의 실천이라는 최종 과정에 해당한다. 사회복지는 인간의 욕구 중 어느 부분을 도와주고 어느 부분은 도와주지 않을 것인가라는 문제와 무엇을 도와줄 것이며 누구를 얼마나 도와주어야 하는지의 문제, 제한된 자원을 어떻게 마련하고 어떤 경로를 통해서 전달할 것인지 등이 전체 내용을 구성하고 있다. 사회복지실천기술은 이러한 모든 과정을 통해서 최종적으로 결정된 서비스를 현장에서 일하는 사회복지사가 최종적으로 전달하는 일과 관련된 활동이다.

그러므로 사회복지사는 인간과 사회에 관한 다양한 기초지식을 배경으로 클라이언트와 관계를 맺기 위해 요구되는 대인관계기술과 도움을 제공하기 위한 의사소통기술이 요구된다. 문제해결을 위한 기술로 클라이언트가 찾아왔을 때 제시된 문제를 파악하고 요구되는 정보를 찾아내어 개입의 목적과 방법을 파악해 내는 기술이 필요하다.

이러한 기술은 연이어질 지속적인 개입을 위한 준비의 틀을 제공하는 것이다. 이렇게 문제의 사정과 개입의 목표를 결정하고 개입을 통해서 문제를 해결해 나가는 기술은 어떤 종류의 실천이든 간에 기본적으로 요구되는 기술이다. 사회복지를 실천하는 사회복지사는 어떤 지식과 기술을 가진 사람으로 무엇을 하며 어떻게 사회복지를 실천하는가?

사회복지사들이 사회복지를 실천하기 위해서 요구되는 기술들을 관계론, 면접론 그리고 과정론으로 분류한다. 즉, 사회적 배경과 경험이 다른 사람들과 좋은 관계를 만들기 위한 관계론과 이들의 욕구를 파악하고 해결하기 위해서 대화와 의사소통을 해 나가는 면접론과 제시된 문제나 욕구를 해결해 나가는 방법인 과정론으로 나누어진다.

이와 함께 문제해결을 위한 도움을 제공하기 위해서 사회복지사로서 갖추어야 하는 기본적인 태도와 자기인식이 요구되며 합법적이고 윤리적인 개입을 해야 한다. 사회복지실천이 윤리적이고 합법적인 실천이 되기 위해서는 실천의 윤리에 대한 이해로 사회복지사가 지켜야 하는 윤리와 행동규칙이 있으며, 도움을 제공하는 사회복지사 자신의 강점과 약점 그리고 한계 등에 대한 이해가 필수적으로 요구된다.

따라서 도움을 받기 위해서 찾아온 사람과 좋은 관계를 맺기 위한 관계형성기술과 일상적인 의사소통을 포함하는 상담기법 등의 면접의 기술과 문제를 해결해 나가는 과정에 대한 이해 등의 기본적인 기술을 익혀야 할 것이다. 이러한 전문적 지식과 기술들을 습득하여 전문가로서의 자질과 기술을 통합시킴으로써 사회복지사로서의 전문적 자아를 개발해 나갈 수 있을 것이다.

5. 사회복지의 예술성

사회복지는 과학과 예술의 조합이다. 사람은 모두가 다른 독창성과 특이성을 가지기 때문에 과학적 지식을 개인마다 독특하게 적용해 나가기 위해서는 직관과 창의성, 개인적 가치관과 태도 및 스타일이 발휘되어 문제를 다루어 나가게 된다.

사회복지실천의 예술성은 즉시성과 직관에 의해서 어떤 기법을 언제 어떻게 활용할 것인가라는 문제와 관련된다. 예술이란 학습만으로 배울 수 없는 직관적인 능력이라고 할 수 있다. 사회복지에서 배운 많은 지식들을 언제 어떻게 활용하는가는 과학적인 근거에 기반하지만 즉시성이라는 직관적이고 예술적인 능력이 발휘되어야 한다. 직관적 요소는 학습만으로 배울 수 없으며, 개인적으로 개발해 나가기 위해서는 지속적으로 노력해야 할 부분이다.

예 도둑부자 이야기

말로써 가르치는 것이 아니라 스스로 깨쳐 나가도록 기회를 만들어 주며 어떻게든 자신이 알아서 해결해 나가도록 힘을 길러 나가는 것이 사회복지의 예술성이다. 즉, 언제, 어떻게, 어떤 기술을 사용해서 클라이언트의 욕구를 충족시켜 주며, 직면한 어려움이나 문제에서 벗어날 수 있도록 도와 나가는 기술은 사회복지사가 스스로 익혀나가야 하는 사회복지의 예술성이다.

제2절 사회복지실천기술의 준거 틀

1. 실천기술의 준거 틀의 조건

좋은 이론만큼 실용적인 것은 없다고들 말한다. 일부 사회복지사들은 지식을 제공하고, 효과적이며 전문적으로 되는 데 도움을 주는 많은 개념적 틀을 이해하고 분류하는 작업을 할 때 이 말에 의문을 제기할지도 모른다. 그럼에도 불구하고 이 준거 틀들은 중요하며 이의 적절한 적용은 사회복지실천을 향상시켜 왔다.

사회복지실천기술의 준거 틀은 다음의 기준에 적합해야 한다.

(1) 실천 준거 틀이 전문직의 목적, 가치, 윤리와 일치해야 한다.
(2) 다른 사람과 의사소통이 가능해야 한다.
(3) 일반인들이 이해할 수 있어야 한다.
(4) 매우 복잡하고 혼란스러운 상황을 분석하고 이해하는 데 사회복지사에게 도움을 줄 수 있어야 한다.
(5) 변화과정의 다양한 국면에 지침과 방향을 제시해야 한다.
(6) 경험적 기반에 의존해야 한다.

2. 실천기술의 준거 틀 선택을 위한 지침

어떤 실천 준거 틀을 선택하느냐에 따라 사회복지사의 시야와 선택의 폭이 좌우된다. 특히 학생들과 신입 사회복지사는 하나의 실천 준거 틀에 한정되거나 그것이 보편적으로 적용될 것이라고 가정하는 것을 경계해야 한다. 메이어(Meyer, 1987)는 공식의 교육기간 동안에 사회복지사가 단 하나의 이론이나 방식만을 적용하는 것과 직업생활 내내 그 접근법만을 연구하는 것에 그치는 점들을 경고하고 있다. 이러한 자세는 근시안적일 뿐만 아니라 동시에 클라이언트에게 해를 끼친다.

1) 선택된 실천기술의 준거 틀

실천 준거 틀을 개발하는 것은 사회복지사의 목록을 구성하는 관점, 이론, 모델을 신중하게 선택하는 작업이다. 처음으로 준거 틀을 개발할 때 사회복지사는 오직 제한된 몇 개의 준거 틀만을 적용하게 된다. 그러나 점차 고용된 기관의 요구, 자신의 관심, 능력에 따라 적용하는 준거 틀의 수는 증가한다.

2) 선택된 사회복지실천기술 관점

사회복지사의 실천기술 준거 틀의 요소 중의 한 가지는 실천관점이다. 실천관점은 사회복지사가 실천상황에서 특정한 요소들에 초점을 맞추어 접근하도록 한다.

(1) 일반사회복지사 관점

사회복지사는 다양한 모델과 이론, 기법을 자유롭게 활용하면서 모든 클라이언트와 상황에 접근할 수 있다. 미시적인 수준에서 거시적인 수준에 이르는 다양한 수준의 개입에 초점을 맞출 수 있다.

> **적용** 실천에 관한 이와 같은 사고방식은 원조과정 초기단계에 가장 적절하며 필요하다. 즉, 문제가 정의되고 사정되며, 변화할 필요가 있는 것과 어떤 접근법이 사용될 것인가에 대한 결정을 내리는 때이다. 이 관점에서 사회복지사는 몇 개의 가능한 요점들과 개입수준을 명확히 하고 고려한 후에 가장 적절하고 실행할 수 있는 것을 선택하게 된다.

(2) 일반체계 관점

클라이언트의 행동과 기능수행에 영향을 미치는 생물학적 · 사회적 체계들의 역동적 상호작용에 초점을 맞추도록 사회복지사를 원조한다.

> **적용** 원조과정의 초기단계, 특히 사정에 매우 유용하다. 또한 체계의 모든 부분은 다른 모든 부분에 의해 영향을 받는다는 원칙이 주어지기 때문에, 사회복지사는 클라이언트체계의 변화를 돕는 개입지점과 유형들이 있다는 것을 상기한다.

(3) 생태체계 관점

사회복지사가 실천상황의 '환경 속의 개인' 맥락에 초점을 유지하도록 한다.

적용 이 관점은 클라이언트체계가 대처하고, 생존하며, 필요한 자원을 위한 경쟁을 위해 변화하는 환경에 적응하는 다양한 방법을 이해할 수 있도록 돕는다. 상황적·환경적 맥락에서 클라이언트체계를 보기 때문에 사정과 계획단계에 가장 유용한 관점이다.

(4) 강점 관점

사회복지사가 사정과 개입 동안에 클라이언트의 능력에 관심을 기울이도록 한다.

적용 이 관점은 모든 클라이언트와 활동할 때 그리고 원조의 전 과정에 필요하다. 사회복지사가 사용하는 수많은 실천이론과 모델에 이 관점은 내재되어 있고, 서비스 전달체계에 만연해 있는 클라이언트의 병리, 문제, 취약점들에 대한 선입관 등을 상쇄시키는 중요한 영향력을 가진다.

(5) 민족 관점

사회복지사는 클라이언트의 다양한 인종적, 문화적, 종교적 배경에 세심한 관심을 가져야 하며 차별과 그 결과를 다루어야 함을 확신한다.

적용 이 관점은 실천에서 클라이언트가 사회복지사와 다른 배경을 가지고 있는 경우와 특히 사회적 억압과 차별이 클라이언트의 문제와 관련되어 있는 경우에 필요하다. 원조의 전 과정에 적절하게 활용된다.

(6) 페미니스트 관점

성, 성역할 등에 관한 사회적 통념과 고정관념이 사회복지실천에서 다루어져야 함을 확신한다.

적용 이 관점은 클라이언트가 여성이고, 성차별과 성역할 고정관념이 사회복지사가 관심을 갖는 문제와 관련이 있다고 믿을 만한 이유가 있을 때는 언제나 필요하다. 원조과정 전반에 걸쳐 특히 문제정의와 사정에 적용될 수 있다.

3) 사회복지실천기술의 위치

사회복지실천기술의 학문적 위치에 대하여 호베(Howe)는 사회복지이론과 사회복지를 위한 이론으로 구분하여 사회복지실천과 기술을 위한 이론에 속한 것으로 분류하였다(Sheafor & Horejsi, 2005: 83-88) 여기서 그는 클라이언트와 원조활동에 초점을 두는 사회복지를 위한 이론을 다시 지향이론과 실천 준거 틀로 구분하고, 다시 실천 준거 틀을 실천관점, 실천이론, 실천모델로 분류하였다.

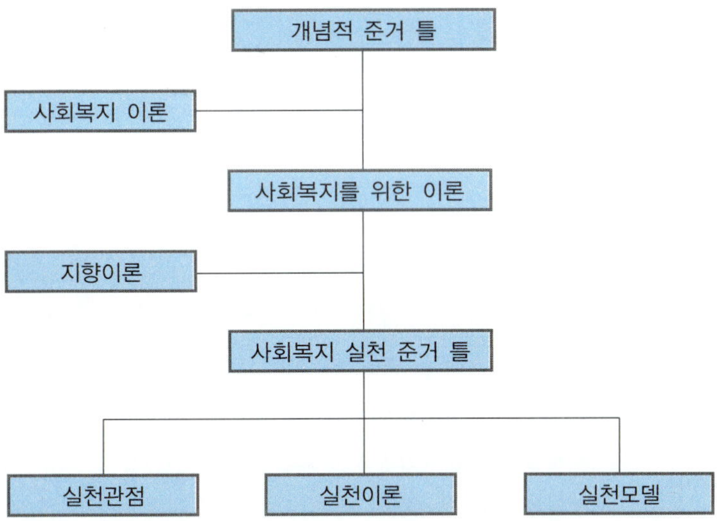

[그림 1-1] 사회복지의 개념적 준거 틀의 유형

4) 사회복지실천의 기초 기술의 구분

사회복지실천현장에서 사용하게 되는 기초기술을 구체적으로 구분하면 〈표 2-1〉과 같다.

〈표 1-1〉 사회복지실천의 기초 기술의 구분

구 분	내 용
면담기술	의사소통 및 관여 기술
사정기술	① 개인과 환경의 상호작용 맥락에서 문제나 어려움을 발견하는 기술 ② 전 단계에서 알아낸 클라이언트의 문제와 관련된 정보를 의미 있게 만들도록 노력해야 함 ③ 사람과 상황이 문제에 어떻게 영향을 미치는지 또 그 역의 관계에 대하여 이해 ④ 사람과 환경 내의 강점과 자원을 이용하여 클라이언트의 문제가 어떻게 다루어질 수 있는지를 고려해야 함(김인숙 · 김용석, 2002: 235).
개입기술	① 문제나 어려움을 해결하는 기술 ② 사회복지사가 클라이언트에게 영향력을 행사하여 의도적인 변화를 일으키도록 하는 기술 ③ 클라이언트는 직면한 자신의 문제를 해결하도록 하는 기술 ④ 클라이언트 자신의 능력과 잠재력을 개발하도록 하는 기술(김기태 외, 2004: 239)
팀워크기술	문제해결을 위한 다른 전문지식과 합동으로 노력하는 기술
지지망 구축 기술	개입효과를 지속해서 클라이언트의 자립을 유도
협상기술	클라이언트와 사회복지사와 관련된 주변체계와의 협상기술
평가 및 종결 기술	클라이언트와 사회복지사와의 협조적 노력 결과를 평가하고 클라이언트의 자립생활을 위해 종결하는 기술

3. 실천이론과 모델들

개념적 틀의 연구에서 지적한 것과 같이 사회복지사가 활용하는 개입접근은 유사하지만 그 강조점이 다르다. 어떤 접근은 변화가 왜, 어떻게 일어나는지에 대한 기본적인 가정이 다르고 어떤 것들은 그들이 원조하고자 하는 클라이언트의 특성이 다르다. 사회복지사의 지속적인 활동은 클라이언트의 욕구를 가장 잘 충족시키면서 사회복지사의 스타일과 가장 잘 맞는 관점, 이론과 모델의 구성을 선택하는 것이다. 실천관점은 홀로 존재하는 것이 아니다. 다양한 실천이론들과 모델들과 관련되어서 활용된다.

1) 정신역동 이론에 기초한 실천

내적인 사고와 갈등을 보다 더 잘 이해하도록 도움으로써 개인의 사회적 기능을 향상시킨다.

> **적용** 이 접근활용의 선행조건은 규칙적으로 짜여진 일련의 상담기관에 적극적으로 참여하고자 할 수 있으며, 동기가 있고, 언어능력을 갖춘 클라이언트이다.

2) 행동주의 이론에 기초한 실천

개인, 부부, 가족 혹은 조직이 새로운 행동을 학습하고, 문제행동을 감소시키도록 원조함으로써 사회적 기능을 향상시킨다.

> **적용** 이 접근을 성공적으로 활용하기 위해서는 증가 혹은 감소시키고자 하는 행동의 빈도, 기간, 강도를 구체적으로 조작적 정의하는 것이 가능해야 한다. 또한 클라이언트나 전문가는 변화의 표적이 된 행동에 따르는 결과를 통제할 수 있어야 한다.

3) 인지-행동주의 이론에 기초한 실천

클라이언트가 자신의 생활 경험을 보다 현실적이고 긍정적으로 인식, 사고, 해석하는 방법을 학습하도록 지지함으로써 사회적 기능을 향상시킨다.

> **적용** 이 접근에서는 클라이언트는 필요한 지적인 능력과 자신의 사고방식을 분석하고 모니터하는 데 필요한 시간을 투자하고자 하며, 장기간 습관화된 사고방식을 바꾸고자 하는 노력이 요구된다. 10세 혹은 그 이상의 아동과 자신의 사고방식을 개발시키는 과정에 있는 청소년, 물론 성인에게도 적용될 수 있다.

4) 인간-중심치료에 기초한 실천

클라이언트의 사고와 느낌을 반영하고, 주의 깊은 경청을 강조하는 비지시적인 원조과정을 통해 자기가치감과 자기이해를 향상시킴으로써 사회기능을 향상시킨다.

> **적용** 이 접근은 보통 클라이언트가 자발적이고 동기가 있고, 자신의 의사를 표현할 수 있고, 생각할 줄 알아야 한다. 외적 혹은 환경적인 요인들로 인한 문제에 지나친 부담을 가지고 있어서도 안 된다.

5) 현실치료에 기초한 실천

클라이언트의 현재 상황, 자신의 행동에 대한 책임감, 타인들의 욕구와 권리의 존중에 초점을 맞춤으로써 개인 혹은 집단의 사회기능을 증진시킨다.

> **적용** 현실치료는 클라이언트가 비자발적이라는 것을 가정하는 몇 안 되는 접근 중의 하나이다. 교정기관의 약물남용 치료 프로그램에서 활동하는 실천가들에게 일반적으로 사용된다.

6) 상호작용 모델

사람들 간의 상호작용 중재를 통해 사회기능을 증진시킨다.

> **적용** 이 모델은 사회복지사에 의해 그리고 그들을 위해 개발되었고, 전형적인 사회복지를 클라이언트와의 활동을 통해 발전했다. 이 모델은 광범위하고 다양한 범위의 기관에서 적절하게 활용될 수 있으며 개인, 가족, 소집단 활동에 적용될 수 있다.

7) 구조적 모델

사회복지 개입이 클라이언트의 사회 환경과 사회변화에 적절하고 적합한 관심을 줄 수 있음을 보여 준다.

적용 이 모델은 개인, 부부, 가족과의 직접적인 실천을 포함하는 모든 사회복지 개입에 활용된다.

8) 위기개입 모델

긴박한 심리적 위기에 처한 클라이언트의 특별한 욕구와 관심을 설명한다.

적용 위기개입 모델은 개인이나 가족의 기능이 개인적 손실 혹은 비극으로 인해 갑작스럽고 심각하게 영향을 받았을 때 적용된다.

9) 과제중심 모델

클라이언트에 의한 활동단계들을 강조하는 개입구조의 활동을 통해 클라이언트의 사회적 기능을 향상시킨다.

적용 이 접근법은 개인, 부부, 가족, 소집단에 활용될 수 있으며 비자발적인 클라이언트에게도 적용 가능하다.

10) 해결중심 모델

1회 내에 혹은 12회를 초과하지 않는 한에서 사회복지를 향상시키고, 클라이언트의 변화를 촉진시킨다.

적용 이 접근법은 개인과 가족 모두에게 사용된다.

11) 가족치료에 기초한 실천

하나의 체계로서 가족과 활동을 하고 가족구성원 간의 상호작용을 변화시킴으로써 가족의 사회적 기능을 향상시킨다.

적용 다양한 가족이론을 활용하기 위한 선행조건은 최소한 가족 서로 간에 관심을 가지고 있고, 가족을 강화하거나 유지하고자 하는 가족구성원들이 있어야 한다는 것이다.

12) 소집단 이론에 기초한 실천

전문가의 지침 아래 소집단 경험을 통해 개인과 부부의 사회적 기능을 향상시킨다.

적용 클라이언트는 소집단 활동과 토론에 참여하고자 하고, 다른 구성원들에게 해를 끼치거나 집단을 혼란시키지 않도록 행동해야 한다.

13) 중독모델에 기초한 실천

강박적인 행동양식 등을 극복하도록 원조함으로써 개인의 사회적 기능을 향상시킨다.

적용 이 모델은 공통적인 특성을 가지고 있는 행동을 설명하고 변화시키는 데 유용한 것으로 증명되었다.

14) 변화하는 조직들을 위한 모델

스태프와 클라이언트 혹은 소비자들의 욕구와 관심을 설명하는 기관의 능력을 증대시키기 위하여 인간서비스기관의 기능을 변화시킨다.

적용 조직의 발달과 변화에 대한 다양한 모델은 사적, 공적 기관 모두에 적용될 수 있다.

제3절 사회복지사의 역할수행과 실천기술의 이전성

1. 사회복지사의 역할수행

■ 사회복지사의 실천기술

1) 정의

클라이언트(개인, 가족, 집단, 지역사회)와의 관계에서 클라이언트와 관련된 구체적 상황에서 사회복지실천 가치와 지식에 기초를 둔 변화의 심리·사회적 과정을 지도(안내)하는 어떤 행동을 취하는 사회복지사의 능력이다. 따라서 특수한 상황에 맞는 적절한 기법을 선택할 뿐만 아니라 그것을 효과적으로 이용할 수 있는 능력이 필요하다.

2) 실천의 기술요소

베어와 페데리코(Baer & Federico, 1978)는 실천의 기술요소를 다음 4가지 영역으로 구분하였다(박세정 외, 2010:14).

(1) 정보수집과 가족 사정
(2) 전문적 자기 개발과 활용
(3) 개인 및 지역사회와의 실천 활동
(4) 평가

3) 기술의 두 가지 유형

(1) 인지적 기술은 상황 속의 사람들을 생각하고, 사람과 상황에 관한 이해를 개발하며, 활용해야 할 지식을 명백히 하여 중재를 위한 계획을 수립하고, 그리고 평가를 수행하는 데 사용되는 기술이다.
(2) 상호작용적 기술(또는 관계적 기술)은 개인, 가족, 집단 및 지역사회와 함께 일하는

데, 이해를 전달하고 개발하는 데, 함께 계획을 수립하는 데 그리고 행동계획을 평가하는 데 사용되는 기술이다.

4) 사회복지사의 역할수행

유능한 사회복지사들이 클라이언트를 대상으로 서비스를 제공할 때 필요한 역할수행은 다음과 같다(윤선오 외, 2013: 17).

(1) 사람들의 문제해결과 처리능력 향상이 더욱 효과적으로 이용할 수 있도록 돕는다.
(2) 사람들과 지원체계들 사이의 최초의 연결을 수립한다.
(3) 사람들과 지원체계들 사이의 상호작용 촉진과 새로운 관계를 수정하고 수립한다.
(4) 자원체계 내 사람들 사이의 상호작용을 촉진시키며 관계를 수정하고 수립한다.
(5) 사회정책의 개발과 수정에 기여한다.
(6) 물질적 자원을 분배한다.
(7) 사회통제의 매개인 역할을 수행한다.

2. 사회복지실천기술의 이전성

사회복지실천기술을 갖추는 것도 중요하지만 사회복지실천기술의 이전성은 사회복지사가 지식에 기초하여 실천하게 되며, 각 클라이언트가 가지고 있는 상황에서의 문제해결과 일반성과 특수성을 평가함으로써 새로운 상황에 사회복지사가 그가 가지고 있는 지식과 학습한 내용을 적용할 수 있는 기술을 의미한다(CCETSW, 1995a: 19).

따라서 사회복지사는 클라이언트별 상황에 적합한 기술을 위해 특수한 상황에 있는 클라이언트에 관한 올바른 이론적 이해와 실천기술에 기초를 두어야 한다. 이것은 지금까지 쌓아 놓은 지식에 근거하되 기술을 적용해야 한다. 기술은 반드시 일상적 행동이 아니라 클라이언트와 관련하여 접목하는 것이다.

예를 들면, 클라이언트 또는 서비스 이용자들이 공격적이고 위협적인 상황에 대결한다면, 도전적이고 대결적인 중재를 사용하기 전에 매우 조심해야 할 것이다. 이러한 과정은 사회복지사로 하여금 무엇이 왜 일어나고 있는가를 탐색하기 위한 지식체계를 필요로 하며, 이러한 방식으로 이론과 실천기술 간의 관계를 확립하는 것인데 이때 양자가 끊임없이 각기 정보를 제공하는 교류 상태에 있게 된다. 이때 사회복지사가 상이한 측면의 다른 활동을 계발하고 전문성을 향상시키게 되는 것이다.

이와 같은 사회복지실천의 이전성은 사회복지사들이 지금까지 이론적으로 배워 온 지식에 기초하여 사회복지실천현장에 적용하며, 각 상황에서의 순간적으로 일반성과 특수성을 판단하고 평가함으로써 새로운 상황에 사회복지사의 기술을 적용할 수 있는 이전을 의미한다. 따라서 인간행동과 사회 환경에 관한 이론을 적용하고 각 상황에서의 일반성과 특수성을 평가하며, 사회복지사들이 도움을 주는 클라이언트가 되어야 한다. 다음은 사회복지실천현장에서 사회복지사들의 활동단계에 대하여 정리한 것이다.

1) 인간행동에 관한 이론 이해

사회복지사들은 다양한 환경과 각기 다른 민족성을 지닌 클라이언트를 접하게 되면 다양한 상황에 적합한 기술을 위해 각기 다른 인간행동에 관한, 클라이언트에 대한 이론적 이해에 기초를 두어야 한다. 이것은 우리가 배운 인간행동에 관련된 이론들을 이해해야 하는 것이다. 사회복지실천현장에서는 이와 같이, 사회복지사들이 인간행동과 사건에 관한 지식과 이론을 가지고 그 클라이언트의 문제를 해결하는 기술을 적용하는 것이다.

2) 각 상황에서의 일반성과 특수성 평가

사회복지사들은 사회복지실천현장에서 각자가 가지고 있는 지식에 기초하여 실천하며, 클라이언트가 처해 있는 각 상황에서의 일반성과 특수성을 평가함으로써 새로운 상황에 사회복지사들의 지식과 학습한 내용을 적용할 수 있어야 한다.

3) 사회복지사들이 도움을 주는 클라이언트

사회복지사는 사회복지실천현장에서 클라이언트에게 어떤 변화를 가져오기 위하여 구체적인 활동이나 행동으로 영향을 미치는 관계에 있다. 그러한 상황에서 클라이언트는 서비스의 소비자로서 개인이라는 좁은 관점으로 이해될 수 있으나 일반적으로 이보다 더 넓은 의미로 이해해야 한다. 왜냐하면 사회복지사들이 도움을 주는 클라이언트는 개인, 가족, 소집단, 조직, 이웃, 지역사회 및 보다 더 큰 사회체계를 의미하기 때문이다.

4) 사회복지사의 활동단계

사회복지사들이 클라이언트를 돕는 활동은 일반적으로 여러 가지 변화과정의 단계에 따라서도 다르게 설명하고 있다. 사회복지실천론에서 배운 사회복지실천과정은 초기과정, 사정과정, 계획과정, 개입과정, 변화과정, 종결과정으로 구분하거나 간단하게 초기단계, 중간단계, 종결단계로 구분한다.

제2장

사회복지실천기술의 정체성과 원조관계와 기술

학습목표

1. 사회복지전문직의 정체성을 이해한다.
2. 전문적 원조관계를 이해한다.
3. 기본적인 원조기술을 학습한다.

키워드

사회복지전문직의 정체성, 전문직의 원조관계, 원조기술, 사회복지윤리, 자기이해, 플렉스너 신화, 온화함

02

사회복지실천기술의 정체성과 원조관계와 기술

사회복지실천기술에 대한 이해를 돕기 위하여 사회복지전문직의 정체성은 사회복지실천기술론에서 사회복지사는 여러 가지 갈등에서 어떤 것을 선택할 것인지 결정을 하기란 쉽지 않다. 그러나 전문가로서 결정하지 않으면 안 되는 상황에서 현재 안고 있는 상황을 분석하고 해석하여 여러 대안을 선정하고 그 대안 중 최선의 안을 결정하는 과정이다. 이때 지금까지 쌓아온 수 없는 지식을 통해 그것에 맞는 이론이나 모델을 선택하고 클라이언트의 심리적 상태를 읽어야 하며 이것들이 사회복지정책과의 적용을 결정하고 그것을 실행에 옮기는데 행정적 구조를 선택하여 적용시켜 나가는 일련의 과정이다. 이러한 일련의 과정의 중심에 선 사회복지전문가로서의 역할을 판단하고 업무를 다루는 과정에서 올바른 사상과 이념, 가치관과 윤리의식을 가지고 적용하지 않으면 실패할 수 있다.

본 장에서는 사회복지실천기술의 이해를 돕기 위하여 사회복지전문직의 정체성, 전문직의 원조관계, 사회복지실천의 원조 기술 부분을 정리하였다.

제1절 사회복지전문직의 정체성

1. 사회복지전문직의 정체성

1) 새로운 사회복지욕구 출현

1980년대 후반은 정치적 민주화의 열망과 함께 사회 전반에 걸쳐 복지서비스 수요가 창출되었다. 1990년 말은 경제적 대 위기 경험 후 사회적 안전망에 대한 절실한 필요성 인식으로 다양한 유형의 사회보험과 공공부조의 내용을 현실적으로 발전시켰다. 민간서비스 영역이 확대되고 서비스와 개입 프로그램의 질적 발전을 촉진하게 되었다.

21세기가 되면서 저출산 · 고령화 사회의 인구 유동화적 변화로 보육과 여성노동의 문제와 노인수발(care)문제가 복지의 중요 주제로 확인되었다. 또 급격한 이혼 상승률과 다양한 가족구조의 출현으로 가족복지 영역의 정체성과 비전에 도전적인 이슈가 심화되는 양극화와 청년실업의 확대로 빈곤에 대한 새로운 초점과 방법이 요구되었다. 소수집단에 대한 인권의 강조와 복지에 대한 새로운 문제제기(군 사회복지 및 상담, 학교사회복지사 제도, 산업복지, 다문화관련 복지 등)가 이루어졌다.

2) 사회복지전문직의 현황과 전문직 정체성

(1) 사회복지전문직 현황

사회복지사의 공급과잉문제로 사회복지사에 대한 낮은 처우를 초래하고, 사회복지사의 이직률이 증가하며, 사회복지의 전문화를 약하게 만드는 데 기여하는 악순환의 고리를 만들었다. 사회복지교육시스템의 과잉현상으로 '사회복지고등교육의 대중화'로 변화되어 누구나 다 할 수 있는 직종으로 변화시켰다. 또 전문직의 틀은 가지고 있으나 현실적으로 사회복지 전문교육의 체계가 위협받고 있다.

휴먼서비스를 목표로 하는 인접 분야(상담학, 아동학, 가정학, 재활학, 간호학, 신학, 교육학 등)에 의하여 사회복지에 대한 관심패배로, 권력이론에서 설명하는 갈등이 그 독점적 지위에 대한 도전을 받고 있는 상황으로 사회복지직의 전문직으로서의 정체성 확립을 위한 과제가 크다.

(2) 전문직 정체성

「다른 전문직과 구별되는 특성과 스스로 전문직업인으로 인식하는 주관적 평가」에서 사회복지사의 전문직 정체성을 파악하려면, 첫째, 전문직 특성에 대한 인식, 둘째, 조직특성 인식, 셋째, 업무특성 인식, 넷째, 전문교육 정도의 4가지 영역을 고려하여야 한다.

3) 사회복지사의 전문적 지식

(1) 사회복지사에게 필요한 전문지식

① **인간행동과 사회 환경에 관한 지식**: 개인이 생활하는 사회체계(가족, 집단, 조직, 지역사회) 영역에 있어서 인간의 생태에 대한 지식을 가지고 있어야 한다.

② **심리 · 사회적 발달에 대한 지식**: 발달 시기와 관련된 욕구와 자원에 대한 지식(인간의 문제에 접근하기 위해)을 가지고 있어야 한다.

③ **사회복지실천 방법에 관한 지식**: 클라이언트의 사회기능을 향상시키는 지식과 실천기술을 가지고 전문직 신념과 목표성취를 위해 사회복지사가 관여하는 클라이언트 체계수준에 따른 실천방법과 기술들을 가지고 있어야 한다.

④ **조사 및 연구에 관한 지식**: 실천지식의 형성 및 실천지식의 모든 영역에서의 서비스 전달을 평가하기 위해 과학적, 분석적 접근 시 이해와 설명을 제공하여야 한다. 조사 연구에서 얻은 정보를 실천에 활용할 때 조사, 설계지식과 경험적 자료에 기반을 둔 결론과 검증되지 않은 다른 결론들을 구별하는 능력이 필요하다.

(2) 클라이언트체계수준에 따른 개입

① **미시수준의 실천**: 개인, 부부, 가족을 포함하는 다양한 클라이언트체계를 대상으로 클라이언트와의 일대일 접촉에 따른 직접서비스를 전달한다. 가족은 그 문제에 따라

미시수준이 되기도 하고 중간 수준이 되기도 한다.

② **중간수준의 실천**: 클라이언트에게 직접적 영향을 미치는 가족, 또래집단, 학급과 같은 체계를 변화시키고 가족집단이나 치료집단의 구성원 관계를 포함한 학교나 직장, 이웃에서의 동료 간의 관계에도 개입한다.

③ **거시수준의 실천**: 전체사회, 지역사회, 국가의 복지체계 등을 대상으로 하는 사회복지실천 활동이고, 지역사회 행동체계를 원조하는 전문적인 변화매개자로서의 역할을 하며, 행정, 자금모금, 정책분석, 집단옹호, 사회적 자원개발, 발의된 법률의 검증 활동 등을 한다.

(3) 사회복지사 지식기반

① **광범위한 인문학적 지식**: 사회과학 분야의 지식은 인간사회 및 인간 본질에 대한 이해를 위해 심리학, 사회학, 인류학, 정치학, 경제학과 같은 사회과학 분야의 지식을 필요로 한다. 자연과학 분야의 지식은 과학적인 사고와 인간의 육체적 측면의 이해를 위해 필요하다.

② **인간, 인간의 상호작용, 사회상황에 대한 기초 지식**: 정신적, 인지적, 행동적, 발달적인 측면에서 인간을 이해하기 위한 지식이 필요하며, 인간의 다양성과 상호작용에 대한 지식이 요구된다.

③ **사회복지실천 방법에 관한 지식**: 원조관계에서의 상호작용, 원조과정, 다양한 상황 및 체계에 적합한 개입전략에 초점을 둔 실천이론에 관한 지식이 필요하다.

4) 전문 사회복지사에 필요한 핵심적 특성

펄먼(Perlman, 1979)에 따르면 사회복지사와 클라이언트의 전문적 관계는 다음의 몇 가지 점에서 다른 전문직의 활동에서 발생되는 관계와는 차이가 있다.

첫째, 목적에 대한 인식과 합의에 의하여 이것을 근거로 이루어진다.
둘째, 시간이 제한되어 있다.

셋째, 클라이언트를 위한 것이다.
넷째, 권한(authority)을 수반한다.
다섯째, 통제된 관계의 특성을 갖는다.

유능한 전문 사회복지사들이 클라이언트를 대상으로 하는 서비스를 제공할 때 필요한 8가지 본질적인 특성은 다음과 같다.

(1) 공감

공감은 사회복지사로 하여금 클라이언트를 민감하게 감지할 수 있게 도와준다. 클라이언트와의 공감적 연대를 통해 전문적 관계를 더 발전시킬 수 있고 생산적으로 만들 수 있다. 또한 클라이언트들이 경험하는 문제에 대한 현실적 시각을 가질 수 있다.

(2) 존중

존중이란 타인을 통제하지 않으면서 따듯함과 보호를 느끼게 하는 태도이며, 타인을 조건 없이 긍정적으로 바라본다는 것을 의미한다. 사회복지사로서 때로 매우 다른 사람들과 일을 하게 될 수도 있으며, 어떤 사람은 사회복지사를 싫어할지도 모르지만 그렇더라도 사회복지전문직으로서 우리는 클라이언트를 존중하고 보호를 느끼게 하면서 수용해야 한다.

(3) 진실성

진실성이란 자연스럽고 거짓 없고 꾸밈없으며, 객관적이고 개방적이며 방어적이지 않은 방식으로 행동함으로써 자신을 나누는 것을 말한다. 진실성은 때로 전문사회복지사는 냉정하고 침착하다는 일반적 생각과 상반되는 것으로 보일 수 있다. 그러나 사회복지실천에서의 전문성은 딱딱하고 공식적이거나 지나치게 통제된 태도를 견지하는 것을 의미하지 않는다. 사회복지사는 자신을 무감동하고 초연하며 마치 컴퓨터와 같은 기술자로 표현해서는 안 된다. 물론 이러한 진실성의 고수와 함께, 우리가 항상 기억해야 할 것은 원조관계란 기본적으로 사회복지사를 위한 것이 아니라 클라이언트를 위한 것이어야 한다는 점이다.

(4) 자기이해

다른 사람을 돕는 데 있어 자신을 효과적으로 활용하기 위해서는 사회복지사 스스로에 대한 철저한 이해가 있어야 한다. 물론 자기이해란 인생의 전 과정을 통해 이루어지는 것이다. 그러나 사회복지사로서 클라이언트에게 해가 될 수 있는 기회를 최소화할 수 있도록 가능한 스스로에 대해 알아야 한다. 만일 사회복지사가 자기 스스로를 이해하지 못한다면, 원조과정에 손상을 줌으로써 클라이언트에게 손해를 끼칠 위험에 처하게 될 수도 있다.

(5) 자기통제

전문적 사회복지실천에는 자기이해 외에도 자기통제와 자기훈련이 필요하다. 사회복지사는 자신의 생각, 감정, 말, 제스처, 행동 등을 관리할 수 있어야 한다. 또한 다른 사회복지사가 감정에 휘말리게 되는 경우 그들이 사회복지전문직의 가치와 윤리, 지식, 그리고 달성해야 할 목적을 지킬 수 있도록 도와준다. 아울러 전문적 수행을 방해할 가능성이 있는 부적응적 행동도 통제할 수 있어야 한다. 예를 들어, 자기통제는 전문적 사회복지실천에 매우 중요하다. 자기통제는 다른 대안이 없다. 만일 자기탐구와 자기검토의 계속적 과정을 통해 자신의 습관적 사고나 감정, 행동을 관리할 수 없다면, 과연 자신이 사회복지사로 적절한지에 대해 심각하게 생각해 보아야 한다.

(6) 사회복지실천의 가치, 윤리, 의무에 대한 이해

사회복지사는 사회복지실천에서의 가치와 윤리는 물론 전문직 원조자의 법적 의무를 철저히 이해하고 있어야 한다. 이를 통해 전문직 실천의 토대가 마련되기 때문이다. 사회복지사로서 사회복지의 윤리와 실천에 대한 이해는 윤리강령에 친숙해지는 것 이상을 의미한다. 이를 위해 각 나라의 사회복지협의회에서는 나름의 윤리강령을 제정하여 기준을 제시하고 있다.

(7) 전문적 지식

사회복지사에게 요구되는 전문적 지식은 앞에서 논의한 바 있다. 가령 인간의 행동과 관련된 이론과 연구, 다양한 집단과 문화와 관련된 이론과 연구, 명확하고 정교한 의사소통과 관련한 과정에 대한 지식 등이다.

(8) 책임성 있는 자기주장

책임성 있는 자기주장은 유능한 사회복지사의 또 다른 중요한 특성이다. 책임성 있는 자기주장이란 말은 자신의 생각과 느낌을 타인의 권리와 존엄성을 침해하지 않는 방식으로 표현하는 것을 의미한다. 사회복지사로서의 역할과 기능을 충실히 수행하기 위해서는 자신을 분명히 표현할 수 있어야 한다. 여기서 말하는 책임성 있는 자기주장의 개념은 전문 사회복지사로서 자신의 지식과 의견을 표현하는 능력과 방식을 말한다.

2. 사회복지사의 전문적 지식과 기술

1) 실천지식의 차원

추상적 간접활동	패러다임 (paradigm)	• 추상적 수준의 개념적 틀 • 세계관과 현실에 대한 인식의 방향을 결정 • 진단주의, 구조주의, 생태체계, 개입조사모델
	관점/시각 (perspective)	• 개념적 준거 틀 • 관심 영역과 가치, 대상들을 규정하는 사고체계 • 개인과 사회에 관한 기본적인 생각과 가치의 차이 반영 • 목표 간에 균형을 유지하는 것이 중요
	이론(theory)	• 특정 현상을 설명하기 위한 가설이나 개념, 의미의 집합체

구 체 적 직접활동	모델(Model)	• 일관된 실천 활동의 원칙과 방식을 구조화시킨 것 • 실천과정에 직접적으로 필요한 기술적 적용방법 제시 • 모델의 종류 • 관점과 이론을 배경으로 기술적 과정을 도출한 것 • 절충주의적 성격으로 단일한 이론적 배경을 갖지 않는 모델
	실천적 지혜 (생활지혜)/ 직관 및 암묵적 지식	• 실천현장에서 귀납적으로 만들어진 지식의 종류 • 의식적으로 표현하거나 구체적으로 명시할 수 없는 지식 • 개인의 가치체계와 경험으로부터 얻어짐

2) 사회복지실천지식의 종류(Siporin, 1975)

사정에 필요한 지식	• 개인의 욕구와 문제, 상황 등을 이해하기 위한 지식 • 개입 이전에 클라이언트의 심리적, 사회적, 문화적 특성을 이해하고 문제가 발생하는 상황적 맥락을 분석하는 데 필요
개입에 필요한 지식	• 개인, 집단, 지역사회를 돕기 위한 실천과정에서 활용되는 실천이론과 개입방법에 관한 지식을 포함

3) 사회복지실천의 기술

기술(skills)은 '학습을 통해서 발달되는 신체적 · 언어적 행동의 복합적 조직이며, 특별한 목표를 지향하거나 특별한 활동을 집중하는 것으로 사회복지사가 실천상황에서 사용하는 지식, 기술 전문성, 판단 및 경험의 정도를 의미하며, 행동과 중재의 과정을 의미'하기도 한다. 유사용어로 사용되는 것은 기법(techniques)이나 방법(methods)이다.

(1) 미국사회복지교육협의회의 실천기술

미국사회복지교육협의회의 실천기술은, 첫째, 인지적 기술로 상황 속의 사람을 생각하고, 사람과 상황에 관해 이해를 개발하고, 활용해야 할 지식을 명백히 하고, 중재를 위한 계획을 수립하고 평가를 사용하는 데 사용되는 기술을 말한다. 둘째, 상호작용적 기술(관계적 기술)은 개인, 가족, 집단 및 지역사회와 함께 일하는 데, 이해를 전달하고 개발하는 데, 함께 계획을 수립하는 데, 행동계획을 평가하는 데 사용되는 기술로 사회복지사는 광범위한 기법을 이용할 수 있는 능력을 갖추어야 한다.

(2) 사회복지실천에서의 기초기술

사회복지실천에서의 기초기술은 다음과 같다.

첫째, 면접기술은 의사소통 및 관여(engagement)기술이다. 둘째, 사정기술은 개인과 환경의 상호작용 맥락에서 문제나 어려움을 발견하는 기술이다. 셋째, 개입기술은 문제나 어려움을 해결하기 위해 적용하는 기술이다. 넷째, 팀워크 기술은 문제해결을 위해 다른 전문직과 합동으로 노력하는 기술이다. 다섯째, 지지망 구축기술은 개입효과의 지속성을 유지함으로써 클라이언트의 자립을 유도하는 기술이다. 여섯째, 협상기술은 클라이언트의 복지와 관련된 주변체계와의 협상하는 기술이다. 일곱째, 평가 및 종결기술은 클라이언트와 사회복지사와의 협력적 노력의 결과를 평가하고 클라이언트의 자립생활을 위해 종결하는 기술이다.

3. 사회복지전문직과 실천적 관점

권구영은 사회복지전문직과 실천적 관점을 다음의 세 가지 관점으로 제시하였다(권구영 외, 2008 재인용). 첫째, 개인, 집단, 지역사회의 성장과 안녕을 위해 지속적인 상호작용이 요구되는 반영적 · 치료적 관점이다. 둘째, 억압당하고 소외당하는 취약집단이 사회 속에서 주체적인 역할을 회복할 수 있도록 돕기 위한 사회주의 · 집단주의적 관점이다. 셋째, 사회의 변화보다는 사회복지실천이 사회구성원 개개인에 대한 사회복지서비스 일환으로 제공되는 개인주의 · 개량주의적 관점이다. 반영적 치료적 관점과 개인주의 · 개량주의적 관점은 사회적 변화보다는 개인적 활동에 관련된 변화의 발전에 초점을 두고 있는 점에서 공통점을 갖는다.

그는 사회복지실천의 전문직에서 모든 실천의 일반적인 기초를 고려하는 통합적인 관점의 필요성을 역설하였다. 즉, 전문직 이전에는 통합적인 것보다는 오히려 구분되는 사고들에 의해 사회복지사들이 영향을 받아왔다고 보았다. 더구나 지금까지 '원인과 기능(cause and functioning)', '일반적인 것과 특수한 것(generric and specific)', '인간과 환경', '개인과 지역사회(individual and community)'와 같은 사고들이 반드시 상반되는 개념으로 파악되어야 하는 것이 아니라 두 요인의 상호작용에 초점을 두어야 한다고 주장하였다. 그러므로 사회복지실천에서 개인의 변화와 사회 환경의 변화에 있어서 지금까지의 양극단적인 접근이 있었다면, 이들 두 변수들은 서로 통합되어 바라보아야 하며 인간과 환경 사이의 상호작용의 본질에 주목할 필요성을 역설하였다.

플렉스너(1915)는 고유한 영역 규정이 없고, 다른 전문직으로 보충되는 작업을 주로 지향하기 때문에 사회복지실천은 아직은 전문직이 아니라고 1915년에 문제점을 지적하였다. 전문직 정체성에 대한 고민은 현재까지도 지속되고 있다.

김인숙(2004)은 사회복지전문직의 정체성을 사회복지실천기술의 가치를 토대로 사회정의와 무관하지 않으며 이러한 사회정의의 입장에서 기술 중심의 서비스 제공을 강조하는 사회복지 전문직화는 재구조화되어야 한다고 주장하였다.

박귀영(2014)은 사회복지전문직의 정체성을 사회복지실천의 사상과 이념, 가치와 윤리적인 측면에서 아직도 학문적 체계가 부족하고 사회개혁의 참여 없이 복지에서의 사회정의를 논하는 것이 아직도 미흡하므로 이 기회를 통해 학술전문가와 실천전문가들과의 접촉을 통해 구체적인 방안을 제시하는 것이 합당하다고 주장한다.

지금까지의 입장은 치료적 개입기술의 전문성을 강조하는 임상가의 강조와 사회개혁의 딜레마 속에서 크게 사회 정의적 입장에서 임상사회복지실천을 재조직화하는 방법, 사회복지사가 임상가이면서 동시에 행동가가 되는 두 가지 가치를 병합하는 방법, 마지막으로 개인치료와 사회 개혁의 두 가지 가치 중에 하나를 선택하는 선택론의 세 가지를 제시하였다.

이러한 논의 중 지금까지의 기술 지향성의 임상적 실천을 강조하고 국내의 정치적 현실 속에서 사회개혁의 정의실현에 미비했던 점을 반성하고 임상사회복지실천이 사회정의의 가치를 구현할 수 있는 재구조화로 진정한 사회복지의 전문직화가 이루어질 수 있다고 보았다.

사회복지실천기술에 관한 이러한 다양한 논의 속에서 국내에서 그동안 사회복지실천의 전문성은 환경 속의 인간이라는 개인과 사회 환경의 이중적 초점에서 일반적인 사회복지 실천을 지향해 왔던 통합적 접근이 전문적 기술 지향에 머물러 있었던 것은 사실이다.

4. 사회복지전문직의 정체성 논란

1) 전문직업적 정체성

사회복지조직의 운영은 인적자원을 토대로 한다. 잠재적 능력을 개발하고 사회적 기능을 향상시키기 위한 사회복지의 모든 활동들이 조직구성원과 서비스 대상자인 클라이언트와의 인간적 상호작용의 관계를 바탕으로 이루어지는 것이다. 이러한 관계 안에서 사회복지조직의 구성원들이 제공하는 서비스에 대한 클라이언트의 만족도는 조직효과성 평가의 중요한 요인이 된다.

따라서 효율적인 인적자원에 대한 관리는 사회복지서비스 분야에 있어 중요한 영역이며, 그와 관련된 다양한 운영기법들이 조직의 효과성 향상을 위해 꾸준히 연구 제시되고 있는 실정이다.

(1) 플렉스너 신화(Flexner Myth)와 비판

플렉스너는 1915년 미국의 전국자선단체 및 교정대회에서 「사회복지는 전문직인가?」라는 논문을 통해 사회복지는 전문직으로서 갖추어야 할 특성들이 결여되어 있다고 주장하였다. 그는 사회복지직은 전문직의 주요 기준에서 결함이 있으므로 전문직이 아니라고 단언하였다. 그에 의하면 사회복지의 범위가 넓기 때문에 경계를 정하기가 불가능하다는 것이다.

플렉스너의 주장은 사회복지가 전문직으로서의 위상과 체계를 갖추는 데 중요한 영향을 미쳤지만 그의 주장이 경험적으로 증명되지도 않은 상태에서 과학적 진실의 무게와 권위를 부여받았음을 지적하면서 이를 '플렉스너 신화'라고 명명하였다.

플렉스너는 사회복지는 전문직으로서 갖추어야 할 특성들이 결여되어 있다고 주장하면서 다음과 같은 내용을 제시하였다.

첫째, 사회복지는 사회과학적 기초가 결여되어 있다.
둘째, 사회복지는 독자적이고 명확한 지식체계 및 전수할 만한 전문기술이 결여되어 있다.
셋째, 사회복지는 정부의 책임 아래 실시되는 교육 및 전문적 자격제도가 없다.
넷째, 사회복지는 전문적 조직체가 없다.
다섯째, 사회복지는 전문적 실천에 대한 강령이 없다.

세계에서 가장 사회복지실천이 발전되었다고 하는 미국에서도 끊임없이 "사회사업이 '정말'(real) 전문직인가?"라는 질문이 끊임없이 제기되고 있으며, 그 대답은 간단하지 않다. '전문직'에 대해서는 사회학에서 연구가 되어 왔으나 아직도 진행 중이다.

(2) 그린우드(Greenwood)가 제시한 전문직의 속성

플렉스너 비판 이후 미국 사회복지계 내부에서 지속적인 논쟁이 되었고, 사회복지를 하나의 전문직으로 정립하기 위한 노력이 다양한 형태로 표출되어 왔다. 전문가조직의 건설, 사회복지교육의 강화, 사회사업가 자격요건의 엄격화, 사회복지지식과 기술의 정교화 등이다.

그린우드(1957)가 제시한 전문직의 속성은 다음과 같다.

첫째, 체계적인 이론이 부족하다.
둘째, 전문적인 권위를 인정하지 못한다.
셋째, 사회적 승인을 받지 못했다.
넷째, 윤리강령이 없다.
다섯째, 전문직 문화(공유된 전문직 가치와 규범)가 없다.

(3) 사회복지전문성의 정체성 비교

학 자	주 요 내 용
플렉스너	기본적인 지식과 체계적인 이론체계, 클라이언트와의 관계에서 부여된 전문적 권위와 신뢰, 전문가 집단의 힘과 특권, 사회로부터의 인가, 명시적이며 체계화된 윤리강령, 전문직의 문화 등
그린우드	개인적 책임성이 보장되는 지적활동, 과학적 · 학문적 기반을 둔 이론, 실제적이며 명확한 목적, 교육적 전달방식, 자발적 조직, 이타주의적 동기 등

2) 사회복지전문직 정체성 논의와 과제

(1) 플렉스너 비판 이후

미국 사회복지학계는 전문직으로 인정받기 위하여 사회복지의 초점을 좁히고 교육적으로 소통 가능한 기법을 개발하기 위하여 노력해 왔다. 보수체계 정립, 교육훈련 제도 도입, 이론 구축, 각각의 전문직 협회구성 등 이론적 구축과정에서 정신분석이론에 크게 의존, 심리학 중심의 의료적 모델에 치중으로 개별사회사업 중심으로 발달하였고, 이러한 경향은 오늘날 임상사회사업으로 맥이 이어지고 미국사회복지의 주류를 형성하였다.

(2) 한국 사회복지사의 사회적 위상과 전문성 대두

미국의 사회복지 영향을 많이 받은 우리나라에서도 1980년대 이후 사회복지사의 사회적 위상과 전문성 문제가 대두되었다. 실천현장에 없는 상태에서 미국식 임상사회복지 중심의 교육이 먼저 시작된 문제로 사회복지실천의 정체성과 전문성을 제시하지 못하고 있다. 따라서 사회복지전문직의 정체성을 확립하기 위해서는 사회복지교육의 기능과 가치를 기본으로 하면서 우리나라의 현실을 제대로 반영하는 토착적 위상 정립이 필요하다.

제2절 전문적 원조관계

1. 전문적 원조관계

전문적 관계란? 사회복지사는 전문적 관계를 활용해 클라이언트가 변화 가능성에 대해 개방적이 되며, 변화과정에 적극적으로 참여하도록 원조한다(Sheafor, Horejsi & Horejsi, 2010; Fische; Kagle & Giebellhausen).

긍정적인 전문적 원조관계는 개인, 가족, 혹은 집단을 효과적으로 원조하기 위한 전제조건이 되며 조직이나 지역사회의 구성원들과의 협력관계에서도 중요한 역할을 한다. 전문가는 사려 깊고, 의도적이며, 적합하고, 책임감이 있으며, 윤리적인 행동을 함으로써 전문적 관계를 형성하고 발전시켜 나간다. 전문가는 해야 할 일을 알아야 하고, 그 일을 신뢰할 수 있어야 하며, 개인적 편견이나 감정 문제로 인해서 업무수행이 방해받지 않도록 해야 한다. 사회복지사는 클라이언트와의 관계에서 아래와 같이 명확한 경계를 유지해야 한다.

첫째, 전문적 원조관계의 본질과 목적에 대한 이해에 기반을 둔 경계 설정

둘째, 전문적 역할에 대해 명료하게 언급하는 것이 필요

셋째, 이중관계에는 경계의 침범이 따름

넷째, 치료관계와 제2의 관계 사이의 선을 넘음으로써 치료관계의 독특한 본질은 훼손되고 실천가와 클라이언트의 역할은 모호해지며, 권위(power)는 남용된다.

따라서 사회복지사와 클라이언트의 관계는 치료적 동맹(alliance)관계이다. 이중·다중관계, 즉 사회복지사가 클라이언트와의 관계에서 전문적 원조 이외의 고용주, 동업자, 연인, 배우자, 친척, 교수, 또는 학생으로서 클라이언트와 사회적 관계를 형성하는 것은 전문적 실천의 목적을 훼손시킬 것이다.

사회복지사가 속해 있는 지역사회가 상대적으로 인구 이동이 적은 지역인 경우에는 이중·다중 관계들을 피하는 것이 쉽지 않다. 예를 들어, 사회복지사가 보호관찰소로부터 의뢰받은 비행청소년의 누나가 사회복지사의 동창일 수 있으며, 치매노인의 보호서비스를

요청한 클라이언트가 사회복지사의 배우자의 직장 상사일 수 있다. 이와 같은 상황에서는 동료 사회복지사에게 클라이언트를 의뢰하는 것이 원칙적으로 적합할 것이며, 의뢰하는 이유에 대해 클라이언트가 이해할 수 있도록 설명을 해야 할 것이다.

사회복지사가 반드시 피해야 하는 이중·다중 관계는 클라이언트가 해를 입거나 이용당할 수 있는 경우이다. 치료관계에서 클라이언트에 대한 실천가의 영향력은 전문직 윤리와 그 밖의 전문직 실천의례(protocols)에 의거한다.

2. 전문적 원조관계의 기본요소

전문적 원조관계의 기본요소는 아래와 같이 7가지로 구분한다.

① **타인에 대한 관심**: 다정함, 진심에서 우러나오는 호감, 친절, 지지를 나타내는 태도와 클라이언트에 대한 흥미를 갖게 한다.

② **헌신과 의무**: 원조상황에 대한 책임감으로 신뢰성과 일관성도 관련된다. 사회복지사는 고통과 즐거움, 좌절과 헌신이 수반되는 타인의 세계로 들어가려는 의지가 있어야 한다.

③ **수용**: 클라이언트에 대한 현실적인 신뢰와 클라이언트의 감정에 대한 존중뿐 아니라 클라이언트에 대해 비심판적이고 비난하지 않는 사회복지사의 태도를 취해야 한다.

④ **공감**: 사회복지사가 클라이언트에게 관심이 있으며, 클라이언트가 인식하고 있는 것을 알고, 클라이언트를 이해하고자 하며, 경청하고, 이해하고 있음을 클라이언트에게 전하는 능력을 말한다.

⑤ **명확한 의사소통**: 클라이언트에게 보내는 메시지를 클라이언트가 충분히 이해할 수 있도록 의사소통하는 능력을 말한다.

⑥ **진실성**: 사회복지사 자신과 감정에 대한 정직성, 사회복지사의 경험 및 감정을 클라이언트의 경험 및 감정과 분리하는 능력을 말한다.

⑦ **권위와 권한**: 사회복지사는 클라이언트가 자신의 문제상황을 해결하기를 원하므로 스스로에 대한 책임을 갖고 최선을 다해 노력할 것이라고 기대한다.

3. 전문적 원조관계의 특성

사회복지사로서 개인과 가족, 조직이나 지역사회에서 사회복지실천기술적인 전문가로서의 원조관계를 유지해야 하는 데 그 전문적 원조관계의 특성과 일반적 원조관계의 특성은 아래와 같다.

1) 전문적 원조관계의 특성

① 원조관계 형성은 초점과 목적을 가진다.

② 원조관계는 문제해결 수행을 위해 형성되는 것이지 개인적 이유로 형성되는 것이 아니다.

③ 원조관계는 전문적 관계다.

④ 원조관계는 기관 지침과 법률적 범위 내에서 비밀보장의 원칙을 지켜야 한다. 사회복지사는 클라이언트의 개인적 상황과 정보를 자유롭게 말할 수 없다.

⑤ 원조관계는 윤리적이어야 한다.

⑥ 관계 형성은 서비스 실천을 위한 계획을 사회복지사와 클라이언트가 함께 도모하기 위한 것이다.

⑦ 실천가는 수용적인 의사소통을 해야 하며, 보살핌, 온정, 진실성, 감정이입을 전달해야 한다.

⑧ 관계 형성은 서비스를 찾는 사람의 욕구에 따라서 형성되는 것이지 실천가의 욕구충족을 위해 형성되는 것은 아니다.

⑨ 관계 형성은 상호 합의된 목표가 이루어지면 종결된다.

2) 일반적 원조관계의 특성

이윤로(2007)는 일반적인 원조관계의 특성을 다음과 같다고 하였다.

① 초점과 목적이 있다.

② 전문적 관계이다.
③ 기관지침과 법률의 범위 내에서 비밀보장의 원칙을 지킨다.
④ 윤리적이어야 한다.
⑤ 클라이언트와 함께 서비스계획을 수립해야 한다.
⑥ 수용적인 의사소통을 해야 하며, 보살핌, 온정, 진실성, 감정이입을 전달해야 한다.
⑦ 관계 형성은 사회복지사의 욕구충족을 위해서가 아니라 클라이언트의 욕구충족을 위해서이다.
⑧ 관계 형성은 상호 합의된 목표가 이루어지면 종결된다.

4. 전문적인 원조관계 형성의 요소

1) 공감에 바탕을 둔 의사소통

사회복지사가 클라이언트에게 관심이 있으며, 클라이언트가 인식하고 있는 것을 알고, 클라이언트를 이해하고자 하며, 경청하고, 이해하고 있음을 클라이언트에게 전하는 능력을 말한다.

2) 긍정적 존중

모든 것을 긍정적인 시각으로 보려는 노력으로 어떠한 상황이라 할지라도 긍정적인 마음과 태도로 존중하고 받아들이는 것으로 인간에 대한 사랑과 내공이 필요할 것 같다. 단, 사회복지사를 해치거나 위협하려는 등 파괴적이고 폭력적인 행동까지 수용하고 인정하라는 것은 아니다. 다만 사회복지사에게 비협조적인 당사자와 위협적이고 파괴, 폭력적인 당사자와는 구별되어야 한다. 심판하거나 평가하려는 느낌을 당사자가 받는 순간 원만한 인간관계는 실패한다. 따라서 긍정적 존중을 실천하기 위한 한 방법은 사회복지사가 당사자를 처음 만나 대화하는 순간부터 당사자의 인생, 생각, 가치, 상황 등에 대해 배우려는 자세(겸손한 자세)를 갖고 대화를 이끌어 가는 것이 가장 중요하다.

3) 온화함

다정하고 편안한 태도는 적절한 조화를 이룬 온화함이 결여되어 있을 경우, 효과적인 원조관계 형성에 부정적 영향을 줄 수 있다. 자신의 목소리와 억양, 빠르기, 부드러움 등에 유의함과 동시에 사용하는 용어의 선택에도 신중해야 한다. 언제 어디서나 온화하게 대할 수 있는 의식적인 노력이 필요하다.

4) 진솔성

진실하고 솔직하게 대할 때 클라이언트는 자신의 모습을 아무런 가식이나 방어 없이, 흉금을 털어놓고, 계산이나 계략 없이 진실하고 솔직한 자기 자신을 노출하게 된다. 물론 모든 것을 다 꺼낸다고 다 좋은 것은 아니다. 적절한 조화가 필요하다.

제3절 사회복지실천 원조기술

1. 기초적인 원조기술

1) 원조기술

원조기술은 원조관계로 이루어지는 원조과정에서 필요로 하는 기술로 원조관계에서 상호 발전되는 결속을 라포(rapport)라고 한다. 라포는 클라이언트의 건강한 삶에 대한 진실하고 확고한 관심과 고통에 대한 공감과 도우려는 열망을 나타내는 것이다. 원조관계를 형성한다는 것은 기본적으로 다음의 네 가지를 지키면서 진실한 의사소통을 발전시키는 것이다.

(1) 대상자를 있는 그대로 수용하는 것이다.

(2) 대상자를 독립적인 개인, 고유한 존재로서 대하는 것이다.

(3) 대상자의 자기결정권을 존중하는 것이다.

(4) 대상자 각자의 보조에 맞추어 활동하는 것이다.

2) 관여기술

사회복지사는 자신의 목표나 역할이 명확히 드러나야 하며, 클라이언트의 목표와 역할 및 위치를 명확하게 구분하여 도움의 과정에 장애물이 없도록 관여하여 클라이언트의 모든 사소한 면들에 관한 이해와 배려를 하고, 그들의 저항이 최소화되도록 관여기술이 요구된다. 사회복지사는 계약과정을 형성하기 위해 부정적 요소들을 제거하고 개방적이 되려고 노력하며, 정직하고 비심판적이며, 현실적이고 신뢰성 있게 관여해야 한다.

3) 관찰기술

관찰기술은 단순히 보는 것(seeing)이 아니다. 즉, 클라이언트가 이야기하는 것과 동시에 이야기하지 않은 것은 물론, 클라이언트의 이야기에 숨겨진 의미도 해석해 보아야 한다. 그 외에도 클라이언트의 신체적 표현, 몸의 긴장, 얼굴의 변화, 땀 흘리는 것, 흥분하는 모습, 낙담하는 모습 등도 통찰력으로 이해해야 한다. 관찰기술은 무엇을 볼 것인가를 선택하는 것도 포함하며, 항상 목표 지향적(goal-directed)이어야 한다.

4) 의사소통기술

사회복지사는 대상자의 생각, 정보, 감정 등을 전달하고 돕는 상황에서 의사소통을 가장 중요한 도구로 활용하고 있다. 의사소통기술은 클라이언트의 성격 내지 일반적 관심에 상응해서 이해가 되어야 하며, 이는 언어와 비언어적인 방법들에 의해 이루어질 수 있다. 특히 비언어적인 의사소통의 방법은 중요한 정보뿐만 아니라 말로 표현할 수 없는 감정도 전달해야 한다.

5) 상담기술

사회복지사가 일반적으로 사용하는 상담기법으로는 격려, 바꿔 말하기와 반영, 명료화와 성찰, 인식의 검토와 초점화, 요약과 해석, 직면, 정보제공, 계약, 중재 등이 가장 공통적으로 활용된다. 사회복지사와 사회복지실천기술에 있어서의 강조점은 아래 〈표 1-1〉과 같다.

〈표 2-1〉 강조점

강 조 점	
사회복지사	효과적이고 전문적인 사회복지실천을 위해서 인간과 사회환경에 대한 다양한 이론이 무엇인지를 선택하고 이를 활용하는 전문적 변화 매개인이다.
사회복지실천기술	클라이언트체계와의 관계에서 사회복지실천의 가치와 지식에 기초하여 클라이언트와 관련된 특별한 상황의 변화를 위하여 심리·사회적 개입을 할 수 있는 사회복지사의 능력을 의미한다.

2. 사회복지실천의 핵심적 기술

기초수준의 사회복지실천의 본질적인 기술을 명백히 설명하기 위하여 많은 노력이 있어 왔다. 지금까지 제시된 핵심적인 실천기술에 관한 개념들 간에는 많은 유사성이 있지만, 아직 이들 핵심기술에 관하여 충분한 의견일치는 없다. 지금까지의 핵심기술을 정리하면 다음과 같다.

1) 사회복지실천기술을 수행하기 위한 사회복지사의 역할과 활동

사회복지실천현장은 넓은 의미로는 분야(field) 또는 영역을 말하고 좁은 의미로는 장소(setting)를 말한다. 사회복지실천현장에서의 사회복지실천기술을 수행하기 위한 사회복지사의 역할은 다음과 같다.

(1) 연계서비스로 자원, 서비스 그리고 기회를 사람과 연결하는 작업

(2) 클라이언트 개인의 문제해결 및 적응능력 향상을 위한 지지적 역할 제공
(3) 기관이나 조직을 위한 옹호, 조성, 프로그램 개발, 수퍼비전 제공
(4) 사회정책 개발의 노력도 포함된다.

사회복지사가 사회복지실천현장에서 관여하는 실천기술의 업무는 다음과 같다.

(1) 조직 이해와 기관운영 업무
(2) 프로그램 개발과 프로포절을 통한 후원금 모금
(3) 상하 인접기관 간의 연계와 협조
(4) 지역사회와의 협조
(5) 업무량 관리와 자기개발 등

따라서 사회복지현장에서 사회복지사가 사회복지실천기술을 적용하는 역할로 다음과 같이 불리어진다.

(1) 아웃리치 워커(outreach worker; 현장 개입자)는 욕구를 확인하기 위하여 지역사회로 찾아가 서비스 기관에 의뢰한다.
(2) 브로커(broker)는 이용 가능한 서비스를 알고 필요로 하는 서비스를 확인하여 적절한 서비스를 제공한다.
(3) 대변자는 클라이언트들이 거절당했을 때 서비스를 제공받을 수 있도록 돕고, 더 많은 욕구를 가진 사람들을 도울 수 있게 서비스를 확장하도록 돕는다.
(4) 평가자는 욕구와 자원을 평가하고, 욕구를 충족시키기 위한 대안들을 마련하고 결정한다.
(5) 교사는 사실과 기술을 가르친다.
(6) 동원자는 새로운 서비스를 개발하도록 돕는다.
(7) 행동 변화자는 클라이언트의 특정한 행동을 변화시킨다.
(8) 자문가는 서비스를 더욱 효과적으로 제공할 수 있도록 다른 전문가들과 함께 하여 모르는 부분까지도 찾고 물어서 서비스를 제공한다.

(9) 지역사회계획가는 지역사회의 사회복지 욕구충족을 위하여 지역사회집단계획을 효과적으로 기획한다.

(10) 보호제공자는 클라이언트들이 가지고 있는 문제를 충분히 해결할 수 없고, 자신의 욕구를 충족시킬 수 없을 때 지지적 서비스를 제공한다.

(11) 자료 관리자는 의사결정에 필요한 자료를 수집하고 분석한다.

(12) 행정가는 서비스 프로그램을 계획하고 이행하는 데 필요한 활동을 수행한다.

2) 사회복지실천에 있어서 초보 사회복지사의 필수적인 기술(Baer, 1979: 106)

(1) 사람과 사회제도 간의 관계를 시작하고, 증진하고, 회복하고, 보호하고, 또는 종결해야 할 필요가 있는 상황을 확인하고 사정하는 것이다.

(2) 문제사정과 획득할 수 있는 목표와 이용 가능한 선택의 탐색에 기초를 둔 인간의 안녕을 개선하기 위한 계획을 개발하고 이행하는 것이다.

(3) 사람의 문제해결, 대처 그리고 발달능력을 증진하는 것이다.

(4) 인간을 자원, 서비스 및 기회를 제공하는 체계와 연결하는 것이다.

(5) 가장 취약하고 차별받는 사람들을 위하여 효과적으로 중재하는 것이다.

(6) 체계가 서비스, 자원 및 기회를 사람에게 제공하도록 효과적으로 인도적인 운영을 도모하는 것이다.

(7) 새롭게 수정되었거나 개선된 서비스, 자원 또는 서비스의 소비자들에게 보다 정당하고, 공정하고, 반응적인 기회체계를 만드는 데 다른 사람과 함께 적극적으로 참여하고, 부당한 체계를 제거하려는 사람과 함께 일하는 것이다.

(8) 중재의 목표가 달성된 정도를 평가하는 것이다.

(9) 실천 행동과 기술의 사정을 통한 전문직의 성장과 발달을 계속적으로 평가하는 것이다.

(10) 전문직의 기준이나 윤리에 적합하고, 지지하고, 유지하는 전문직의 지식기초를 확대해 나감으로써 서비스 전달의 개선에 기여하는 것이다.

3) 사회복지실천을 위한 필수적인 기술; 미국사회복지사협회(NASW)

(1) 이해와 목적을 가지고 있는 사람을 경청하는 기술이다.

(2) 정보를 끌어내고, 사회력, 사정 및 보고서를 준비하기 위한 적절한 사실을 모으는 기술이다.

(3) 전문적인 관계를 만들고 유지하며, 관계 안에서 자신을 활용하는 기술이다.

(4) 언어적 및 비언어적 행동을 관찰, 해석하며, 성격이론과 진단적 방법의 지식을 활용하는 기술이다.

(5) 클라이언트가 자신의 문제를 해결하는 노력과 신뢰를 얻도록 하는 기술이다.

(6) 비위협적인 지지적 방식으로 민감한 정서적 주제들을 토의하는 기술이다.

(7) 치료적 관계의 종결과 어떻게 종결할 것인가를 결정하는 기술이다.

(8) 조사연구의 결과와 전문적 문헌을 해석하는 기술이다.

(9) 후원자, 시민, 또는 법률가들에게 사회적 욕구를 해석하고 전달하는 기술이다.

제2부

사회복지실천 모델 개입기술

제3장

심리사회 모델

학습목표

1. 심리사회 모델의 기본이념을 이해한다.
2. 심리사회 모델의 실천목표 및 과정을 학습한다.
3. 심리사회 모델의 실천기술을 학습한다.

키워드

심리사회, 수용, 지지하기, 자기결정, 라포, 반영하기

03

심리사회 모델

심리사회 모델(psycho-social model)은 우드와 홀리스(Woods & Hollis, 1990)에 의해 정신역동과 자아심리학, 생태체계이론, 역할이론, 의사소통이론 등 다양한 이론들을 사회복지실천에 적용한 연구에서 정신분석이론에 기반을 두고 있으며, 인간의 생리적 · 심리적 관점과 인간을 둘러싼 사회경제적 상황을 포함한 포괄적이고 전체적인 관점을 가지고 있다. 하지만 심리사회 모델에 가장 큰 영향을 미친 것은 정신역동 모델과 대상관계이론이다.

심리사회 모델은 인간의 문제를 심리적 혹은 정서적이고 사회적인 문제로 이해하면서 '상황 속의 인간(person-in-situation)'을 강조하는 관점으로 메리 리치몬드(Mary Richmond, 1996)에게서 그 기원을 찾을 수 있다. 클라이언트를 수용하고 개별화하며 '클라이언트가 있는 곳에서 출발(start where the client is)'하는 실천원칙을 강조한다.

심리사회 모델의 특성은 개인의 내적 요인과 사회적 요인의 영향을 모두 중요시한다는 것이다. 따라서 클라이언트의 문제는 개인 내적인 심리적이고 생리적인 문제와 환경의 문제 또는 개인과 환경의 상호작용상의 문제로 보아야 한다. 또한 클라이언트와 사회복지사의 관계를 중요하게 여기고, 관계를 형성하기 위해 클라이언트가 자신의 행동과 감정에 대해 이해하고 통찰함으로써 자신의 문제를 해결하기 위한 능력을 고취하도록 원조하는 것을 강조한다.

하지만 심리사회 모델의 주요 이론적 배경은 정신역동이론이며, 상황 속의 인간이라는 시각을 강조하는, 즉 간접적인 실천의 의미로 강조하지만 실천의 초점은 역시 직접적인 실천인 클라이언트의 심리 내적인 과정에 치중되어 있다는 한계가 있다.

심리사회 모델은 모든 개인이 연령에 상관없이 성장하고, 학습하며 적응해 나가는 능력을 가지고 있다고 가정하고, 인간을 생리적, 심리적, 사회적 존재라는 포괄적 시각으로 보며, 환경 속의 인간(PIE: person-in-environment)이라는 관점을 강조하면서, 지금-여기(here and now)에 초점을 두고 있다.

이러한 심리사회 모델의 가치는 다음과 같다.

첫째, 클라이언트를 존중하고 수용하는 것이 중요하다.
둘째, 클라이언트의 욕구에 우선순위를 둔다.
셋째, 클라이언트를 평가할 때 개인적 선입관을 배제하고 개별화해야 진정한 이해가 가능하다.
넷째, 클라이언트의 자기 결정 권리와 자기 지향성을 인정한다.

제1절 기본개념

1. 기본개념

심리사회 모델의 주요 이론적 배경은 정신역동이며, 클라이언트 개인의 심리상태, 개인을 둘러싼 사회 환경, 그리고 개인과 환경과의 상호작용 양상에 주어진다. 즉, 심리사회 모델에서는 클라이언트가 자신의 행동과 감정을 이해하고 통찰함으로써 자신의 문제를 해결하기 위한 능력을 고취하도록 원조하는 것을 강조한다.

심리사회 모델은 인간의 심리적 요소는 물론 그가 속한 사회 환경과 이 둘 사이의 상호작용에 의한 결과까지도 고려하는 세 가지 측면에서 문제원인을 찾으려는 이론이다. 따라서 이 이론은 개인의 심리적 특성뿐만 아니라 신체 생리적 상황 속의 인간이란 관점을 제시하면서 사회복지실천의 고유한 이론으로 발전하였다.

우드와 홀리스(1990)는 인간의 행동에 대해서 다음과 같은 기본 가정을 제시하고 있다.

첫째, 모든 인간의 근본은 선하다.

둘째, 인간의 행동은 단순히 이해될 수 있는 것이 아니며 예측 가능한 방법으로 영향을 받고 변화할 수 있다.

셋째, 인간의 현재 행동을 이해하기 위해서는 과거를 중요시한다. 따라서 클라이언트의 문제나 상황을 이해하기 위해 클라이언트의 과거를 파악할 필요가 있다.

넷째, 인간의 무의식은 인간의 경험에 중요한 영향을 미치지만 행동을 결정짓는 유일한 요인은 아니다.

2. 주요 개념

심리사회 모델의 목적은 개인을 사회에 잘 적응하게 하여, 그 결과 불만족스럽고 반항적인 개인들이 표현하는 사회적 위험을 제거하는 것이 아니라, 사회적 · 자연적 결핍과 불행에 맞서서 인간을 보호하려는 욕구에 대한 반응이다. 또한 심리사회 모델의 기본적 가치는 수용과 자기결정이다.

심리사회 모델에서는 이러한 문제를 해결하기 위한 과정으로서 사회복지사와 클라이언트 상호 간에 결정한 목표에 따라 심리사회적 처리절차 여섯 가지를 주요 범주로 나누었다. ① 라포 형성하기, ② 제안하기, ③ 클라이언트의 갇힌 감정을 해소하기 위해 원조하기, ④ 정보 모으기, ⑤ 클라이언트의 현재 상황과 행동의 패턴에 대한 반성적 성찰 격려하기, ⑥ 클라이언트의 초기 생활 경험이 현재 태도와 행동에 준 영향에 대한 반성적 성찰을 하도록 격려하기이다.

심리사회 모델을 적용함에 있어 주요 원칙이 되는 개념으로 수용, 자기결정, 전문적인 관계 형성을 다루었다.

1) 수용

수용(acceptance)은 어떤 사람이나 집단이 다른 사람이나 집단의 문화나 사상 따위를 받아들여서 자기 것으로 삼는 것 또는 어떤 사람이나 집단이 다른 사람이나 집단의 주장이나 요청 따위를 그대로 들어주는 것으로 사회복지사의 개인적인 선호도 여부에 상관없이 클라이언트에 대한 선의의 태도를 유지하는 것이다. 사회복지사가 클라이언트의 고통스러운 상황과 딜레마 등을 느낄 수 있다면 보다 건설적인 협력관계의 형성이 가능하다(설진화, 2008).

수용은 클라이언트의 태도와 행동에 상관없이 온화함과 선한 의지를 보여 주는 태도를 유지하는 것으로 개인의 행동이나 상황에 대한 객관성, 관용 혹은 지적 이해를 뛰어넘어야만 한다. 수용을 위해서는 공감과 감정이입을 함께 갖추어야 하며, 수용은 치료와 원조관계의 발전에 중요한 요소이다.

2) 자기결정

자기결정(self decision)은 스스로 선택할 권리 등의 개념으로써, 사회복지사는 클라이언트 스스로 자신의 선택을 직접적으로 제안하는 것이 아니라, 다양한 정보와 대안을 제공하고 생각을 분명히 할 수 있도록 하여 클라이언트의 자기결정을 도와야 한다.

클라이언트의 자기결정은 중요한 권리이며, 심리사회 모델에서는 이 권리를 매우 중요시한다. 클라이언트 스스로 자신의 행동에 대해 결정을 내리고, 사회복지사는 클라이언트의 자기결정을 최대한 존중해 준다.

그러나 클라이언트 자신이 결정을 내리고 자신의 삶에 주체적인 태도를 지닐 수 있으면 좋겠지만, 신체적 · 정신적 장애 또는 결정 선택의 폭이 제한되어 있는 등 클라이언트의 자기결정에는 많은 조건, 제약, 도덕적 딜레마가 뒤따른다.

따라서 사회복지사는 클라이언트가 자기결정을 위한 다양한 정보를 제공하고 지원하여 클라이언트의 능력을 향상시키는 것이 중요하다.

3) 전문적인 관계 형성

사회복지사가 클라이언트와 상호 긍정적 관계를 형성하는 데 있어서 지켜야 할 원칙을 말한다. 클라이언트와의 라포라고 부르는 상호 이해와 일하는 관계를 허용하는 조화롭고, 일치하고, 감정이입적인 상태를 형성하는 것이 바람직하다.

서비스를 받기 위해 찾아온 클라이언트에게 그가 원하는 욕구가 무엇인지를 파악하기 위해서는 무엇보다도 클라이언트와의 라포(rapport)를 형성해야 한다. 이러한 사회복지사와 클라이언트의 상호 신뢰관계이자 긍정적인 전문적 관계인 라포는 사회복지사가 클라이언트에게 희망을 보여 주고 전문적인 자신감을 전달할 수 있는 능력에서 시작된다.

따라서 사회복지사는 클라이언트가 자기결정을 위한 다양한 정보가 필요하므로 자기결정능력을 향상시킬 수 있는 공감, 긍정적인 고려, 개인적인 온화함, 진실성 등을 갖추어야 클라이언트가 심리적으로 안정되어 라포를 형성하게 되는 것이다(김형태, 2000).

제2절 실천목표와 과정

1. 실천목표

심리사회 모델에서는 사회복지사가 클라이언트의 과거 경험이 현재의 심리적 · 사회적 기능에 영향을 미친다고 본다. 따라서 심리사회 모델의 실천목표는 클라이언트가 경험한 과거의 사건이나 경험들 혹은 현재의 경험들과 관련된 심리 내적인 갈등과 어려움을 클라이언트가 스스로 이해하고 통찰할 수 있도록 원조하는 것이다.

또한 사회복지사가 클라이언트의 변화를 직접 이끌어 가는 것이 아니라, 클라이언트 스스로가 자신과 환경을 변화시키는 노력을 하는 과정에 최대한 도움을 제공하고, 현실적 자원을 제공해 주는 것을 목표로 한다(설진화, 2016).

2. 실천과정

심리사회 모델의 실천과정은 초기단계, 심리사회적 사정과 진단단계, 실천단계, 종결단계로 진행된다(설진화, 2016).

1) 초기단계

클라이언트와 클라이언트의 상황에 대한 사실들을 관찰 및 조사하여 논리적으로 정리하는 과정인 심리사회적 조사가 강조된다. 초기단계에서는 클라이언트의 문제 상황, 그 문제 상황에 직접적으로 관여되고 있다고 생각되는 요소들과 그와 관련된 정보 등을 수집하는 과정으로서, 언어적인 정보 이외에 비언어적인 표현으로 이루어진 정보도 수집해야 한다. 초기단계에서 클라이언트는 자신의 문제에 대해 인식하게 되고 다시 생각해 보는 기회를 갖게 된다.

홀리스(1970)는 초기단계에서의 기본적인 과제로서 다음의 5가지를 제시하였다.

첫째, 클라이언트가 사회복지사와 왜 만나야 하는지를 이해하도록 돕는다.
둘째, 클라이언트가 사회복지사의 원조를 활용할 수 있도록 전문적인 관계를 확립한다.
셋째, 클라이언트를 원조과정에 참여시킨다.
넷째, 환기(ventilation)와 지지를 제공하고 치료적 개입을 시작한다.
다섯째, 심리사회적 진단과 치료에 필요한 정보를 수집한다.

2) 사정과 진단 단계

사정(assessment)은 심리사회 조사 단계에서 수집된 정보에 대해 비판적으로 검토하는 것으로서 수집된 사실로부터 추론을 전개하는 과정이다. 따라서 사정과 진단(diagnosis) 단계에서는 상황 속의 클라이언트에 대한 사정평가를 한다. 즉, '클라이언트는 무엇을 알고 있는가?', '어떠한 변화로 그가 곤란을 느끼고 있는가?', '곤란한 이유는 무엇인가?' 등을 이해하고 어떤 개입을 하는 것이 적합한가를 결정하기 위해 문제의 배경을 알고 적절한 자료 수집을 통해서 추론하는 노력을 하는 단계이다. 또한 이러한 사정과정을 통해 사회복지사는 개인과 개인을 둘러싼 환경을 통합한 전체의 틀 속에서 여러 체계들이 어떻게 상호작용하여 문제를 발생시켰는지 알아내야 한다.

초기의 심리사회 모델을 진단주의라고 하는 데, 이는 개별사회사업의 수행을 위해서는 진단이 기본이라고 보았기 때문이다(Hollis, 1970). 진단은 문제의 성격을 상세하고 엄밀하게 이해하기 위해 클라이언트와 상황의 복합체와 도움이 요청되는 문제에 대해서 비판적으로 검토하는 것이다. 클라이언트와 상황의 복합체는 클라이언트와 타인의 행동, 사회의 일반적 규범 등에 맞추어서 반복적으로 검토되어야 한다.

진단에는 역동적 진단, 원인론적 진단, 임상론적 진단으로 구분하였다.

(1) 역동적 진단

클라이언트가 충분히 기능하기 위해서는 그의 성격의 제 측면이 어떻게 상호작용하는가 하는 점에 초점을 맞춘 진단이다.

(2) 원인론적 진단

문제 요인이 현재의 상호작용 내에 있는지, 현재까지 영향을 미치는 과거의 사건에 있었는지, 또는 클라이언트의 딜레마의 원인 속에 있는지를 찾아내는 것에 초점을 맞춘 진단이다.

(3) 임상론적 진단

클라이언트의 여러 가지 기능적 측면을 '분류하는' 노력을 하는 것 등에 초점을 맞춘 진단 또한 진단적 사정은 '문제가 무엇인가?', '문제의 유발요인은 무엇인가?', '변화되고 수정될 수 있는 것은 무엇인가?' 등의 의문에 대하여 인간—상황에 대해 알고 있는 것을 모두 종합하여 충분히 답을 찾으려 계속적으로 노력해야 한다.

3) 실천단계

실천단계에서는 실천의 목표와 계획이 수립된 실천의 목표가 클라이언트가 스스로 이해하며 변화되기를 바라는 것과 사회복지사가 그것이 가능하며 도움이 된다고 생각하는 것, 사회복지사가 클라이언트를 위해서 활동할 수 있는 시간, 기관의 기능, 사회복지사의 능력 등으로부터 성립된다.

또한 사회복지사가 문제의 원인, 클라이언트가 가진 문제의 역동성, 수정 가능하다고 생각되는 사람과 상황의 상태 등 제 측면을 이해하는 방법에 따라 구체화되며, 유동적인 것으로 생활의 과정이 변하거나 새로운 방법이 출현할 때에는 상황에 따라 변화하는 것이다.

실천의 과정에서는 사회복지사가 클라이언트의 심리내적인 변화를 추구하는 직접적인 실천을 할 것인지, 클라이언트의 환경에 관련된 대인관계에 개입하거나 클라이언트와 사회 환경의 변화를 추구하는 간접적인 실천을 할 것인지, 아니면 통합적인 실천을 할 것인지를 선택해야 한다.

클라이언트의 정서적인 문제나 가족관계, 대인관계에서의 문제 등 직접적인 실천이 필요한 경우에는 개별면접, 집단면접, 합동면접 등의 실천방법들을 선택할 수 있고, 클라이언트의 사회 환경에 개입해야 하는 간접적인 실천이 필요한 경우에는 사회복지사가 자원동원자, 자원개발자, 옹호자 등의 다양한 역할을 할 수 있다.

4) 종결단계

클라이언트의 문제 상황이 개선되어 개인 및 가족의 안녕상태가 회복되고, 개인이나 가족의 사회적 기능이 회복되었으며, 대인관계가 향상되었거나, 실천의 목표가 어느 정도 달성되었다고 사회복지사와 클라이언트가 동의하게 되면 실천이 종료된다.

종결단계에는 지금까지 클라이언트와 사회복지사 사이에 형성된 관계의 단절로 발생될 수도 있는 정서적 충격, 즉 일종의 분리불안을 최소화할 수 있는 등 모든 노력을 기울여야 한다.

또한 사회복지사 자신의 지식과 기술에 대한 객관적인 분석과 자기성찰 등이 필요하다. 종결 후에 일정 기간 동안 사후관리(follow-up)를 통해 클라이언트의 적응상태를 점검하는 것도 좋은 방법이다.

제3절 실천기술

심리사회 모델에서의 실천기술은 클라이언트의 심리 내적인 변화를 추구하는 직접적인 실천기술과 클라이언트의 환경과 관련된 대인관계에 개입하거나 클라이언트와 사회 환경의 변화를 추구하는 간접적인 실천기술로 나누어 살펴본다.

1. 직접적 실천기술

1) 지지하기

지지하기(sustainment)는 클라이언트의 감정과 행동을 지지하기 위한 것으로 사회복지사의 활동 가운데 가장 기본적이고 핵심적이다. 클라이언트의 문제해결 능력에 대한 확신감을 표현하여 클라이언트의 불안을 줄이고 자아 존중감을 증진하기 위한 과정이다. 클라이언트가 죄책감과 수치심, 두려움, 분노를 느끼는 경우에 유용하다. 언어적/비언어적 형태(실질적 도움뿐만 아니라 관심과 수용, 공감적 이해, 재보증, 격려 등)를 포함한다.

① 목표: 클라이언트의 불안을 감소시키고 동기화를 촉진시켜 원조관계를 수립한다.

② 내용: 사회복지사는 클라이언트를 수용하고 원조하고자 하는 의사를 표현한다. 그리고 문제해결 능력에 대해 확신을 표현해서 클라이언트가 갖고 있는 불안을 줄이고 자기 존중감을 증진시킨다. 지지는 언어적 · 비언어적인 의사소통으로 전달할 수 있다.

③ 기술: 경청, 수용, 격려, 불안이나 죄책감에 대한 재보증(reassurance), 신뢰감의 표현, 선물주기 등이 있다.

2) 직접적인 영향주기

직접적인 영향(direct influence)주기는 문제를 해결하기 위해 직접 영향을 주기 위한 것으로 사회복지사는 클라이언트의 행동을 향상하기 위한 조언, 제안 등을 통해 사회복지사의 의사를 관찰하기 위한 과정이다.

① 목표: 클라이언트의 사회생활기능에 있어 장애가 되는 요인을 제거한다.

② 내용: 클라이언트의 동기 및 행동을 강화하기 위해 사회복지사의 의지를 관철하면서, 클라이언트의 욕구에 따라 조언하거나 제안한다. 직접적인 조언과 옹호적인 행동은 클라이언트와 강한 신뢰관계가 수립되었을 때, 클라이언트에 대해 충분한 지식을 가지고 있을 때 사용한다.

③ **기술**: 클라이언트 자신의 제안을 격려하고 강화하기, 현실적인 제한을 설정하기, 직접적인 조언하기, 옹호적인 행동하기 등이 있다.

3) 탐색, 기술, 환기

탐색(exploration), 기술(description), 환기(ventilation)는 클라이언트의 문제와 관련하여 클라이언트의 환경, 혹은 클라이언트와 환경과의 상호작용에 관한 사실을 진술하고 설명하도록 도와주고, 환기법을 사용하는 것이다. 탐색, 기술, 환기는 연관되어 있는 데 사실을 진술하거나 설명하는 과정에서 자연히 감정이 표현되기 때문이다. 특히 분노, 상실감, 죄책감, 불안 등의 감정적 반응에 적절하게 활용될 수 있다. 이런 감정은 말로 표현함으로써 강도가 현격하게 줄어드는 데 클라이언트가 방어하지 않고 편안하게 자신의 감정을 표현할 수 있는 준비가 되었을 때에야 비로소 클라이언트는 환기를 경험할 수 있다. 때로는 환기를 경험하는 것 자체로 문제가 해결되기도 한다.

① **목표**: 진단적인 이해와 함께 환기법을 사용하여 긴장완화를 시도한다.
② **내용**: 클라이언트가 자신과 주변 환경과의 상호작용에 대한 사실과 그와 관련된 감정을 표출하여 감정정화를 경험하고 긴장이 완화되도록 도와주는 기법이다. 즉, 단순히 클라이언트 자신이 보는 그대로의 사실을 제공하는 것이다. 클라이언트는 이러한 과정에서 자연히 자신의 감정을 표현하게 되는 환기를 경험하는 것만으로도 문제를 해결하는 경우도 있다. 탐색, 기술, 환기는 병행되어야 하며 사회복지사는 탐색—기술 과정에서서 드러나지 않고 있는 감정에 대해 민감해야 한다.
③ **기술**: 하나의 주제로 초점 맞추기, 세분화하기, 화제 전환하기 등이 있다.

4) 반영하기

반영하기는 인간–상황과의 관계에 관한 반영하기로 사회복지사는 클라이언트를 상황 속의 인간이라는 관점에서 반영하기로 인간–상황에 대한 반영하기는 6가지로 이루어진다.

첫째, 다른 사람의 건강, 상황

둘째, 클라이언트의 행동이 자신과 다른 사람에게 미치는 영향

셋째, 클라이언트 행동의 성격

넷째, 클라이언트 행동의 원인

다섯째, 자기평가

여섯째, 사회복지사와 치료과정

① **목표**: 문제를 더 잘 이해하기 위해 또는 행동에 변화를 초래하기 위해 클라이언트가 잘못 이해하고 있는 내용들을 현실적으로 파악하게 한다.

② **내용**: 클라이언트를 둘러싼 현재 혹은 최근 사건에 대해 반영을 하는 것으로 심리사회 모델의 핵심 기술이다. 사회복지사가 클라이언트를 도와 클라이언트 자신의 상황과 그 속에서 자신의 위치나 기능, 상황 속에서 경험한 생각이나 느낌, 감정 등에 관해 더 잘 이해할 수 있도록 해 준다. 반영은 다른 사람, 건강, 상황, 사건 등에 대한 클라이언트의 지각방식을 알아보는 외부반영과 클라이언트 자신의 행위나 자신 또는 타인에게 어떤 영향을 주는가를 생각해 보게 하는 내부반영, 자신의 행동이 자신 또는 타인에게 어떤 영향을 주는가를 생각해 보게 하는 중간 정도의 반영으로 나누어 볼 수 있다.

③ **기술**: 논리적 토의 및 추론, 설명, 일반화, 행동시연, 역할극, 강화, 명확화, 직면, 요약, 옹호, 교육 등이 있다.

5) 역동성에 대한 반영

역동성에 대한 반영은 클라이언트의 사회적 기능 수행에 영향을 주는 과거와 현재의 경험을 반영하는 것으로 사회복지사는 클라이언트의 성격과 행동, 심리 내적 역동에 대해 반영한다. 클라이언트가 사용하는 방어기재를 분석하고 내부 대상에 대한 고찰도 포함하며, 분리와 개별화 정도 등에 대해 반영한다.

① 목표: 변화의 동기를 촉진시키면서 자신의 성격유형, 특징, 행동유형, 방어기제, 초자아와 자아의 기능수행 정도 등 심리 내적 역동에 대해 이해하도록 한다.
② 내용: 지금까지 서술한 모든 기법과 함께 사용한다. 클라이언트의 행동경향, 클라이언트로 하여금 어떤 특정 행위에 이르게끔 하는 생각이나 감정의 유형, 또는 사건에 대한 생각들을 클라이언트 스스로 찾아낼 수 있도록 도와주는 기술이다.
③ 기술: 명확화, 해석, 통찰의 개발 등이 있다.

6) 발달적 반영

발달적 반영은 클라이언트의 사회적 기능 수행에 영향을 주는 과거와 현재의 경험을 반영하는 것으로 사회복지사는 클라이언트의 현재 성격이나 기능에 영향을 미친다고 생각되는 원 가족에서의 경험 또는 유아기의 경험에 대해 생각하도록 하는 의사소통행위이다.

① 목표: 변화를 위해 유년기의 문제와 현재 행동과의 인과관계를 클라이언트에게 자각하게 한다.
② 내용: 클라이언트의 현재의 성격이나 기능에 영향을 미친다고 생각되는 원 가족의 경험 또는 유아기 때의 경험에 대해 생각해 보도록 하는 기술이다. 유년기의 문제와 현재 행동 간의 인과관계를 클라이언트가 깨닫게 함으로써 변화를 유도한다.
③ 기술: 명확화, 해석, 통찰의 개발, 논리적 토의 및 추론, 설명, 일반화, 행동시연, 역할극, 강화, 옹호, 직면, 요약, 교육 등이 있다.

2. 간접적 실천기술

간접적 실천기술은 환경을 조정하기로, 사회복지사는 개인과 가족 및 지역사회를 벗어나 제도나 환경에 의해 사회변화까지도 반영하는 기술을 말한다.

1) 목표: 클라이언트를 둘러싼 사회 환경에 관련된 문제를 해결한다.

2) 내용: 클라이언트의 대인관계에 개입하거나 사회 환경적인 변화를 추구하는 활동이다. 클라이언트가 필요로 하는 자원을 발굴하여 제공함으로써 클라이언트에 대한 옹호 및 중재활동을 한다. 클라이언트의 문제해결과정에서 주변의 사회 환경 자원을 최대한 활용하기 위해서 사회복지사는 기관의 정책, 기관이 갖고 있는 자원, 기관의 권력구조, 타 전문직의 문화 또는 분위기 등에 대해 이해하고 있어야 한다. 또한 기관의 직원과도 지속적인 협력관계를 유지해야 한다.

간접적인 실천에 있어 사회복지사의 역할과 관련하여 강조되어야 할 두 가지 중요한 사상으로서 클라이언트의 신상에 대한 비밀보장과 클라이언트의 자기결정과 그에 따른 클라이언트의 책임성을 들 수 있다.

3) 기술: 심리사회 모델은 개인의 정신 내적인 요인들에 초점을 맞추던 정신역동모델과는 달리 환경적인 요인들을 강조하기 시작했다는 점에서는 큰 의미가 있으나, 정신분석이나 정신역동 모델을 크게 벗어나지는 못했다는 한계도 있다. 따라서 심리사회 모델에서는 환경의 변화나 조정을 목적으로 직접적 실천기술들이 활용되었다.

3. 사례(대인관계의 어려움과 신체화 증상의 극복; "나는 내가 제일 잘나야만 한다.")

1) 상황

(1) 클라이언트의 이름은 이○○, 여학생, 18세, 고 3 재학생으로 가정은 부유하지만 부모님이 모두 직장생활을 하고 있어서 가족들과 함께 지내는 시간이 부족하고, 무엇이든지 잘하는 언니에 대한 열등감도 가지고 있으며, 부모님께서 자신에게 전혀 관심이 없는 것으로 인식하고 있으나, 최근 자신의 불량한 태도를 간섭하시는 부모님을 못마땅해 하고 있다. 부모는 아이에 대한 관심을 물질적으로 나타내고 있다. 자녀를 부족함이 없이 키우고 싶은 마음에 일에만 열중한 나머지 클라이언트에게 정서적인 관심은 미처 보여 주지 못하고 있다. 부모님은 클라이언트가 자신들의 마음을 몰라주는 것 같아 속상해 하고 있다.

(2) 클라이언트의 문제

① 불량 친두들과 어울려 다니면서 학교에 잘 출석하지 않고, 집에 들어가지 않을 때가 자주 있다.

② 부모님과 마주치지 않으려고 하고 무시한다.

③ 사회생활을 하는 데 있어서 어른들이나 친구들에 대한 태도가 바람직하지 못하다.

④ 자신의 감정을 표현하지 못한다.

2) 문제 사정 및 개입

(1) 문제 사정

① 개인적 사정(특성)

- 클라이언트는 어렸을 때부터 부모에게 정서적 안정감이나, 애정 등을 느끼지 못하고 물질적인 것으로만 보상을 받아 와서 부모님이 자신을 사랑하지 않는다고 생각한다.
- 부모와 대화나 같이 보내는 시간이 거의 없었기 때문에 가정교육 등을 제대로 받지 못해서, 사회생활을 하는 데 있어서 친구들이나 어른들을 대하는 태도 등에 대해서 바람직하지 못한 행동을 취한다.
- 부모님이 자신에게 관심이 없다고 생각하여 자신에게 관심을 보이는 사람이면 그에게 의지하고, 옳은 행동인지 그른 행동인지 판단하지 못하고, 무조건 그들을 따라가는 경향을 보인다.
- 무엇이든지 잘하는 언니에 대한 열등감을 가지고 있다.

② 부모의 환경(특성)

- 아버지는 자신이 어렸을 때 그의 아버지가 일을 하려는 의지가 없고, 능력도 없어서 거의 집에서 놀기만 했다. 그러나 어머니는 다른 집에 가서 일도 하는 경우가 있었고, 여러 가지 잡일로 푼돈을 모아서 가정생활에 보탬을 주는 상황에서 자랐기 때문에 자신도 아버지처럼 능력 없는 사람은 되지 않으리라는 굳은 다짐을 하며, 무조건 공

부만 열심히 노력하여 지금은 회사에서 높은 지위에 있고 돈도 많이 벌고 있다. 하지만 일을 열심히 하다 보니 집에는 늦게 들어오는 날이 많고 가족과 같이 보내는 시간이 거의 없으니 딸이 어떤 생각을 하고 있는지, 무엇을 하는지에 대해 알지 못했다. 딸이 원하는 물질적인 것을 해 주면 아버지의 의무를 다한다고 생각하고 자녀들은 넉넉하게 학교생활을 잘 할 것이라고 믿고 있다.

- 어머니는 대기업을 운영하는 기업가의 막내딸로서 어렸을 때부터 부모의 사랑을 독차지하며 자라나 자신이 가지고 싶은 것이나 하고 싶은 것을 자신 마음대로 할 수 있었다. 따라서 자기주장이 강하며, 자신의 관리에 대해서는 철저하다. 피부관리나 몸매관리 등 자신을 가꾸고, 사치가 심한 친구들의 모임에 다니느라 어머니 역시 집안일은 아주머니에게 맡기고, 집에 늦게 들어오는 날이 잦았다. 그래서 딸과 대화를 하거나 같이 시간을 보내는 일이 거의 없었다.
- 언니는 어머니가 신경을 써 주지 않아도 자신이 알아서 잘해 왔기 때문에 클라이언트가 삐뚤어진 행동을 하는 것을 잘 이해하지 못한다.

③ 가족 차원에서 클라이언트의 부모 모두 자신의 능력이나 자기를 위한 관리는 잘하지만 자식의 심리적, 정서적 안정감이나 애정에 대해서는 소홀함이 있었고 물질적인 것이 충족되면 정서적인 면도 충족되리라 생각하고 있다. 부모와 대화가 부족하고 언니로 인해 열등감이나 소외감을 느낀다.

④ 사회공동체 차원에서 학교생활에서 친구들에게 물질적으로만 해 주었기 때문에 정서적으로 지지해 주거나 마음을 함께 나눌 친구들이 없었다. 친구들은 오히려 클라이언트가 물질적으로 부족한 학생들에게는 괘심하고 가진 것에 대한 불만으로 착취하려고 하였다. 그렇기에 친구들과 어울려 학교생활이 어려웠으며 잘난체 하는 것을 넘어 나쁜 학생으로 이미지가 굳었다.

⑤ 문화적 차원은 물질적으로 풍요를 중요하게 여기고, 능력 있는 사람만이 인정받는 사회적 풍조가 넓게 퍼짐에 따라 그것만 얻으려고 클라이언트의 부모는 노력했다. 그런 이유로 클라이언트의 부모는 정서적인 면은 고려하지 않았다.

(2) 개입 절차

① 초기 단계

- 면담 시 클라이언트가 안정감을 가질 수 있는 분위기를 제공한다.
- '지지'와 '환기'를 통해 클라이언트가 사회복지사에게 친밀한 라포를 형성할 수 있도록 한다
- 클라이언트가 문제의 상황을 잘 이해할 수 있도록 이해시킴과 동시에 판단할 수 있는 자기결정권이 있음을 알려 준다.
- 클라이언트의 가족에 대한 상담도 함께 한다.

② 사정 단계

- 클라이언트는 누군가에게 관심을 받고 싶어 하고, 누군가와 함께하고 싶어 하는 욕구를 가지고 있다고 판단한다.
- 아버지는 자신의 능력을 인정받고 싶고, 그것을 무엇이든지 사 줄수 있다는 것으로써 인정을 받고 있다고 여기는 것으로 판단된다.
- 어머니는 어렸을 때부터 자신이 하고 싶은 것을 다 해 왔기 때문에 자신에 대한 관리만 신경을 쓰고, 클라이언트의 언니는 자신에게 누가 신경을 써 주지 않아도 잘해 왔기 때문에 클라이언트 역시 잘해 주기를 바라는 것으로 판단된다.

③ 개입 단계

목표	계획	기대되는 결과
자신의 감정 표현하기	• 일기쓰기 • 자신의 감정을 노래나 춤으로 표현하기	클라이언트 자신의 감정을 표현함으로써 자신의 현재 상태에 대해 정확히 파악할 수 있고, 부모님도 클라이언트가 현재 어떤 감정을 가지고 있는지 파악할 수 있으며, 학교에서도 선생님이나 친구들에게 자기 감정을 표현함으로써 원만한 관계를 유지하는 데 도움이 될 것으로 기대된다.

언어습관 고치기	• 사회복지관의 '언어프로그램'에 참여	클라이언트가 자신의 언어표현이 옳지 못하다는 것을 깨닫게 되고 점점 고치고자 노력할 것으로 기대된다. 부모와의 대화도 예전보다 더 원만해지면서 대화의 기회가 늘어날 것으로 기대되고, 더 나아가 대인관계에서도 발전된 모습을 보일 것이다
부모와의 관계향상 –회복	• 서로에게 편지쓰기 • 문자메시지 • 연락이나 통화 자주하기 • 대화의 시간 갖기	이러한 프로그램을 통해 서로에 대해 관심을 가지도록 노력함으로써 서로에 대한 감정이나 생각에 대해 알아 가면서 서로를 이해하도록 한다.
부모와의 관계향상 –가족이 함께 활동하기	• 약속: 외식하는 날 정하기 • 가족 여행 가기 • 가족 신문 만들기	가족이 함께하는 활동을 통해 같이 있는 시간을 늘림으로써 정서적인 안정감을 되찾고, 가족의 중요성을 깨닫게 하며, 서로 사랑함을 느끼게 한다. 나아가 자신을 가치 있는 존재로 여기도록 한다.

④ 종결 단계

- 클라이언트와 부모의 관계가 어떻게 변화되었고, 그들이 원하는 목표에 도달하였다고 판단되어지면 종결이 이루어진다.
- 종료 후에도 전화접촉 등으로 현재의 적응상태를 점검함으로써 사후 관리를 한다.
- 클라이언트의 학교 부적응에 대한 접근으로 학교체계와 지속적인 관계를 유지한다.

제4장

인지행동 모델

학습목표

1. 인지행동 모델의 기본이념을 이해한다.
2. 인지행동 모델의 실천목표 및 과정을 학습한다.
3. 인지행동 모델의 실천기술을 학습한다.

키워드

인지행동, 스키마, 행동형성, 동화, 행동시연, 역설적 의도, 인지치료, 자동적 사고, 핵심 믿음, 인지적 오류

04 인지행동 모델

인지행동 모델(congnitive behavior model)은 정신역동 모델의 치료에 대한 거부감 및 그 효과성에 대한 의문을 갖게 되고, 다양한 클라이언트와 복잡한 문제에 모두 적용될 수 있는 통합이론, 클라이언트와 환경 간의 상호작용에 대해 포괄적으로 이해할 수 있는 이론 및 모델에 대한 필요성이 제기되어 등장하였다. 인지행동 모델은 인지이론, 즉 생각하고 정보를 처리하는 과정인 인지과정의 연구로부터 도출된 개념과 행동주의이론에서 나온 개념들을 통합적으로 적용한 것으로서, 문제를 일으키는 잘못된 가정과 사고의 유형을 확인, 점검하고 재평가하여 수정하도록 격려하고 원조하는 것이라 볼 수 있다(Gilliland & James, 1997).

인지행동 모델은 행동주의 이론가인 반두라(Bandura)의 사회인지이론에서 인지과정의 중요성을 강조한 것에 기초하여 벡(Beck)의 인지치료(CT: Cognitive Therapy)와 엘리스(Ellis)의 합리–정서치료(RET: Rational– Emotive Therapy)로 발전하였다. 인지행동 모델은 행동과 사고와 정서 간의 상호작용을 중시한다. 특히 개인의 심리사회적 문제는 자신이나 주변에 대해 갖고 있는 비합리적인 믿음이나 왜곡된 신념체계로 인해 야기된다고 본다. 따라서 문제해결의 열쇠는 사고의 재구조화에 있다. 한편 인지행동 모델에서 제공하는 실천기술은 사회복지실천기술 가운데 가장 많이 활용되고 있는 데 인지행동 모델에 입각한 개입기술은 문제를 일으키는 잘못된 가정과 사고의 유형을 확인 · 점검하고 재평가하여 수정하도록 격려하고 원조한다.

인간과 환경이라는 사회복지실천의 이중초점을 모두 포괄하는 새로운 대안적 관점의 하나가 바로 인지–행동적 관점이다. 이 시각은 인간의 행동이 개인과 환경적 실재 간의 상호작용 결과이며 이론의 융통성 있는 사용만이 이 현상을 효과적으로 다룰 수 있음을 강조한다.

따라서 그 강조점에 다소 차이가 있기는 하지만 개인의 행동과 정서의 변화를 유도하기 위해서 클라이언트의 사고와 사고과정을 변화시킨다는 목적을 가진 모든 치료절차는 인지행동 모델의 범위에 속한다. 즉, 인지행동주의 모델은 하나의 실천모델이 아니라 여러 모델들을 총칭하는 용어이다.

제1절 기본개념

1. 기본개념

인지행동 모델에서는 행동이 보상과 처벌에 의해 자동적으로 형성된다고 가정하기보다는 환경이 제공하는 정보와 개인의 인지적 과정의 상호작용의 결과로 이루어진다고 본다.

인지란 용어는 '알다'라는 의미의 라틴어 'cognoso'에서 파생하여 비교적 넓은 의미로 사용하며, 이 용어는 태도, 기대, 귀인 등의 포괄적인 인지적 활동과 지각체계를 모두 포함한다. 인지행동 모델은 하나의 실천모델이 아니라 여러 모델을 총칭하는 용어로 인지행동 모델은 생각하고 정보를 처리하는 과정인 인지과정의 연구로부터 도출된 개념과 함께 행동주의와 사회학습이론으로부터 나온 개념들을 통합 적용한 것이다.

인지행동 모델은 비록 인지적 중재과정이 역기능적이고, 그 결과 부적응적인 행위를 자극하더라도 그러한 과정은 모델링, 연습, 강화, 점진적인 과제할당과 같은 행동수정절차를 다양하게 결합하여 이용함으로써 수정될 수 있다. 심리와 행동적인 문제에만 주로 초점을 맞출 뿐, 아직 환경적 개입을 구체적으로 제시하고 있지 못하다는 한계를 보여 준다. 환경적인 개입의 결여는 기술적인 차원에서의 한계라고 할 수 있다(장인협, 1997).

인지행동 모델은 문제에 초점을 둔 시간제한적 접근으로서 클라이언트가 자신의 사고와 행동을 통제하기 위한 대체기제를 학습하는 교육적 접근을 강조한다. 인지변화는 감정변화로 쉽게 이어지는 반면에, 자동적으로 행동변화를 수반하는 것은 아니므로 인지행동 모델에서는 행동변화로 이끌기 위한 다양한 행동주의 기술과 기법을 적극 활용한다(이재육, 2010).

2. 주요 개념

1) 스키마

스키마(도식, schema)란 기본적인 신념과 가정을 포함하여 사건에 대한 개인의 지각과 반응을 형성하는 준거 틀(frame of reference)이다. 판단기준 또는 이해의 틀이라 할 수 있으며, 특정 대상에 관한 과거의 경험, 그 대상에 관해 타인이 겪은 경험의 관찰, 그 대상에 대한 타인과의 대화 등 대개 과거의 경험과 다양한 경로를 통해 형성된다. 스키마는 한 개인에게 적응적이고 기능적인 기능과 부정적인 기능을 할 수 있다.

예) 어린 아동이 소를 보고 "야! 큰 개다."라고 말했다면 그 아동은 '네발 달린 짐승은 개다'라는 개에 대한 도식만 있고 소에 대한 도식이 아직 없기 때문에 소의 특징을 개의 도식에 맞추어 표현한 것이다.

2) 자동적 사고

순간순간 머리에 떠오르는 평가적 사고나 이미지로서 당사자에게는 타당하며 현실적인 것처럼 생각되기도 하지만 심사숙고하거나 합리적으로 판단한 결과가 아니다. 대부분 자동적 사고에 뒤따라 일어나는 감정의 변화를 인식하는 경우가 더 많아 결과적으로 자동적 사고를 사실인 것처럼 무비판적으로 받아들이기 쉬우며, "이건 너무 어려워."와 같이 대부분 부정적인 내용이며 역기능적으로 작용한다.

3) 믿음체계

(1) 핵심믿음

핵심믿음(core belief) 또는 핵심믿음체계는 지속적인 인지현상인 믿음으로부터 나온다. 어린 시절부터 사람들은 자신과 다른 사람, 그리고 세상에 대해 믿음을 형성해 간다. 이렇게 자신도 인지하지 못하면서 근원적으로 깊은 수준에서 형성된 믿음이 핵심믿음체계이다. 또한 "나는 너무 무능해."와 같이 핵심믿음이 정확한 근거 없이 부정확하고 역기능적일지라도 그것만을 맹목적으로 믿고 일반화하게 되어 반대되는 정보는 무시하거나 개의치 않게 된다.

(2) 중간믿음

중간믿음(intermediate belife) 또는 중간믿음체계는 핵심믿음체계와 자동적 사고 사이에 태도, 규칙, 가정들로 이루어진 믿음체계로, 있어 어떤 상황을 보는 관점에 영향을 주어 그 사람이 어떻게 느끼고 행동하는가에 영향을 주고, 또다시 그 사람이 어떻게 생각하고 느끼고 행동하는지에 영향을 주지만 자신은 잘 인식하지 못한다.

4) 인지적 오류 또는 인지적 왜곡

스트레스성 생활사건이나 환경적 자극의 의미를 해석하는 정보처리과정에서 범하는 체계적 잘못을 인지적 오류라 하며 그 종류는 다음과 같다.

(1) 이분법적 사고

이분법적 사고는 어떤 사건이든지 간에 흑 아니면 백으로 보는 극단적인 사고 경향을 말한다. 즉, 모 아니면 도라고 보는 경향을 말한다.

(2) 임의적 추론

임의적 추론(자의적 유추)은 자신들이 경험한 한두 번의 사건만 가지고 뚜렷한 증거 없이 부정적 결론을 내는 것을 말한다.

(3) 선택적 추론

선택적 추론은 주된 내용은 무시하고 특정한 일부의 정보에만 주의를 기울여 전체 의미를 해석하는 것으로 전체적인 상황이나 맥락을 무시한다.

(4) 과잉일반화

과잉일반화는 일부 사건에 근거, 일반적인 법칙이나 결론을 내리는 무관한 상황에까지 적용하는 것으로, 연관되지 않은 사건에 대한 결론이나 법칙을 끌어내서 관련되는 상황에 광범위하게 적용하는 것이다.

(5) 과장과 축소

과장과 축소는 어떤 사건의 중요성이나 크기를 평가할 때, 지나치게 과장하거나 축소하는 것으로 사건의 의미나 크기를 왜곡하는 것이다.

(6) 개인화

개인화는 자신과 관련지을 뚜렷한 증거가 없는 데도 부정적인 사건이나 상황을 자신과 관련지어 해석하는 것이다.

(7) 행동형성

행동형성(행동성형; shaping)은 기대하는 반응이나 행동을 학습할 수 있도록 기대에 부응하는 행동에 대해 강화를 함으로써 긍정적인 행동을 점진적으로 만들어 나가는 것을 말한다. 클라이언트가 원하는 반응에 접근할 때마다 강화가 주어지는 점진적 접근방법이다.

(8) 조절

조절(control)은 대상들이 현존하는 도식에 맞지 않을 때 새로운 도식을 만드는 것을 말한다. 즉, 네발 달린 짐승이지만 크고, 뿔이 있으며 개가 아닌 새로운 사물, 즉 소에 대한 새로운 도식을 만드는 것을 말한다.

(9) 동화

동화(assimilation)는 새로운 사물이나 대상을 이미 자신이 가지고 있는, 즉 도식에 맞추어 이해하고 받아들이는 인지과정이다. 즉, 네발 달린 짐승은 개이기 때문에 소를 보고도 개라고 인지한다.

제2절 실천목표와 과정

1. 실천목표

인지행동 모델은 인지 치료적 방법으로 교육을 통해, 클라이언트 자신의 상황을 왜곡하여 해석하는 방식을 인지하게 함으로써 정서의 변화를 꾀하는 동시에 관찰학습을 통해 새로운 기능적 행동기술을 학습하게 하고, 실제 상황에 적응하도록 격려하면서, 행동주의적 강화를 통해 행동의 변화를 유지시키는 것을 실천의 목표로 한다.

구체적으로 표현하면 다음과 같다.

첫째, 개인이 가지고 있는 비합리적 신념이나 인지적 오류, 자기패배적인 사고를 변화하게 함으로써 그의 감정이나 행동을 수정하게 한다.

둘째, 클라이언트가 자기 자신과 다른 사람들, 그리고 삶에 대해 정확하고 객관적인 평가를 내리게 함으로써 좀 더 긍정적인 인지들을 창출하거나 발전할 수 있도록 원조한다.

2. 실천과정

인지행동 모델은 다양한 치료 모델들로 구성되어 있기 때문에 보편적이고 일반적인 내용을 중심으로 실천과정을 살펴보았다.

1) 초기단계

(1) 접수

심신의 이완상태를 유도하는 대화 및 간단한 호흡을 시행하여 클라이언트가 편안한 상태에서 사회복지사와 대화할 수 있는 상태를 만든다. 이와 함께 인지체계의 재구성 원리 및 절차를 간략히 설명한다. 즉, 자기 자신에게 하는 말, 자신이 갖고 있는 가정, 믿음, 생각 등이 인생에서 경험하는 많은 것들에 대한 감정 및 행동반응들을 결정할 수도 있다는 것을 설명한다. 이 단계에서는 인간이 살아가면서 문제를 경험하는 것은 지극히 정상이며 또한 피할 수 없는 것이라는 것을 충분히 인식시키고, 클라이언트의 입장에서 문제를 이해하고 받아들이려고 노력해야 한다.

(2) 문제 성취

문제 성취는 사회복지사와 클라이언트 사이에 충분한 라포(rapport)가 형성되어야 클라이언트의 문제 또는 사고체계가 드러날 수 있으므로, 문제 성취단계에서는 클라이언트가 호소하는 어려움을 있는 그대로 받아들이면서 이해하도록 노력한다. 또한 클라이언트의 사고와 논리체계에 문제가 있더라도 일단 받아들이면서 이해하도록 노력한다.

(3) 문제의 우선순위 설정

문제의 우선순위 설정은 클라이언트의 문제들은 복합적이고 상호 연결되어 있는 경우가 대부분이다. 이러한 복잡하고 다양한 문제들 가운데 우선적으로 개입할 문제를 찾아내야 한다. 문제의 우선순위를 정할 때는 클라이언트의 입장에서 쉽게 성취 가능한 작은 변화를 목표로 하는 문제를 선정하는 것이 좋다.

(4) 부정적 인지·사고 체계 탐색

부정적 인지 · 사고 체계 탐색의 단계는 문제 속에 내재하는 역기능적 믿음, 사고체계, 인식체계 등을 찾아내도록 돕는 단계이다. 어떤 상황 속에서 클라이언트가 자신에게 하는 대화, 그로 인해 자신이 갖게 되는 감정, 자신이 보인 행동, 그 행동에 대한 타인의 반응 등의 상호관계를 클라이언트 스스로 인식하도록 사회복지사의 도움이 제공된다.

클라이언트의 잘못된 믿음체계를 확인하는 하나의 전략은 다음과 같다.

첫째, 어떻게 해서 현재 자신이 갖고 있는 믿음에 이르게 되었는가를 질문하고,

둘째, 현재의 역기능적인 관점이나 믿음을 뒷받침할 수 있는 증거를 제시할 것을 요구하며,

셋째, 어떤 행위 뒤에 일어날 결과에 대해 지나친 걱정이나 두려움을 갖게 된 논리에 도전하는 방법을 들 수 있다.

(5) 자료 수집

사회복지사의 개입 후 클라이언트의 문제 상황이 해결되었는지를 사후에 평가하기 위해서는 개입 전의 문제 상황에 대한 자료 수집이 필요하다. 문제 상황에 따라 자료의 성격이 달라지겠지만 대부분의 문제는 문제의 발생빈도, 문제의 정도나 강도, 문제가 지속되는 기간 등의 형태로 측정될 수 있을 것이다.

2) 실천단계

(1) 부정적 인지·사고 체계의 정황 분석

클라이언트로 하여금 부정확한 인식이나 잘못된 생각 등을 갖게 한 주변의 사건이나 상황을 클라이언트 스스로 분석하여 그 당시에 자신이 가졌던 생각이나 믿음의 합리성 정도를 평가하도록 한다. 클라이언트로 하여금 어떤 생각을 갖게 했던, 그래서 감정을 상하게 했던 구체적인 장소, 관련된 주요 인물, 구체적인 정황, 클라이언트의 행동 등으로 나누어 묘사하도록 한다.

(2) 순기능적 인지·사고 체계로 전환

자기 파괴적인 인식체계를 자기 구술로써 순기능적으로 바꾸도록 사회복지사가 모델링을 통해 도와준다. 이 과정에는 예전에 해 보지 않았던 새로운 생각을 하게 됨으로써 갖게 되는 갈등, 불안 등으로 내키지 않아 하는 현상이 나타날 수 있으므로 시범을 보여 준 후, 그것을 따라할 마음의 준비가 되어 있는지를 확인하면서 조심스럽게 진행한다.

(3) 변화를 지속시키기 위한 과제 내 주기

실천과정에서의 변화가 지속되지 않으면 개입의 효과는 없다고 볼 수 있다. 따라서 변화된 인지체계가 현실생활 속에서 계속 유지될 수 있도록 클라이언트에게 과제를 내 준다. 과제의 목적은 클라이언트가 일상생활에서 경험하는 사회·심리적 어려움 가운데서 자신에게 행하는 역기능적인 자기 구술을 관찰하고 발견하여 그것을 순기능적인 자기 구술로 바꾸는 훈련을 지속적으로 하도록 하는 데 있다.

3) 종결단계

개입을 종결하면서, 실천의 효과성 및 목표달성의 정도를 평가하는 단계이다. 평소에 갖고 있던 역기능적인 인지체계나 사고체계가 어느 정도 합리적인 대안체계로 변화되었는가를 확인하는 단계이다. 앞서 역기능적 문제를 유발했던 상황 또는 그와 비슷한 상황 속에서 역기능적 사고의 빈도, 강도, 지속시기 등이 어느 정도 변화되었는가를 확인하고 평가한다. 또한 이러한 인지·사고 체계의 변화로 인해 전에 경험하던 사회 심리적 문제가 현실생활 속에서 어느 정도 해결되었는지를 살펴본다.

제3절 실천기술

대부분의 인지행동주의 모델들은 문제에 초점을 둔 시간제한적인 접근으로서 클라이언트가 자신의 사고와 행동을 통제하기 위한 대처기제를 학습하는 교육적 접근을 강조한다. 또한 인지변화는 감정의 변화로 쉽게 이어지는 반면, 인지변화가 자동적으로 행동변화를 수반하는 것은 아니므로 인지변화를 행동변화로 이끌기 위한 다양한 인지행동주의모델의 기술과 기법들을 적극 활용한다(설진화, 2016).

1. 인지활동모델의 기술

1) 치료관계의 적극적 이용

인지치료에서 클라이언트와 사회복지사의 관계는 잘못된 인지를 바꾸도록 원조하는 수단으로써 다음의 2가지 방식이 효과적으로 사용되고 있다(Lantz, 1996).

(1) 관계에서의 지지적 요인을 활용하는 긍정적 배려(positive regard)를 하는 기술

클라이언트의 성장, 능력 등에 관해 사회복지사가 가지는 의견 혹은 견해는 지지의 형태로 클라이언트에게 전달될 수 있고, 이는 클라이언트의 자긍심 향상에 기여한다. 사회복지사가 치료과정 동안 존중과 지지, 격려를 제공함으로써 클라이언트가 가치 있는 중요한 존재임을 나타낼 수 있고 이때 비로소 왜곡된 인지과정은 차단될 수 있다.

(2) 클라이언트와 사회복지사 사이의 관계에서 일어나는 왜곡에 초점을 두면서 검토하는 기술

이 과정을 통해 클라이언트는 자기 자신에 대한 잘못된 생각과 타인으로부터 어떠한 대우를 스스로 기대했었는지를 깨닫게 된다.

2. 인지행동 모델의 기법

1) 내적 의사소통의 명확화

내적 의사소통의 명확화 기술은 클라이언트 스스로 자신에 대해 독백하고 생각하는 것으로, 이에 대해 사회복지사가 피드백을 제공하는 장점 때문에 효과적이며, 인지적 사회복지실천에서 흔히 사용되고 있다. 이를 통해 사회복지사는 클라이언트가 자기 자신 및 타인에게 한 말 속에 감춰져 있는 수많은 잘못된 생각 및 비합리적인 신념을 더 잘 이해하도록 돕게 된다.

2) 행동시연

사회복지사는 클라이언트의 수행에 대하여 피드백을 주면서 보다 나은 행동을 하도록 가르칠 수 있다. 클라이언트가 습득한 새로운 행동기술을 현실에서 직접 실행하기 이전에 사회복지사 앞에서 반복적으로 연습하는 것을 말한다(Lantz, 1996).

특히 집단의 장면에서 많은 사람들의 긍정적인 피드백을 동시에 받을 수 있다면 더욱 효과적이다.

3) 역설적 의도

인지적 방법과 행동적 방법을 병용하는 또 하나의 좋은 예로 빅터 프랑클(Viktor Frankl, 1923)이 제안한 "역설적 의도"라는 것이 있다. 많은 치료자들이 이 방법을 다양한 방식으로 사용하면서 다양한 이름으로 부르고 있다.

클라이언트가 어떤 불유쾌한 구체적 행동이 자꾸 발생할 것을 불안해하는 나머지 그 행동을 오히려 더욱 발전시킬 경우에 가장 적절하게 사용될 수 있다. 그러나 이 기술은 많은 유용성에도 불구하고 주의를 요한다. 이 기술은 클라이언트의 불안에 대한 인지적 오류에 도전하고 행동을 하도록 지시하는 것으로 이중구속 메시지(double binding message)를 전달하는 것이다. 예를 들어, "계속 우울하게 지내세요."라고 우울 증상을 가진 클라이언트에게 지시하면 클라이언트는 우울한 것을 유지하기 위해 노력하게 되고, 이는 자신의 우울에 대한 통제력을 지속적으로 유지함으로써 자신감이 생기게 되고, 반대로 우울해지기를 거부하면 증상으로부터 벗어나는 긍정적인 결과를 초래한다. 그러나 클라이언트의 우울이 신체적인 것이거나, 공식적인 성향이 있는 경우, 역설적 의도에 대한 충분한 이해가 없는 경우 등에는 사용할 수 없다.

3. 사례

1) 상황

(1) 클라이언트의 이름은 김○○, 여, 20세, 대학 신입생으로, 신경성 증상인 것 같은데 장이 활발하게 움직이고 장에서 꾸르륵 소리가 심하게 나고 속이 더부룩하다. 고3 초 학원에서 공부할 때 새로운 사람을 만나는 것에 대해 심한 불안감을 느꼈다. 그 이후 새로운 사람을 만나려고 할 때나 앞에 나서야 할 일이 있을 때 몹시 불안함을 느꼈다. 기분 나쁜 감정에 휩싸이는 것이 몹시 짜증나고 이야기할 사람이 없어서 고민하다가 정신병원에 가 볼까 하고 전화번호부를 뒤지다가 본 기관을 알게 되었다. 사실 일반적으로 '청소년 상담'하면 성폭력을 당했거나 미혼모가 되었거나 그런 문제로 도움을 청하는 곳 같아서 오지 않으려고 했는 데 나름대로 오기가 생겨서 오게 되었다.

이 문제를 극복하기 위해서 매일 30분에서 1시간씩 명상 책이나 요가책을 가져다 놓고 시도해 보았는 데 그 당시만 잔소리가 조용해지고 사람들을 다시 보게 되면 소리가 다시 나서 혼란스러웠다. 지금 대학에 합격을 하고 시간적인 여유가 있어 어떻게 해서든지 자신의 문제를 해결해야겠다는 생각을 강하게 피력하고 있다.

(2) 클라이언트의 문제

상담 신청서에 "사람들을 대하는 데 있어서 불안감, 긴장감, 위압감이 있다. 긴장을 하면 장이 꼬이고 잔소리가 꾸르륵, 꾸르륵 크게 들린다고 호소하고 있다.

2) 문제의 사정 및 개입

(1) 초기 상담과정(제1회–2회)

① 내담자의 호소문제에 대한 개념화와 상담의 목표 설정

내담자는 모든 면에서 "나는 내가 제일 잘나야만 한다"는 완벽주의적이고 당위적 비합리적 사고를 스스로 굳건히 강화시키면서 자신을 유지하고 개발하고 발전시켜 왔다. 이런

내담자의 생각이 지나쳐서 급기야는 강박적으로 변하게 되고 세상의 질서는 자기의 생각처럼 되어 주지 않았다. 오히려 내담자는 그런 생각을 강하게 하면 할수록 사람을 대하는 데 불안감, 긴장감, 위압감이 강하게 들기 때문에 정상적인 기능을 하기 어려운 것을 체험하였다. 이런 정서적 어려움은 또한 내담자가 호소하는 신체화 증상(예: 잔소리, 식은땀)으로 나타나 내담자를 더욱 힘들게 하고 있다. 내담자의 호소문제는 내담자가 지닌 완벽주의적이고 당위적 사고에 기인한 것으로 파악하였으며 호소문제를 중심으로 상담의 목표가 설정되었다.

A. 상담의 결과적 목표

a) 정서적 결과 목표

- 내담자의 삶 속에서 이유 없이 엄습하는 긴장감, 불안감, 위압감에서 벗어난다.

b) 행동적 결과 목표

- 신체화 증상에서 벗어난다. (예: 잔소리, 식은땀 등)
- 대인관계를 자유롭게 맺는다.

B. 상담의 과정적 목표: 신념의 변화

비합리적 신념	합리적 신념
내 잔소리를 다른 사람들이 듣게 되면 웃음거리가 된다.	내 잔소리를 다른 사람들이 듣게 되더라도 대부분의 사람들은 그냥 지나친다. 만약 그 소리로 나를 웃음거리고 만든다면 그것은 그 사람들의 문제일 뿐, 내 문제는 아니다.
나는 항상 다른 사람에게 잘 보여야만 한다.	나는 항상 다른 사람들에게 잘 보일 필요는 없다. 잘 보이게 되면 좋지만 그렇지 못하더라도 나의 가치가 하락하는 것은 아니다.
나는 내가 제일 잘나야만 한다.	'제일 잘난 사람'이 되는 것이 중요한 것은 아니고 인간답게 열심히 사는 것이 더욱 중요한 가치이다.

(2) 중기 상담과정(제3회-5회)

중기 상담의 초기부터 내담자는 가시적인 진전이 드러나기 시작하였다. 내담자는 자신의 부적절한 정서(예: 긴장감, 위축감)와 신체화 증상을 자신이 세상을 이해하고 지각하는 인지구조 때문임을 인식하게 되었으며, 이러한 학습의 효과로 증상이 거의 나타나지 않았다.

4회 면접에서 상담자는 내담자가 상담의 종결에 대한 심리적 준비가 충분히 되어 있지 않은 상태에서 앞으로 더 만나게 될 상담자와의 면접의 횟수를 정하자 저항의 모습을 보이기도 했다. 상담자가 내담자를 위해 한시적으로 존재해야 하는 이유를 설명하였고 내담자의 자발적 참여에 비례하여 바람직한 행동의 변화가 이루어짐을 설득하였고 이에 잘 따라왔다. 자신의 부적응 행동과 정서는 자신의 사고구조에 기인한 것에 대해 자신이 호소해 온 증상의 제거와 함께 더욱 확고하게 인정하였으며 자신의 완전주의적 사고가 오히려 자신의 삶을 파괴하고 있음을 분명히 깨닫게 된다. “이 세상에는 아무도 완전한 인간은 없다. 다만 최선을 다하는 데 진정한 삶의 의미가 있다”라는 합리적 신념을 찾아 지속적인 사색을 통해 삶의 의미를 철학적으로 재조명해 보게 된다.

(3) 말기 상담과정(제6회-7회 종결)

자기 조력 능력의 배양으로 말기과정에서는 상담자의 일상생활 깊숙이 RET의 원리를 적용하는 방법을 구체적으로 가르쳐 주었다. ASBC의 분석과 자기 논박의 기술, 그리고 실천 행동의 중요성에 대해서 강조하였다. 종결 회기에서 내담자는 앞으로 자신이 직면하게 될 어려움을 확실하게 대처할 수 있는 방법을 알았다고 했다. 어려움을 이겨 내는 인내심도 길러졌고 세상을 즐겁게 사는 방법을 알게 되었다고 고백하였다.

제5장

과제중심 모델

학습목표

1. 과제중심 모델의 기본이념을 이해한다.
2. 과제중심 모델의 실천목표 및 과정을 학습한다.
3. 과제중심 모델의 실천기술을 학습한다.

키워드

과제중심, 표적문제, 탐사, 구조화, 조직적 과제, 인지과제, 인식증진, 격려, 지시

05

과제중심 모델

과제중심 모델(task-centered model)은 1970년 초 시카고 대학의 리드(Reid)와 엡스타인(Epstein)에 의해 개발되었다. 이것은 특정 심리사회적 문제를 가진 개인이나 가족을 도우려는 계획된 단기형태 혹은 시간제한적 형태이다. 즉, 기존의 장기적 치료가 비용의 문제, 중도 포기의 문제, 사회복지사의 업무부담 등으로 인하여 단기치료에 대한 관심이 고조되면서 보다 집중적인 구조화된 개입형태를 바라는 경향에서 나온 결과이다. 일반적으로 서비스는 2~3개월의 기간 내에서 8~12회 정도까지 제공된다. 이 프로젝트의 목표는, 첫째, 효율적으로 학습할 수 있는 전문적인 원조기술을 개발하고, 둘째, 직접적 실천의 효과성을 증진하며, 셋째, 실천을 평가하는 능력을 증진할 수 있는 모델을 개발하는 것이다.

과제중심 모델에서는 클라이언트의 핵심적 · 구체적 문제에 초점을 두고 사회복지사의 능동적 개입이 요구되며, 간결하고 계획된 개입이 요구된다. 또 다양한 접근방법, 즉 문제해결, 인지적, 행동적, 구조적 접근방법 등으로부터 경험적으로 이끌어진 이론과 방법들을 선택적으로 사용한다. 따라서 과제중심 모델은 하나의 이론적 지향에 기초하기보다는 여러 이론을 절충하여 사용할 수 있는 실천의 틀을 제시한다고 볼 수 있다.

과제중심 모델은 모델의 간결성과 단기접근법으로 인하여 그동안 사회복지의 다양한 실천현장에서 다양한 사람에게 적용되어 왔으며 미국뿐만 아니라 영국, 네덜란드 등에서 실시한 경험적 연구를 통해 이 모델의 효과성과 효율성이 인정되었다(임은희, 2004).

제1절 기본개념

1. 기본개념

과제중심 모델은 변화되어야 할 문제와 해야 할 과제에 대해 클라이언트와 사회복지사 간의 동의가 계약의 형태로 구체화되어야 하며, 조사에 근거한 경험적 자료에 의존하여 사회복지사가 직접 실천기술을 사용하여 이끌어 가기보다는 클라이언트 스스로 수행 가능한 과제로 대치하도록 하고 과제를 수행할 수 있도록 인도한다.

또한 사회복지사의 관점이 아니라 클라이언트가 인식한 문제를 중심으로 클라이언트와 사회복지사가 표면적으로 계약한 구체적 문제의 해결에 초점을 둔다. 또한 클라이언트가 수행하기로 동의한 과제를 중심으로 구체화되고 구조적인 문제해결과정을 조직하며 사회복지사는 클라이언트가 과제를 수행할 수 있도록 원조한다.

1) 표적문제

표적문제란 클라이언트가 직면하고 있는 문제 중 당장 해결해야 하는 문제, 즉 클라이언트가 자신의 문제를 인식하고 경감·해결하기를 원하며, 사회복지사도 전문적 판단에 의해 인정한 문제로써 클라이언트와 사회복지사가 변화시키기로 계약한 문제를 말한다 (Epstein & Brown, 2002).

대표적 표적문제로는 대인관계 갈등, 사회관계에서의 불만, 조직체와의 상호작용의 어려움, 사회적 역할수행의 어려움, 사회적 지위·역할·상황의 변화에 따른 문제, 정신적 문제, 스트레스 문제 그리고 자원부족 문제 등이 있다. 표적문제 선정기준은, 첫째, 클라이언트가 인정하는 문제일 것, 둘째, 자신의 노력으로 해결 가능한 문제일 것, 셋째, 구체적인 문제일 것이다.

2) 과제

과제(task)란 클라이언트가 자신의 문제를 감소시키기 위해서 어떤 일을 수행하는 것을 의미하며, 선정된 과제는 구조화되어야만 달성할 수 있는 기회가 부분적으로나 전체적으로 많아진다. 이러한 과제에 의해서 사회복지사는 특수목표에 개입의 초점을 두며, 클라이언트는 문제를 해결하는 데 있어 자기의 방향감을 갖는다. 과제 선정 시에는 클라이언트의 동기화, 과제의 수행 가능성, 바람직성, 허위과제나 복수과제, 개방과제와 폐쇄과제 등의 지침을 고려하여야 한다.

2. 주요 개념

1) 과제계획

(1) 표적문제 선정

일단 클라이언트의 문제가 어느 영역에 속하는 것인지를 알고 나면 개입의 대상이 될 문제를 선정해야 한다.

(2) 표적문제 상황

문제를 만들어 내는 진짜 상황으로, 중요한 인간 상호관계, 역할수행상의 어려움, 재정적 곤란, 또는 사회 환경의 다른 여러 가지 특성이다.

(3) 계약

전통적 사회복지실천에서 개입의 가장 기초적인 요소인 클라이언트와 사회복지사 간의 동의를 현대적 형태로 나타낸 것이며, 계약은 개입에 대한 동의로 클라이언트의 자기결정권이 강조된다(임은희, 2004).

2) 과제의 기본유형

(1) 일반적 과제

행동의 방향만 제시하고 구체적으로 무엇을 해야 하는지 제시하지 않는다. 클라이언트의 목표를 내포한다. 가령 "A는 자기주장훈련 프로그램에 등록해야 한다."와 같은 것으로 말할 수 있다.

(2) 조작적 과제

클라이언트가 수행해야 하는 구체적 활동을 말한다. 활동에 대한 명확한 정보를 포함하기 때문에 일종의 하위과제 형태를 띤다. 가령 "자기주장훈련센터에 가서 지원서를 작성하고 제출한다."이다. 유형에 따라서는 다음과 같이 설명할 수 있다(이준우 외, 2004).

① **일반과제**: 행동방향을 대략적으로 기술하는 과제로 각 단계는 클라이언트와 사회복지사가 과제를 수행하면서 세부적인 사항을 변경할 수도 있는 하위과제로서 위치를 차지하게 된다.

② **조작적 과제**: 클라이언트가 취할 특정한 행동을 설명하는 과제로 클라이언트가 수행해야 하는 구체적인 활동을 말한다.

③ **단일과제**: 가장 단순한 과제구성으로 하나의 표적문제에 하나의 과제를 부과하는 경우이다.

④ **복수과제**: 두 개 이상의 과제를 수행하는 것을 말하며, 두 개 이상의 과제가 동시에 수행되는 동시과제와 한 과제를 수행하고 나서 또 다른 과제를 수행하는 연속과제로 나뉜다.

⑤ **상호과제**: 상호 관련된 과제를 두 사람에게 나누어 주고 이를 수행하게 하는 것을 말한다.

⑥ **공동과제**: 둘 이상의 사람이 같은 목표를 성취하기 위해 함께 수행하는 과제이다.

⑦ **인지과제**: 사고 및 감정 활동과 관련된 과제로서 과제 수행의 어려움이 실패에 대한 두려움과 같은 클라이언트의 인지와 관련될 때 유용하게 활용된다.

제2절 실천목표와 과정

1. 실천목표

과제중심 모델의 실천목표는 클라이언트의 표적문제를 완화하는 것에 초점을 두고 있다. 따라서 사회복지사는 클라이언트가 자기 문제를 구체화하는 것을 도와주며, 과제 수행 계획을 세우고 동기를 부여하여 과제 수행을 촉진시키는 과정에서 장애물을 예견하고 제거해 준다. 또한 클라이언트와 함께 문제해결의 수단인 과제의 구조, 수행, 검토에 힘을 기울임으로써 클라이언트가 문제해결 능력을 스스로 습득하고, 향후에도 유지해 나갈 수 있도록 원조한다.

2. 실천과정

과제중심 모델은 시작하기, 표적문제의 규명, 계약하기, 실행, 종결 등 모두 다섯 단계로 이루어진다(Epstein & Brown, 2002). 각 단계에서 사회복지사와 클라이언트가 다루어야 하는 구체적인 내용들이 자세하게 제시된다. 일반적으로 클라이언트가 가장 중요하다고 생각하는 표적문제 중 2~3가지의 문제만을 선택하여 개입한다. 대부분의 경우 위의 순서대로 이루어지지만 단계가 겹치거나 또는 필요에 따라 이전 단계로 돌아가는 등 실천의 과정을 매우 유연하게 변형하여 적용할 수 있다.

1) 시작하기

시작하기(stating up)는 과제중심 모델에서 클라이언트가 직접 찾아오는 경우와 다른 기관이나 시설로부터 의뢰된 경우로 시작하게 된다. 특히 클라이언트가 다른 기관이나 시설로부터 의뢰된 경우 사회복지사는 먼저 의뢰기관에서 제시하는 클라이언트의 문제들과 실천의 목표들이 무엇인지를 파악하고, 클라이언트가 제시하는 문제, 목표와 서로 일치하는지 알아본다. 클라이언트와 의뢰기관이나 시설의 문제와 목표가 서로 일치하지 않는 경우에는 사회복지사가 서로의 의견을 조정하거나 협상하여야 하며, 법정명령으로 위임된 목표와 클라이언트의 목표가 다른 경우에는 클라이언트의 이해를 구하여야 한다.

또한 사회복지사는 정서적 지지와 관심 등의 정서적 자원뿐 아니라 실제적 또는 물질적 자원을 포함하여, 의뢰기관이나 시설에서 클라이언트에게 제공할 수 있는 자원이 있는지 알아보고 계속 활용한다. 클라이언트가 자발적으로 지원한 경우에는 클라이언트의 문제 오류 우선순위 등을 확인하고 서비스 제공이 적합한 경우에는 다음 단계로 바로 넘어가고, 적합하지 않을 경우에는 다른 기관이나 시설로 의뢰(referral)한다.

2) 표적문제 규명

표적문제 규명(target problem identification)은 다음과 같다.

(1) 클라이언트가 제시하는 문제에서 출발을 하지만 과제중심 모델에서 강조하는 문제는 실천의 초점이 되는 표적문제를 규명한다. 즉, 클라이언트가 자신의 문제로 인식하고 실천의 초점으로 동의한 것을 표적문제로 규명하는 것이며, 문제를 구체적으로 규명하는 책임은 사회복지사에게 있다. 이 경우 사회복지사는 제안하거나 권유한 표적문제를 가능한 한 명확하게 설명해 주며, 클라이언트에게 질문하고 반응하고 생각할 수 있는 기회를 충분히 주어야 한다.

(2) 표적문제가 규명되면 실천의 우선순위를 결정할 차례이다. 우선순위를 결정하기 위해서는 문제목록에서 출발하여 사회복지사의 제안을 소개하고 문제를 분류한다. 그

중에서 클라이언트가 가장 중요하게 생각하고 있으며 현실적으로 변화의 가능성이 높은 것부터 우선순위를 결정하게 된다.

(3) 사회복지사는 면접을 통해서 표적문제와 그들의 사회적 상황을 세밀하게 조사하고 문제에 영향을 미치는 클라이언트의 특성을 인식하는 초기 사정에 주력한다. 보통 클라이언트는 자발적으로 문제 구체화의 과정 동안 사회적 상황에 관한 많은 정보를 제공한다. 이러한 탐색과 사정은 동시에 이루어진다. 또한 가능하면 빨리 고통을 덜어 주기 위해서 초기 사정은 신속히 이루어지는 것이 좋다.

3) 계약하기

계약하기(contracting)를 하는 것은 문제해결 방향에 대한 동의로서 클라이언트와 사회복지사 간의 목표달성을 명확히 하는 중요한 수단이다. 클라이언트의 자기결정권과 문제해결 의지를 최대한 반영하기 위해서 서면 또는 구두계약으로 이루어진다.

계약에서 다루어야 하는 내용은 다음과 같다(Epstein & Brown, 2002).

(1) 우선순위가 되는 주요 문제, 최대 3가지 표적문제를 우선순위를 정하여 제한된 시간 안에 다룰 수 있도록 제한한다.
(2) 구체적 목표를 선정한다.
(3) 클라이언트의 과제는 표적문제를 줄이기 위해 클라이언트가 수행해야 하는 활동이다.
(4) 사회복지사의 과제는 사회복지사가 수행해야 할 활동으로서 주로 클라이언트의 과제 수행을 지원하거나 다른 기관이나 시설, 클라이언트의 가족, 친지, 이웃 등과 협의하고 협상하는 활동에 초점을 맞는다.
(5) 개입 스케줄을 협의한다.
(6) 면접 스케줄을 협의한다.
(7) 개입의 지속기간을 협의한다.
(8) 참여자는 누가 될 것인가를 협의한다.

(9) 면접장소를 협의한다.

4) 실행

실행(implementation)은 전체를 8회로 계획한 경우 2~7회 정도의 세션이 해당될 정도로 중심적인 단계이다. 클라이언트의 과제 수행을 원조하는 것이 중요한 목표이다. 즉, 표적문제를 집중으로 사정하고 대안들을 생각한 후에 문제를 해결하기 위한 과제들을 수행하며, 과제 수행을 점검, 모니터하고 필요에 따라 과제를 수정한다.

(1) 실행단계에서의 사정

초기단계에서의 사정을 더욱 정교하게 만드는 과정으로 표적문제와 사회적 맥락, 클라이언트의 장점을 포함한 인지·정서적 상황에 대해 포괄적으로 이루어진다. 이 단계에서 사회복지사는 기초선을 설정한다. 사회적 맥락은 클라이언트의 물리적 환경, 사회적 관계망, 사회·경제적 조건, 문화, 지역사회 등을 말하는 것으로 이런 사회적 맥락이 클라이언트의 문제를 촉진하고 유지시키는 역할을 할 수도 있기 때문에 중요하다.

효과적인 실천을 위해서는 클라이언트의 인지·정서적 상황에 대한 사정이 필요하다. 심리검사나 정신의학적 조사가 유용하며 이를 통해 사회복지사는 클라이언트의 성격, 특성, 생활방식, 대인관계 능력, 문제해결 능력, 인지능력 등의 문제 상황에 어떤 영향을 미치는지, 그리고 클라이언트의 잠재력과 한계는 어떠한지를 이해하는 데 도움을 얻게 된다.

(2) 문제해결과정

사회복지사와 클라이언트는 과제들을 수행해 가는 과정에서 문제가 해결되거나 감소되는 것을 경험하게 된다. 과제를 실천하는 것은 클라이언트이기 때문에 클라이언트가 과제를 잘 이해하도록 충분한 토의를 갖도록 하고 동기를 유발하여 과제 수행의 가능성을 증가시켜야 한다. 과제를 수행하는 데 직면하는 장애요인을 예견하여 미리 클라이언트와 토론함으로써 두려움을 경감시키는 작업도 필요하다.

주기적인 모니터링을 실행하여 과제 수행이 잘 되고 있는지, 효과를 보이고 있는지를 점검해야 한다. 사회복지사는 개입으로 인한 성급한 변화의 기대를 가져서는 안 되고, 초조해 하지 말아야 한다. 실천과정 중에 문제를 재정의하고 새로운 계약을 맺어야 할 만큼 문제의 양상이 변화한다면 실천 또는 개입의 전면적인 수정이 필요하다.

과제 수행이 예상대로 진전되지 않을 때에는, 첫째, 클라이언트의 사회적 환경, 둘째, 대인관계상의 상호작용, 셋째, 클라이언트의 심리적 상태 등의 주거, 직장, 학교 등과 같은 클라이언트의 자원 부족, 스트레스, 적절한 강화의 결여, 클라이언트의 과제 수행에 대한 상반되는 신념, 클라이언트가 과제 수행의 방법을 모르거나 능력이 부족한 경우, 사회복지사의 클라이언트에 대한 편견 등을 검토해야 한다.

5) 종결

종결(termination)에서 사회복지사는 면접 때마다 현재 면접횟수가 몇 번째이고 종결 시까지 몇 회가 남았는가를 알려 주어야 하며, 실천계획에 따라 종결하는 것이 중요하다. 종결할 때에는 표적문제로 선정한 문제들과 목표에 대하여 검토하고 달성된 목표를 점검할 뿐 아니라 문제 상황 전체에 대하여 검토를 한다.

목표를 달성하고 표적문제를 해결했을 때는 개입을 종결한다. 필요에 따라 개입을 연장하는 경우에는 클라이언트가 문제해결 의지를 가지고 있는지, 신중하게 고려하여 계약을 연장하거나 사회지도를 한다.

사회복지사는 달성된 목표를 강조하고 목표달성 과정에서 클라이언트가 습득한 문제해결 기술을 점검하며, 앞으로 클라이언트가 문제해결 기술을 유지 · 활용하여 혼자 수행해 나갈 수 있도록 돕는다. 또한 종결 시 해결되지 않은 문제들이 남은 경우는 이를 어떻게 할 것인가에 대한 논의가 있어야 한다.

제3절 실천기술

1. 간접적으로 행동변화를 이끌어 내는 기술

1) 의사소통기술

과제중심 모델은 단기간에 클라이언트가 선택한 명확한 목표를 성취할 수 있도록 원조하는 서비스이므로 클라이언트 스스로가 문제해결에 대한 인식을 명확히 하는 것이 중요하며, 클라이언트가 무엇을 추구하고 바라고 있는가를 클라이언트와 함께 언어화하는 것이 좋은 방법이다. 따라서 사회복지사는 클라이언트와의 면담과정에서 클라이언트가 자신의 의사를 분명히 밝힐 수 있게 도와주는 의사소통기술이 필요하다.

2) 탐사

탐사(exploration)는 일반적으로 역사, 지리, 정치, 경제, 사회, 문화 등에 대한 현상을 현장에서 직접 관찰하거나 조사하면서 행하는 학습방법이다. 탐사를 실시함으로써 사고력이 신장되고, 연구심이 배양되며, 자연적인 호기심을 통한 학습의욕을 높이는 효과를 얻을 수 있다. 사회복지실천의 과제중심 모델에서의 내용은 클라이언트로부터 자료 및 정보를 이끌어 내려는 사회복지사들의 노력을 말하며 이러한 탐사과정을 통해 클라이언트의 문제를 이끌어 내고 명확하게 하며, 과제의 방향과 문제해결의 가능성을 검토한다. 클라이언트에 대한 정보를 얻어 내는 것과 의사소통의 내용을 문제와 관련지어 초점화하는 두 가지의 목적이 있다. 탐사를 실시하기 전에 사전 준비와 학습이 필요한데, 사전 학습을 통해 조사자가 클라이언트와 관련된 역사적 사실을 미리 알고 있으면 탐사 때 적극적이고 능동적인 활동을 할 수 있다. 탐사 후에는 반드시 현장에서 조사, 관찰한 내용을 보고서로 작성하여야 한다. 보고서를 작성할 때는 사실에 근거한 내용을 체계적으로 간략하게 작성하되, 조사목적, 방법과 과정, 조사결과, 조사 후 느낀 점 등이 포함되어야 한다.

3) 구조화

구조화(structuring)는 부분적 요소나 내용이 서로 관련되어 통일된 조직으로 만들어진다. 또는 그렇게 만드는 것으로 클라이언트로부터 얻은 정보를 쉽게 인출할 수 있도록 한 편한 방식으로 구조화하는 것을 말한다. 구조화란 "지식을 좋은 지식의 구조로 연결하여 저장하고 활용할 수 있는 능력"으로 클라이언트의 상호작용 구조와 방향에 대한 사회복지사의 의사소통으로 구성된다. 구조화에는 다음과 같이 3단계로 이루어진다.

(1) 1단계

클라이언트에게 개입의 성격과 목적, 개입의 조직화와 관련된 문제, 과제, 시간제한 등 과제와 관련 있는 내용에 대한 명확한 의사소통 반응들에 대해 클라이언트에게 다시 들려주는 작업이다.

(2) 2단계

클라이언트를 위해 실천계획을 구체화하는 사회복지사의 노력이다.

(3) 3단계

조작적 과제들을 구조화하는 작업으로서 사회복지사는 클라이언트의 의사소통에 대한 명확한 지침을 제공하는 것 등의 활동들로 구성된다.

4) 상황분석

상황분석은 문제의 상황을 문제를 유지시키는 원인, 즉 문제해결의 장애물과 문제를 다룰 때 동원될 수 있는 자원으로 구성된다. 상황요인은 물리적 요인, 인지적 요인, 가족, 지역사회 체계가 포함된 다차원적 틀 속에서 이루어지며 표적문제와 관련하여 검토한다. 사회복지사는 클라이언트의 왜곡된 지각, 비현실적 기대를 수정하도록 돕고 역기능적 상호작용이나 행동유형을 지적한다.

상황분석과 관련하여 사회복지사는 클라이언트가 스스로 문제해결에 동원할 수 있는 자원을 찾아내어 활용하고, 또 문제해결의 장애물을 확인하여 해결하도록 돕고, 클라이언트의 생활상에서 나타나는 문제의 변화를 확인한다.

일반적으로 자원은 클라이언트 개인의 능력과 힘, 가족 내의 충성과 재정의 유대, 외부세계에서 제공하는 유형 · 무형의 지지 등에서 찾아볼 수 있다.

2. 직접적으로 행동변화를 이끌어 내는 기법

1) 인식증진

인식증진(awareness enhancement)은 클라이언트의 과제 성취에 장애가 되는 요인들을 제거하거나 극복할 수 있도록 클라이언트의 인식을 증진시키는 기술이며, 인지적 왜곡이 클라이언트의 과제 성취에 장애가 되고 있는 상황에서 특히 중요한 기술이다.

클라이언트의 인식증진을 원조하기 위해서는 개별화된 교육적 노력이 필요하며, 특수한 기능과 상황에서의 인식증진에 대한 사회복지사의 집중적 노력이 요구된다.

2) 격려

격려(encouragement)는 클라이언트가 세운 계획이나 행동에 대해 긍정적 반응을 표하는 것으로, 클라이언트의 긍정적 행동을 강화하고 자극하기 위해 사회복지사가 클라이언트나 그 행동에 대해 선택적으로 사용해야 하며, 진솔하고 정성된 마음으로 표현해야 한다.

3) 지시

지시(direction)는 사회복지사가 과제나 관련된 행동에 대해 클라이언트에게 조언 · 충고를 하는 것을 말한다. 격려와는 달리 클라이언트가 생각하지 못했던 행동을 제안하거나 클라이언트가 생각하고 있는 내용에 대한 조언으로 이루어진다. 그러나 클라이언트의 의존성을 조장할 우려가 있으므로 무차별적으로 이유 없이 제공해서는 안 된다.

3. 사례(부모에게 반항적이고 신경질적이며, 학교성적이 매우 낮음)

1) 상황

이 사례를 의뢰해 온 상담교사는 내담자가 자신의 담임 학급의 문제 학생이며, 학교 상담실에서 지도하기 어려운 불량행동이 지속되고 있다고 했다. 상담교사는 10회 전후의 유료 "계약 상담"을 하되, 부모 동의하에 내담자(학생)가 매주 본 상담자의 개인 상담실로 와야 한다는 조건 등이 양해되었음을 통보해 왔다. 이에 따라, 상담자는 내담자의 집으로 전화를 걸어 학생의 문제에 대한 부모 측(어머니)의 의견을 듣고 면담 일자를 약속했다.

(1) 내담자의 문제

① 클라이언트 어머니의 표현

- 성격과 행동: 부모에게 반항적, 신경질이 많다.
- 학교성적: 최하위다. 내신등급은 아예 포기다.
- 상담에 대한 기대: 공부보다 사람이 좀 되었으면 싶다.

(2) 담임교사의 표현

머리는 나쁘지 않으나 성적은 바닥임. 성격이 방종하고, 불량 망나니임. 교칙 위반 다반사. '좋은 선생님(상담자)을 만나보도록' 권했을 때 달가워하지 않았고 어머니의 열성 때문에 찾아가기는 할 것임. 그러니 선생님(사회복지사)도 상담하기 어려울 것임.

2) 문제의 사정 및 개입

상담의 기본 과정은 어머니와 같이 내방하여 내담자와 함께 면담한 접수 면접부터 상담의 종결 후 담임교사와의 면담까지 약 4개월간에 걸쳐 진행되었다. 이 기간 중 내담자와의 개별상담면접은 10회, 전화를 통한 연락 협의 12회, 어머니와의 면담은 4회, 담임교사와의 면담 1회가 이루어졌다. 이후부터 6개월간의 추후지도 기간 중에 5회의 전화통화, 1회의 내담자 면담, 2회의 서신 상담이 있었고 상담 종결 6개월째에 추후 면접을 실시할 예정이다.

(1) 접수 면접

접수 면접은 내담자와 내담자 어머니가 합석한 가운데 상담에 관한 안내로부터 시작되었다. 사담에 대한 안내에서는 다음 사항은 강조했다.

- 담임교사로부터 사전 지식을 얻고 왔어도 10회의 계약 상담을 할 것인지의 여부는 내담자 스스로 확정할 것
- 상담자는 모녀 또는 모녀교사와의 관계에서 중립적 입장임.
- 상담의 내용 중 내담자가 동의한 사항에 한해서 관계자(모, 담임)에게 알리거나 합의함.

① 내담자 어머니의 염려, 관심사: A가 학교생활을 성실히 하는 것

- 안경을 유별난 것으로 하고 다닌다.
- 머리 모양(파마), 입는 옷도 모양을 너무 낸다.
- 반발적 언행
- 하루 2~3회 정도 남자 친구에게 전화를 하고 최근 그 아이의 고모 집에서 동숙을 한 다음에 전화를 해 왔다.
- 교제까지는 이해하나 너무 빈번히 외출을 한다. 공부는 기대도 않는다.
- 남자 친구의 부모가 A 때문에 대입 공부를 못한다고 항의했다.

② 면담 중 내담자 어머니의 행동특성

열심히 이야기함. 약속 시간 30분 전부터 현관 경비실에 대기했고, 면접 중에 이야기를 자기중심적으로 이끌어 가는 경향이 있었음. 교양과 체면을 중시하는 인상이었고 정서적

으로 다소 흥분되어 있다는 추측을 갖게 함. 수수한 옷차림. 평균 신장에 비교적 야윈 체격.

(2) 내담자(학생)의 의견 및 반응

- 엄마는 항상 저런 식이다.
- 아무리 사랑이라도 간섭, 참견은 싫다.
- 전혀 이해를 못한다. 더 할 말이 없다.
- 다음에 혼자 만날 때 그때 이야기하겠다.

(3) 면담 중 내담자의 행동특성

어머니의 이야기 중 가끔 고개를 가로젓거나 비웃음의 표정을 지음. 언어 유창성이 높을 듯 싶으나 반응의 횟수, 애용, 깊이 등에 있어서 극히 제한됨. 성격은 외향적이고 고집스러울 것이라는 추측을 갖게 함. 상담자가 자기를 이해 또는 지지해 줄 수 있는 인물로 기대하는 듯했음. 평균보다 작은 키에 다소 체중이 있는 귀여운 용모에 속함.

(4) 상호실천계약서의 작성

이상의 내용이 진행된 후 상담자의 제안에 의해 상호실천계약서를 작성했다. 계약서의 목적을 설명해 주고, 내담자와 내담자 어머니가 상호 간에 기대사항 중 실천할 수 있다고 믿는 항목 2개씩을 계약서의 주요 내용으로 하는 데 합의했다. 이 과정에서 어머니는 내담자가 운동화로 등교하고 외출 시에만 구두를 신기를 원했고, 내담자는 이를 자기에게 맡기기를 주장하였다. 이 문제는 어머니가 내담자에게 새 운동화와 구두를 동시에 구입해 주는 조건으로 양자가 합의, 해결하도록 권했다. 이 계약서는 내담자가 정기상담(10주 예정)을 받기로 스스로 결정, 상담자에게 통보하는 때부터 발효하고 내용의 수정 및 조정은 상담자를 포함한 3자의 합의에 의해서 하기로 했다.

3) 종결 단계

총 10회의 상담 과정과 종결의 시점에서 발견된 결과

(1) 외출 시에는 저녁 10시 이전에 귀가

(2) 등교 시 요란하지 않은 복장의 착용

(3) 여자 친구들의 외출 권유에 불응하는 횟수의 증가 및 남자 친구와의 교제 중단

(4) 방학 중 대학진학을 위한 사진 학원 수강

(5) 어머니의 입장 및 심정에 대한 이해 폭 확대 등

※ 참고사항

1회 면접에서 작성했던 '실천계약서'의 내용에 따라 상담의 성과를 살펴보면 6개월간 결석하지 않는다는 사항은 100% 실천되었으나 어머니를 위한 설거지 봉사는 59% 정도밖에 실천되지 않았다. 그러나 이것은 내담자가 방학 중 2주간의 아르바이트를 했고 사진 학원에 다녔다는 점을 감안한다면 대체로 무난한 수준의 성과로 볼 수 있을 것이다.
요컨대 내담자의 가족 측(어머니)이 상담으로 예방 또는 교정되어야 할 것으로 기대한 것들은 학교를 포기한 남자 친구와의 교제중단, 상담을 시작하기 전에 있었던 '불량행동'의 예방, 저녁 외출 후 귀가 시간의 준수 등이었다. 가족 측이 '위기적' 수준으로 보았던 점들이 해소된 것이 1차적인 성과일 것이다.
그리고 친구 집에서 외박은 있었으나 6개월 이상 결석을 하지 않았고 대학진학 준비에 관심을 두게 된 것 등이 2차적 성과일 것이다. 고등학교 졸업조차도 힘들게 보였던 상담 전 사태에 비추어 보면 의미 있는 성과가 아닐 수 없다.
그러나 내담자는 가족들로부터의 거리감, 어머니 및 오빠 관계의 불안정성, 고집스런 개성 및 외부 지향적인 관심을 바탕으로 한 충동성 때문에 언제고 다시 '문제행동'을 일으킬 잠재적 가능성이 있다고 보아야 할 것이다. 이런 점에서 상담자는 면접의 연장과 가족 상담의 필요성을 느꼈고 차선책으로 평균 이상의 추후지도가 뒤따라야 할 것으로 보았다.

제6장

위기개입 모델

학습목표

1. 위기개입 모델의 기본이념을 이해한다.
2. 위기개입 모델의 실천목표 및 과정을 학습한다.
3. 위기개입 모델의 실천기술을 학습한다.

키워드

위기상황, 불평형, 재통합, 구조화, 적용유연성, 재진술

06

위기개입 모델

위기개입 모델(crisis-intervention model)은 1970년대 파괴적인 위기상황을 완화하고 예방할 수 있는 지역사회 내의 자연적 상호 지지체계에 관심을 갖게 되면서 캐플란(Caplan)이 관심을 갖게 되었다.

에릭슨(Erickson)은 사춘기 시절을 자아 동요로 인한 갈등이 증대하는 정신적 성숙단계로 보고 성숙의 위기와 상황의 위기 그리고 환경적 위기에 대한 연구의 기초를 제공하였다. 또한 린더만(Lindemann)의 이론적 틀은 위기개입기술을 발달시키는 데 많은 기여를 했고, 집에서 재활 프로그램을 실시하는 작업이 구체화되어 치료적 지역사회 개념도가 출현하게 되었다.

위기개입 모델은 천재지변이나 사람이 생활하는 사회 속에서 갑자기 발생한 사건으로 인해 격심한 고통의 감정을 일시적으로 경험하고, 이로 인해 압도당하는 상황에 봉착했을 때 돕는 모델이다.

이와 같이 위기개입 모델도 근본적으로 기존 모델들과 절충적이고 통합적인 형태를 갖고 있음을 나타내고 있다. 따라서 이러한 모델은 극심한 스트레스 상황에서 즉각적으로 필요로 하는 서비스의 지원과 경험한 후에 그 후유증으로 인해 발생될 수도 있는 심각한 심리적 붕괴 현상의 예방에 중점을 두고 있다

제1절 기본개념

사람들은 생활 도처에서 스트레스를 가져다주는 사건들을 직면하게 된다. 새로운 환경, 새로운 지위, 갑작스러운 사건 · 사고, 중요한 타인의 죽음 등 다양한 상황에서 심한 스트레스를 받아, 심각한 고통을 겪기도 한다. 생활에서의 위기상태이고, 위험사건에 노출된 이후 나타나는 부정적 결과를 예방하기 위해서 정서 · 정보 · 환경적 원조를 즉각적으로 제공해야 한다. 위기모델은 위기 상황에 즉각적으로 개입하여 단기간의 전문적인 원조를 제공하기 위한 모델이다.

위기개입 모델에서 위기(危機)란 자연재해, 사랑하는 사람의 죽음, 예기치 못한 사고나 질병, 폭력 등을 경험하고, 정신적 충격과 스트레스로 인해 스스로 해결할 수 없는 상황에 직면하게 되는 것을 의미한다. 또한 위기란 위험과 기회의 양면적인 의미가 포함되어 있는 특성이 있으며, 단순히 원인과 결과로 설명할 수 없는 복잡하고 어려운 것이다. 이렇게 위기에 처한 사람들의 환경은 위기를 극복하는 데 많은 영향을 미치며, 위기의 영향을 받을 때에는 즉각적이고 전문적인 도움이 필요한 것으로 보고 있다(Brammer, 1985).

반면 격심한 고통을 경험하고, 도움을 요청한다는 점에서 본다면, 위기는 또 다른 기회라고 할 수도 있다. 즉, 위기로 인한 기회를 잘 활용할 때 자기 성장과 자각의 기회를 마련할 수 있다는 것이다. 따라서 위기를 잘 해결하면 대처능력을 향상시키는 것과 같은 긍정적이면서도 건설적인 결과를 가져올 수 있으며, 자기패배감이나 역기능적 행동과 같은 부정적 측면은 감소될 수 있다(Janosik, 1984; 설진화, 2016 재인용).

사회복지실천에서의 위기(crisis)를 맞는 것은 위협적이거나 외상적 위험사건을 경험함에 따라 취약해져 오면서 현재까지의 대처전략으로는 스트레스나 외상대처 또는 경감할 수 없는 불균형의 상태가 되는 것이 있다(Robert, 2000).

위기는 지속적인 상태 속에서만 급격한 변화를 의미하는 데 개인은 작은 기제나 균형기제를 가지고 있지만 위기 상태에서의 개인의 습관적인 문제해결 활동만으로는 신속하게 균형 상태를 회복하지는 못한다. 또한 위기는 개인이나 가족 및 집단에 있어서 좋든 나쁘든 어떤 전환점을 가져오는 계기가 될 수 있다(김용환 외, 2013). 문제에 대한 스트레스가 얼마나 심각하고 얼마나 지속되느냐는 것은 온전히 그 사건의 성격에 달려 있겠지만 그 의미를 어떻게 받아들이는가와 사건이 요구하는 개인적 · 환경적 자원이 얼마나 충분히 있는가에 따라 다를 수 있다. 이러한 위기는 균형상태의 혼란을 말한다(설진화, 2016 재인용).

위기 상황에 처한 사람들은 일반적으로 다음과 같은 특징을 가지고 있다(Roberts, 2005; 장수미 외, 2010).

첫째, 촉발 요인 또는 촉발사고를 위협적으로 인식한다.

둘째, 두려움, 긴장, 혼란을 경험한다.

셋째, 매우 높은 수준의 불편함을 경험한다.

넷째, 불평등(disequilibrium)의 상태로 급속하게 진행된다.

다섯째, 지금까지 사용해 왔던 일상적인 방어기재나 대처방식으로는 상황을 조정하거나 대처할 수 없을 것이라 생각한다.

1. 위기이론

위기개입은 위기로 인한 불균형 상태를 회복하기 위하여 일정한 원조수단을 개인과 가족 그리고 지역사회 등에 적용하는 단기적 과정이라고 할 수 있다. 따라서 위기를 어떻게 이해하느냐에 따라 위기이론에 차이가 있는 데 이를 심리학적 관점과 정신의학적 관점 그리고 생태학적 관점으로 나누어 살펴볼 수 있다(설진화 2016 재인용).

1) 심리학적 관점에서의 위기

심리학적 관점에서 연구한 대표적인 학자는 린더만(Linderman)과 캐플란 그리고 라자루스(Lazarus) 등이다(윤현숙 외, 2002).

린더만(1944)은 「급성적인 비탄의 증후와 관리」라는 논문을 연구하여 발표하였다. 그는 논문을 통해 사별 후의 비탄이 일정하고 뚜렷한 이행단계를 거치며, 그 비탄은 사별에 있어서 필수적이면서도 자연스러운 반응이라고 보았다. 그리고 어떤 사람은 4~6주 정도에 걸쳐 비탄을 겪고 난 다음에 재적응할 수 있었지만 또 다른 사람들은 정신질환이나 신체 질환을 겪으며 장기간 부적응 반응을 일으켰다고 지적하였다.

린더만은 인간이 정상적으로 비탄에 잠겼을 때의 행동으로 사별한 사람에 대한 몰두와 사별한 사람과의 동일시 그리고 죄책감과 적대감의 표현 및 일상생활의 붕괴와 신체적 증상의 호소 등이 있었다고 하였다. 따라서 그의 위기개입의 패러다임은 위기로 인한 일상생활 유지 균형의 붕괴와 단기치료를 통한 비탄 다루기 그리고 문제나 슬픔 속에서의 클라이언트의 활동 및 균형의 회복 과정을 겪게 된다고 보았다.

캐플란은 제2차 세계대전 이후 이스라엘 수용소에 있는 아동들의 위기상황에 따른 위기가 발생한다고 보았다.

그는 초기의 심리적 트라우마를 발생시킨 인지적 · 정서적 · 행동적 왜곡을 인정하고 수정하거나 제거하는 것이 위기개입이라고 하였다. 또한 정신적 건강에서 가장 중요한 측면은 자아의 상태, 자아의 성숙정도, 자아구조의 질이라고 하였다. 여기에서 자아상태의 평가는 다음의 3가지 주요 영역에 기초한다. 그것은 첫째, 대상이 되고 있는 사람이 스트레스와 불안을 인내하면서 자아의 균형을 유지해 가는 능력이다. 둘째, 문제를 해결해 가는 데 있어서 현실에 따른 인지와 직면의 정도이다. 셋째, 대상이 되고 있는 사람이 자신의 심리적 생물학적 사회적 영역에서 균형을 유지하기 위해 이용할 수 있는 효과적인 대처기제의 목록 등이 그 평가기준이 된다(박세정 외, 2010).

린더만과 캐플란은 하버드 지역의 'welleelsey 사업계획'이라고 부르는 정신적 건강에 관한 지역 프로그램을 실시하였다. 그리고 문제해결을 위해 여러 가지 방안을 시도하면서 본질적인 정서적 균형을 찾으려 노력했다. 그러나 문제해결에 실패하면서 균형이 깨어지고 내면적 긴장이 높아지며, 불안이 표출된 상태에서는 정서적 혼란만 야기된 채 일정한 위기의 기간이 존재하는 것에 주목하게 되었다. 따라서 그는 이러한 기간 동안에 개인과 그의 정서적 환경적 측면에서 중심이 되는 인물 간에 어떤 상호작용이 발생되느냐가 위기 극복에 중요한 변수가 되는 것으로 보았다.

2) 정신의학적 관점에서의 위기

(1) 정신보건 차원에서의 위기

린더만과 캐플란의 위기에 대한 초기이론은 1960년대 지역사회 정신보건이 대두되면서 지역사회 정신의학의 중요 접근방식의 하나로 위기개입이 인정되었고, 그 효과성의 검증을 위한 많은 연구들로 이어지면서 위기 개입이론이 발전하게 되는 초석이 되었다(윤숙현 외, 2002).

지역사회 정신보건이 일반화되어 있는 현대에는 정서적 문제에 대한 응급처치로서 24시간 핫라인 및 긴급출동과 같은 위기개입서비스를 제공하며, 지역사회 내에 설치된 위기개입센터에 의해 운영되는 것이 보편화되었다.

(2) 정신적 외상으로서 위기

정신적인 외상에 대해 그동안 여러 학자들의 연구 발표에 의하면 인류의 기원부터 시작되었다고 볼 수 있다. 수세기 동안 관찰 및 묘사에 대해 연구되어 왔던 외상 후 스트레스 장애는 정신건강 영역에서 인지되었고, 특히 대중매체를 통해 일반 대중에게 주목을 받기 시작하였다. 예컨대 1~2차 세계대전 동안의 전쟁 공포나 전투 무력증상을 보이는 군인 치료뿐 아니라 1970년대 여성운동 가운데 여성들의 성학대, 강간, 가정폭력으로 인한 외상적 영향 보고 등이 대표적이다(윤선오, 김현진, 2016).

과거 150여 년 동안 다양한 외상적 사건 이후에 보이는 증상들을 묘사하는 데 있어서 여러 용어들이 사용되어 왔는 데, 예컨대 열차 척추장애, 히스테리아, 보상신경증, 강간외상증후군, 아동학대증후군 등이 그것이다(황철수, 2008).

외상에 대한 반응에는 2가지로 분류해 볼 수 있다. 먼저 테르(Terr)는 1991년 단기간의 타입1과 장기간의 타입2의 외상 사건에 대한 차이를 설명하였다. 전자는 예측되지 못한 1번의 충격적이며 재난적인 특성으로 단기간에 이루어지는 강간이나 자동차사고 같은 것이다. 따라서 이것은 침입적인 사고나 회피 그리고 과민증상들을 일으키는 경향이 있다. 후자는 지속되고 반복되는 시련과 연관된 스트레스 요인이며 좀 더 의도적이고 계획적인 경향이 있기 때문에 전투나 지속적인 학대와 같은 것이다. 이러한 스트레스 요인은 무력감, 해리, 성격적 대인 관계적 장애, 분리, 제한된 정서, 물질남용 등과 같이 자기 방어적 장치를 사용하는 결과를 가져오게 된다(윤서오, 김현진, 2016).

3) 생태학적 관점에서의 위기

위기이론은 스트레스에 관한 방대한 연구결과에 밀접한 영향을 받아 왔다. 사회적 물리적 환경의 악화로 인한 인간의 문제를 다루어야 하는 현재의 서비스실천에서 위기의 생태학적 개념이다. 즉, 대인관계적 상호작용적 사회문화적 사회구조적 측면을 고려해야 할 필요성이 증대되었다(이윤로, 2007).

최근에 급속히 발달하고 있는 생태학적 관점의 이론에서 중요한 역할을 하는 3가지 요소는 전자매체효과, 체계적 상호존중, 거시체계적 접근이다. 여기에서 전자매체 효과는 그 매체를 통해 재난과 외상적 사건들이 가정에서 방송되어 희생자뿐 아니라 일반인들에게도 영향을 미쳐 그런 사고가 언제 자신에게 발생할지 모르는 위기의식을 고취시킨다는 것이다. 특히 전자매체의 발전으로 허리케인, 지진, 화산폭발, 집중호우 및 홍수 등과 같은 자연재해를 미리 예측하여 전파하고 예방할 수 있다는 강점이 있다(최용주, 2016). 체계적 상호의존은 인간이 생태적 주류를 이루고 있는 가운데 약물남용이나 폭력과 같은 부정적 요소들이 급속히 확산되는 상호작용 속에 존재하므로 이러한 문제들을 피하기가 결코 쉽지 않은 속성이 있다. 거시체계적 접근은 해결되지 않은 위기가 클라이언트의 인성적 · 사회적 · 재정적 · 환경적 자원뿐 아니라 전체 생태체계를 파괴시켜 공적체계를 통해 전체적인 생태체계에 접근하여 위기에 대처할 수 있다(양옥경 외, 2001).

2. 위기발달의 구성요소

골란(Golan, 1978)은 위기 또는 위기의 발달은 5가지의 구성요소로 이루어져 있다고 밝히고, 위기에 대한 이론적 가정을 제시하였다(김혜란 외, 2006 재인용).

1) 위험 사건(hazarddus event)

위기는 대부분 위험사건에 의해 시작되었다. 위험사건은 외부적인 스트레스 사건일 수도 있고 혹은 내부적인 압력일 수도 있으며, 하나의 재앙 사건일 수도 있고 혹은 연속적으로 축적된 사건일 수도 있다. 하나의 위험사건은 갑작스러운 배우자 죽음, 교통사고로 인한 장애, 해고, 이혼, 강간, 이민 등이 있다. 연속적인 위험사건은 최근 직장에서 상사와 갈등이 있는 여성이 남편의 질환, 시댁과의 갈등, 자녀의 성적부진 등을 연속적으로 경험하면서 위기에 빠지는 것을 예로 들 수 있다.

2) 취약 상태(vulnerrable state)

위험사건으로 인해 항상성(homeostasis)을 잃게 되면 취약 상태가 된다. 일반적으로 이전의 평형(equilibrium)상태를 회복하기 위해서 지금까지 사용해 왔던 방어기재나 대처행동 등의 문제해결방법을 사용하게 되며, 이에 성공하지 못하면 위기 상황에 대처하기 위한 새로운 방법을 찾게 된다.

3) 촉발 요인(precipitating factor)

긴장과 불안을 최고봉으로 올려놓음으로써 취약 상태를 불평형 상태로 만드는 요인이다. 어떤 위기 상황에서는 위험사건이 압도적이어서 사건 발생 동시에 촉발 요인이 되기도 하지만 어떤 경우에 촉발 요인은 위험사건과 직접 관련이 없을 수도 있다. 예를 들어, 최근 이혼한 여성이 별다른 위기 상황이 없는 듯이 일상생활을 유지하다가, 운전 중 접촉사고를 당하고 나서 지금까지 가까스로 유지하며 오던 평형상태가 깨어지면서 실제 위기를 맞는 경우이다.

4) 실제 위기상황(active crisis)

실제 위기상황이 진행되는 것으로 위기에 대한 사람들의 인식의 차이가 나타나고, 인식의 차이에 따른 정서적 반응에도 차이가 나타난다. 즉, 위기를 위협으로 인식한 사람들은 높은 수준의 불안을 경험하고, 능력에 대한 상실로 인식한 사람들은 우울 · 결핍감 · 애도 등의 반응을 보이기도 하며, 도전으로 인식한 사람은 어느 정도의 불안은 경험하지만 희망과 기대를 갖는다.

또한 위기상황은 과거에 해결되지 않았거나 부분적으로 해결된 갈등을 재활성화함으로써 현재의 대처능력을 저하시키기도 한다. 그러므로 위기개입은 현재의 위기 상황뿐만 아니라 과거 갈등으로 인한 현재의 문제를 해결할 수 있는 기회도 갖게 되는 것이다. 실제 위기상황은 일반적으로 4~6주 이내에 이루어진다.

위기상황에서 사람들은 현재 자신의 문제해결방법이 적절하지 못하다는 것을 경험하고 외부의 영향과 도움에 쉽게 반응하기 때문에, 위기개입에서 원조는 일반적인 상황에서의 집중적인 원조보다 효율적이다.

5) 재통합(reintergration)

재통합 단계에서는 지금까지 일어난 문제에 대해 인지적으로 이해하게 되고 위기에 관련된 감정을 해소하고 변화를 수용하며, 새로운 대처행동 유형을 개발한다. 위기상황을 잘 극복했다면, 성취감과 높아진 자존감을 경험하게 되고, 미래의 다른 위기 상황에 효과적으로 대처할 수 있다. 그러나 위기상황을 제대로 극복하지 못했다면, 전반적이 기능의 저하를 초래할 수도 있다.

3. 위기의 유형

위기를 유발하는 요인에 따라 위기의 유형을 상황적 위기, 발달적 위기, 실존적 위기 등으로 분류하였다(Gilliland & James, 1997; 전남련 외, 2012).

1) 상황적 위기

심각한 질병, 사랑하는 사람과의 사별, 자연재해(지진, 해일, 홍수, 화산폭발 등), 인재(전쟁, 화재, 건물이나 교량 붕괴, 교통사고 등), 폭력범죄(강간, 강도 등), 이혼, 자살 등과 같이 갑작스럽게 발생하는 충격적인 외부사건에 의한 위기를 말한다.

2) 발달적 위기

발달단계에서의 성숙과정(청소년기의 진입, 청소년기의 정체성 위기, 결혼, 자녀의 출생, 중년기 위기, 노인기의 위기, 가족발달주기에 따른 위기, 은퇴 등)에서 발생하는 사건이나 발달단계마다 요구되는 발달과업에 의한 새로운 대처자원이 필요한 위기를 말한다.

3) 실존적 위기

목적, 책임, 독립성, 자유, 헌신 등 인간에게 중요한 이슈를 동반하는 내적 갈등이나 불안과 관련된 위기이다. 예를 들어, 개인의 특정 전문성이나 조직에서 중요한 역할을 해내지 못하거나, 영향을 주지 못한다는 불안이나 60대에 인생이 덧없다고 느끼는 허무감과 위기 등이 이에 해당한다.

4) 환경적 위기

환경적 위기는 일반적으로 자연이나 인간이 야기한 재해가 어떤 잘못이나 행동을 취하지 않은 개인이나 집단성원들에게 갑작스럽게 닥칠 때 발생하는 것으로, 같은 환경에 사는 사람 모두에게 사건의 부정적 여파가 미친다. 이러한 위기는 허리케인이나 홍수, 폭풍, 지진, 화산폭발, 산불과 같은 자연재해일 수도 있으며, 전염병이나 기름 유출 같은 생물학적인 문제일 수도 있다. 또는 심리적 우울과 대립되는 심각한 경제 불황일 수도 있다.

제2절 실천목표와 과정

1. 실천목표

1) 실천목표

위기개입 모델의 실천목표는 집중적으로 이루어지는 단기개입으로서, 위기 상황의 극복과 관련된 구체적인 문제의 해결에 초점을 두기 때문에 목표가 제한적이다.

라포포트(L. Rapoport, 1970)는 위기개입의 목표를 6가지로 제시하고, 처음의 4가지는 반드시 달성해야 할 1차적 목표이며, 다음의 2가지는 상황이나, 기회, 클라이언트의 특성 등을 고려하면서 달성해야 하는 2차적 목표라 했다.

첫째, 위기로 인한 증상을 제거한다.

둘째, 위기 이전의 기능 수준으로 회복한다.

셋째, 불평형의 상태로 만든 촉발 사건에 대해 이해한다.

넷째, 클라이언트나 가족이 사용하거나 지역사회 자원에서 활용할 수 있는 자원에 대해서 규명한다.

다섯째, 현재의 스트레스를 과거의 경험, 갈등 등과 연결하여 인식한다.

여섯째, 새로운 지식, 사고, 정서를 개발하고 위기 상황 이후에도 사용할 수 있는 새로운 적응적 대처 기제를 개발한다.

표적문제를 완화하는 것에 초점을 두고 있다. 따라서 사회복지사는 클라이언트가 자기 문제를 구체화하는 것을 도와주며, 과제 수행 계획을 세우고 동기를 부여하여 과제 수행을 촉진시키는 과정에서 장애물을 예견하고 제거해 준다. 또한 클라이언트와 함께 문제해결의 수단인 과제의 구조, 수행, 검토에 힘을 기울임으로써 클라이언트가 문제해결 능력을 스스로 습득하고, 향후에도 유지해 나갈 수 있도록 원조한다.

2) 실천의 원칙

위기개입모델에서는 효과적인 실천목표의 달성을 위하여 다음과 같은 8가지 원칙들을 제안하였다(Puryear, 1979; 김기태, 1998).

(1) 신속한 개입

위기 상황에 빠진 사람들은 오랫동안 견딜 수 없기 때문에, 일반적으로 위기상태에 들어간 때부터 6주 내에 어떤 형태로든 해결되어야 한다. 그러므로 신속한 개입은 위기에 처한 사람들의 적응에 매우 중요하다.

(2) 행동지향성

위기개입의 기술은 적극적이며, 클라이언트의 행동에 초점을 둔다. 위기에 처한 사람은 고착되는 경향이 있고, 효과적이지 않는 행동을 하게 된다. 따라서 사회복지사는 클라이언트의 과거를 탐색하기보다는 실천 계획에 따라 적극적으로 돕고, 격려하며, 클라이언트를 이끌어 가야 한다.

(3) 제한된 목표

위기개입의 목표는 평형상태를 회복하는 것으로서, 그 최소한의 목표는 위급한 증상의 완화 또는 최악의 상황을 예방하는 것이다. 즉, 자살, 타살, 만성정신병, 가족해체 등을 예방하는 데 그 목표를 두는 것이지, 성격의 변화를 지향하지는 않는다.

(4) 희망과 기대

위기에 처하여 절망하고 있는 사람들에게 모든 문제가 별 다른 노력 없이 다 해결될 것이라는 비현실적인 희망을 주는 것은 피해야 하지만 위기를 극복할 수 있다는 희망을 주는 것은 중요하며, 이는 사회복지사의 적극적이고 직접적인 역할 수행과 태도에 의해 영향을 받는다.

(5) 지지

위기개입에 있어서 클라이언트를 지지하는 주요 원리는 초기에는 필요한 만큼 지지를 많이 제공하지만 가능한 빠른 시일 내에 지지를 감소시키거나 지나치게 또는 장기적으로 의존하지 않도록 하는 것이 중요하다. 또한 사회복지사는 실질적인 정보를 제공하고, 정서적으로 지지하며, 클라이언트의 사회적 지지체계를 개발하고 형성하도록 도와주어야 한다.

(6) 초점적 문제해결

사회복지사는 가능한 한 신속하게 위기 상황을 유발시킨 문제를 파악하고 해결하는 데 초점을 두어야 한다. 사회복지사의 전문적인 지식과 기술이 문제해결에 주요 도구가 된다. 그러므로 사회복지사는 클라이언트가 받아들일 수 있는 수준에서 현실을 직면할 수 있도록 해야 한다.

(7) 건전한 자기상(self-image)의 확립

위기가 해결되지 않으면 클라이언트들은 자신을 실패자로 인식하는 경향이 있다. 따라서 사회복지사는 클라이언트의 자기상을 사정하고 이해해야 하며, 클라이언트의 낮아진 자기상을 보호해 주고 건전한 자기상을 확립할 수 있도록 도와주어야 한다.

(8) 자립

사회복지사는 상황을 사정하고 실천계획을 세우는 데 있어서 클라이언트가 함께 참여하고 결정할 기회를 제공해야 한다. 또한 클라이언트의 자신감 회복을 위해 최대한 지원한다. 클라이언트의 자립성을 촉진시키는 가장 기본적인 방법은 클라이언트가 할 수 있는 일은 스스로 하도록 지지해 주며, 대신해 주지 않는 것이다.

2. 실천과정

위기개입 모델의 일반적인 실천과정은 초기, 중기 그리고 종결단계로 나눌 수 있다(김혜란 외, 2006 재인용).

1) 초기단계

위기개입 과정의 초기단계에서는 클라이언트를 처음 대면하는 단계로서, 사회복지사는 클리이언트의 위기 상황에 즉각적으로 초점을 맞추고, 현재 클라이언트의 어려움에 대해 평가하며, 앞으로의 활동에 대해 계획한다. 초기단계에서는 특히, 클라이언트의 주관적 반응을 이끌어 내는 것이 중요하며, 해석이나 직면보다는 클라이언트가 감정을 자유롭게 표현함으로써 더 합리적 · 이성적으로 위기 상황에 대처할 수 있도록 원조하는 것이 중요하다.

사회복지사는 초기단계에서 좋은 사정을 위한 5가지 세부영역을 고려하되 다음과 같은 질문방법들을 제시하여야 한다(전회수 외, 2018).

첫째, 클라이언트가 왜 오늘 도움을 받으러 오게 되었는가를 고려해 보아야 한다. 즉, 무슨 일이 일어나 위기에 직면하게 되었는지에 대한 정확한 이해가 필요하다.

둘째, 클라언트가 현재의 위기와 선행사건을 어떻게 인식하고 있는가를 고려해 보아야 한다.

셋째, 클라이언트에게 주위의 도움을 받을 만한 지지적인 자원이 있는지를 질문하고, 또한 그 자원의 지지수준과 질은 어떠한지 고려해 보아야 한다.

넷째, 클라이언트가 과거에 비슷한 문제를 체험한 사례가 있었는지 질문하되 만약 있었다면 어떻게 해결하였는지를 확인해 보아야 한다.

다섯째, 위기개입에서 반드시 고려해야 할 특수한 영역인 자살 또는 타살의 위험에 대한 부분이다. 클라이언트가 자해 또는 타 해의 위험 여부를 사정하되 만약 위험하다고 판단되면 의뢰와 같은 절차를 연결하여야 한다.

2) 중기단계

클라이언트를 첫 만남으로 시작하여 위기개입이 4~6회기에 걸쳐 이루어지는 중기단계에서는 빠르면 첫 회기부터 4회까지 진행된다. 따라서 중기단계에서는 클라이언트의 어려움에 대해 깊이 탐색하고, 필요한 경우 과거에 대해서도 탐색한다. 사회복지사는 위험 사건 이후 자료를 조직화하고, 단기에 성취할 수 있는 목표와 목표를 달성하기 위한 과제들에 대해 작업함으로써 행동변화를 이끌어 낸다. 예컨대, 클라이언트의 상실감이나 자기 존중감 손상에 대해 깊이 탐색하고, 필요한 경우에는 과거에 대해서도 탐색하는 것이 좋다(손광호, 2009). 클라이언트가 자율성을 회복하여 적극적으로 문제해결을 위한 행동을 하게 되면, 사회복지사는 한 걸음 물러나 클라이언트를 지지하는 역할로 전환할 필요가 있으며, 클라이언트의 일상생활에서 활용할 수 있는 자원과 지지체계를 찾아내어 클라이언트가 적극 활용할 수 있도록 지원한다. 클라이언트의 행동 변화가 초래되었을 때에는 다음과 같은 역할을 수행하여야 한다(정인협 · 우국회, 2001, 재인용, 박귀영 외, 2021).

첫째, 초기단계 계약으로 돌아가 과거에는 어떠했으며, 위기상황을 다루고 균형을 회복하는 데 얼마나 효과적이었는지 규명한다.

둘째, 단기에 성취할 수 있는 전반적인 과제영역 또는 달성할 수 있는 중간목표를 설정한다.

셋째, 목표달성을 위한 구체적인 과제들에 대해 진행하되 그 과제들은 행동 지향적이며 수행의 변화를 가져올 수 있어야 한다.

넷째, 과제는 클라이언트가 행동과정 또는 이를 수행하는 방법을 결정하도록 하여 사고 지향적일 수 있도록 한다.

3) 종결단계

위기개입의 마지막 종결단계는 일반적으로 1~2회로 이루어진다. 종결단계에서는 사회복지사와 클라이언트의 저항을 누르고, 성취한 과제, 목표, 변화와 성취하지 못한 과제, 변화들에 대해 점검하며, 향후 클라이언트의 활동 계획에 대해서 논의한다. 클라이언트가 사회복지사에게 의존하지 않도록 지지함과 동시에 클라이언트가 언제든지 활용할 수 있는 자원으로 사회복지사를 인식할 수 있도록 한다.

클라이언트가 자율성을 회복하여 적극적으로 문제해결을 위한 행동을 하게 되면, 사회복지사는 한걸음 물러나 클라이언트를 지지하는 역할로 전환할 필요가 있으며, 클라이언트의 일상생활에서 활용할 수 있는 자원과 지지체계를 찾아내어 클라이언트가 적극 활용할 수 있도록 하여 종결을 결정한다(정문자 외, 2008).

클라이언트의 현재 상태와 장래계획에 대해 논의하되 클라이언트의 독립을 강조하면서 필요한 경우 언제든지 다시 찾아올 수 있도록 기회의 문을 열어 두는 것이 중요하다.

제3절 실천기술

위기개입모델은 위기 상황에 처해 있는 클라이언트를 위한 활동에서 사회복지사들이 사용해 오던 전통적인 접근방법들과 실천기법들을 활용하는 등, 공통점이 많기 때문에 다양한 사회복지실천의 현장에서 적용되고 있다. 그럼에도 불구하고 위기개입 모델은 이론적 체계가 미흡하고, 그 효과성을 입증할 실질적 자료가 부족하며, 위기개입모델 고유의 구체적인 기법이 개발되지 못했다는 한계가 있다.

다양한 위기개입모델 중에서도 로버츠(Roberts, 2005)의 강점 관점에 근거한 모델에서 각 단계별로 강조되는 실천기술에 초점을 두고 살펴보았다(장수미 외, 2010 재인용; 설진화, 2016).

1. 치명성과 정신건강상태를 사정하는 기술

클라이언트에 대한 전반적이며 철저한 사정과 위기 사건에 대한 사정이 이루어진다. 자살, 타살, 폭력의 위험성에 대한 사정이 신속하게 이루어지고, 의료적인 상황에도 관심을 가지며, 긍정적 · 부정적 대처 전략과 알코올 및 약물 사용에 대해서도 살펴본다. 초기의 사정에서는 적용유연성(탄력성, resilience)과 보호 요인, 내 · 외적 대처 방법 및 자원, 가족의 도움과 비공식적 관계망의 도움에 대해서 파악한다.

위기 개입의 도움이 필요한 클라이언트들은 사회적으로 고립되어 있는 경향이 있어 문제의 해결과 회복에 누가 가장 도움이 되는 사람인지 인식하지 못한다. 따라서 사회복지사는 클라이언트에게 가장 많은 도움을 줄 수 있는 사람을 실천의 과정에 동반함으로써 클라이언트의 적용유연성을 높일 수 있다.

2. 관계를 형성하고, 클라이언트를 참여시키는 기술

대체로 첫 번째 기술과 동시에 이루어지며, 라포(Rapport)를 신속하게 형성하는 것이다. 클라이언트에 대한 존중과 수용을 보여 줌으로써 사회복지사가 진심으로 관심이 있고, 이해하고, 있음을 전달하는 것이 중요하다. 비심판적인 태도를 유지하여 사회복지사의 개인적인 가치나 판단 기준이 드러나지 않게 주의해야 한다. 침착한 태도의 유지와 상황을 통제할 수 있는 능력이 요구된다. 과제중심 모델은 단기간에 클라이언트가 선택한 명확한 목표를 성취할 수 있도록 원조하는 서비스이므로 클라이언트 스스로가 문제해결에 대한 인식을 명확히 하는 것이 중요하며, 클라이언트가 무엇을 추구하고 바라고 있는가를 클라이언트와 함께 언어화하는 것이 좋은 방법이다. 따라서 사회복지사는 클라이언트와의 면담과정에서 클라이언트가 자신의 의사를 분명히 밝힐 수 있게 도와주는 의사소통기술이 필요하다.

3. 주요 문제를 확인, 강점과 대안적 기술

1) 주요 문제를 확인

개방형 질문을 사용하여, 클라이언트의 주요 문제가 무엇인지, 위기의 촉발 요인은 무엇인지 등과 같은 자신의 문제를 자신의 언어로 표현하도록 한다. 이러한 실천기법을 통해 나타난 문제의 본질에 대해 사회복지사와 클라이언트 모두 통찰력을 가질 수 있다.

또한 두 번째 기술사용에서는 해결중심모델의 해결 지향적 질문 기법, 즉 예외 질문, 대처질문 등을 사용하여, 과거에 효과적이었던 클라이언트의 강점과 자원 등과 같은, 대처기술을 확인할 수 있다. 클라이언트의 강점과 자원을 찾는 것은 사회복지사와의 라포 형성에도 도움이 된다.

2) 강점과 대안적 기술

적절한 반응과 지지를 통해 적극적으로 경청하고 있다는 것을 보여 줌으로써 감정을 효과적으로 다룰 수 있다. 감정을 다루는 또 다른 효과적인 실천기술에는 반영, 재진술 등이 있다.

클라이언트가 갖고 있었던 위기 이전의 성공적인 대처기술을 찾고, 현재의 강점을 찾음으로써 현재의 문제를 해결하기 위한 대안적인 방법들을 찾을 수 있다. 또한 이러한 목표는 사회복지사와 클라이언트의 협력을 통해 이상적으로 달성할 수 있다.

4. 활동계획과 종결 및 사후관리 기술

1) 활동계획을 수립

사정을 통해 확보한 정보와 자료들을 근거로 대안적 대처 방안을 강구하게 된다. 계획단계에서는 먼저 위기로 인한 클라이언트의 기능 손상 정도(일상생활 수행기능 손상 정도)와 일상생활 수행의 회복가능성, 주변 자원들의 반응과 도움을 줄 수 있는지 등에 대한 평가가 이루어져야 한다. 그리고 가능한 잠재적 대안들을 고려하고, 이들의 장·단점을 평가하고 무엇을 추구할 것인지에 대한 행동을 계획한다. 그리하여 지금까지 발견한 대처기술을 실행할 구제척인 활동계획을 수립한다. 다시 활용하면 유용할 것인지 여부를 결정하는 것이 포함되어야 한다. 사회복지사는 클라이언트가 활동계획을 주도적으로 실행할 수 있도록 배려하고, 한걸음 물러나 클라이언트를 지지하는 제한된 역할을 수행한다.

2) 종결 및 사후 관리 기술

사회복지사는 클라이언트의 위기가 해결되었다는 확신이 들더라도, 위기상황이 재현되거나, 대처능력이 약화될 수 있는 가능성을 고려하여 지속적인 사후관리를 해야 하며, 필요에 따라서는 다른 지역사회 자원을 활용하여 지속적인 서비스를 제공해야 한다.

5. 사례(남편이 교통사고로 사망)

1) 내담자 기본자료

(1) 클라이언트

클라이언트 김○○, 여, 40세는 남편 이○○ 씨와 17년 전에 결혼하여 자녀 둘(각각 17세와 14세의 아들)을 두고 있음, 두 사람의 결혼생활은 약간의 기복이 있었으나 비교적 행복했음. 남편이 주로 일을 하였고, 부인은 가끔씩 시간제 일을 하면서 가계를 도움. 사회경제적 면을 보면, 자신의 집을 소유하고 있으며, 약간의 저축도 하고 있는 중산층임. 그런데 2주 전에 갑자기 남편이 교통사고로 당하여 사망함.

김○○ 씨는 이 사건 이후 비탄에 빠졌으며, 자녀의 장래가 염려되고 불안하여 지금까지의 가정생활을 유지하기 힘들 정도로 우울해지고 불안이 심해짐. 이로 인해 누구에게도 도움을 구하지 못하고 집 밖에 나오지 못할 정도가 됨. 이러한 문제로 그녀는 전화상담기관에 전화를 하였고, 그 기관을 통해 지역 내의 정신보건센터를 소개받았으며, 정신보건센터에 전화로 도움을 요청하여 사회복지사를 만나게 됨.

(2) 클라이언트 호소문제

클라이언트는 주 소득을 담당한 남편이 급작스런 교통사고로 사망하여 "한참 돈을 필요로하는 두 자녀 교육비와 가정생활을 꾸려 나가는 데 어려움을 호소" 하면서 "세상이 왜 이렇게 불공평하느냐"고 이제 조금 틀을 잡을 만하는 데 이렇게 어려워지니 직장을 못 찾으면 정말로 죽고 싶다는 것이다.

2) 문제의 사정 개입

1. 사정단계	
1. 클라이언트가 인식하는 위기 사건	남편의 죽음과 자녀양육의 문제
2. 위기 사건에 대한 인식	위기 사건을 남편 없이 생활하는 것에 대한 막막함과 두려움, 외로움, 미래에 대한 염려로 인식
3. 유용한 자원	집 근처에 살고 있는 언니와 자녀들이 어머니를 염려하고 있어 정서적 지지가 됨
4. 과거 경험에 대처기제	5년 전 어머니와의 사별 후 가슴이 답답하고 우울할 때 언니와 친구의 지지로 극복함
5. 자살 위험성	자살에 대해 생각한 적이 없고 과거에도 자살을 시도해 본 적이 없으므로 자살 위험성은 없음

2. 계획단계	
1. 일상생활 수행기능 손상 정도와 회복 가능성을 고려한 개입 계획	남편의 죽음과 자녀 양육의 문제
2. 대안 탐색과 대처전략 세우기	• 현재 일상생활 수행기능 손상은 배우자와의 사별에 따르는 전형적인 반응 → 따라서 사별한 사람들을 위한 자조집단인 애도자 모임의 참석을 권유할 예정 • 배우자와의 사별 전부터 시간제 임시직을 가지고 있음 → 전일제 직장을 구할 수 있도록 직업훈련 프로그램을 연계할 계획 • 재정문제에 대한 염려가 커서 재정설계 도와줄(교통사고 보상금 산업재해 보상금 등의 문제를 도와줄 지원이 필요) → 기관 내 전문 사회복지사의 원조와 재정설계 담당 은행원인 자원봉사자와 연계 • 자녀 양육에 대한 염려와 심리적 외로움 호소 → 자녀와의 면담결과 자녀들은 대체로 예측되는 문제가 없다는점을 상기시킴. 그리고 언니와 친구들의 정서적 지지를 받도록 할 계획

<table>
<tr><th colspan="2">3. 개입단계</th></tr>
<tr><td>1. 위기 사건에 대한 이해 돕기</td><td rowspan="4">• 남편의 사별 후 자신의 삶에 대해 객관적으로 이해하도록 도움
• 남편과의 사별로 인한 슬픔, 두려움, 분노 등의 감정을 표현하도록 도아줌
• 재정설계 전문가와 만남 → 재정운영에 도움을 받고 막연한 두려움을 극복
• 언니, 친구와의 접촉과 자조집단의 참여 → 심리적 안정감을 회복하고 자녀에 대한 염려 완화됨
• 교회 참석 재개 → 목회자와 교우들의 정서적 지지
• 시간제 임시직을 재기하고 전임직으로의 전환을 신청하였으며 이를 위해 직업훈련 프로그램에 신청 → 희망 고취
• 자녀들의 학교 행사에 참석 → 자녀에 대한 긍지</td></tr>
<tr><td>2. 감정 표현 돕기</td></tr>
<tr><td>3. 대처 전략의 효과성 점검</td></tr>
<tr><td>4. 사회적 활동 재개 격려와 점검</td></tr>
</table>

<table>
<tr><th colspan="2">4. 위기대비 계획단계</th></tr>
<tr><td>1. 진전을 검토</td><td>남편의 죽음과 자녀 양육의 문제</td></tr>
<tr><td>2. 향후 있을 위기에 대비한 계획 수립</td><td>• 재정적 위기에 대한 구체적 도움/ 자조집단을 통한 정서적 지지/ 직장유지/ 언니와 친구을 통한 지원관계 유지/ 교회 출석과 목회자 및 교우들의 지원의 유용성 확인함
• 앞으로 어떤 위기를 만나더라도 이 과정을 통해 획득한 전략을 계속 사용하기로 함</td></tr>
</table>

제3부

사회복지실천 대상별 실천기술

제7장

개인대상 실천기술

학습목표

1. 개인대상 실천기술의 개념과 특성을 이해한다.
2. 개인대상 실천기술의 과정을 학습한다.
3. 개인대상 실천기술을 학습한다.

키워드

개인 실천기술, 개인 실천기술의 과정, 재명명
개인 실천구성 요소, 환기법, 의뢰, AB설계, 격려, 재보증

07 개인대상 실천기술

제1절 개인대상 실천기술의 기본개념

1. 개인대상 실천기술의 개념

오늘날 사회복지실천기술 분야의 개입방법은 클라이언트체계의 수준에 따라 개인을 대상으로 하는 개별지도, 가족을 대상으로 하는 가족 지도, 집단을 대상으로 한 집단 지도, 지역사회를 대상으로 하는 지역사회 지도로 분류되어 왔다. 개인대상 사회복지실천기술은 개인과의 일대일 관계를 통해서 이루어지는 사회복지실천방법으로 개별 지도 또는 개별사회사업이라고 불리고 있다.

개인대상 사회복지실천은 환경과 개인의 상호작용을 고려하나, 환경보다는 개인에 초점을 두어, 개인에 있어서의 환경변화가 문제를 해결해 나가기 위해 개인이 가지고 있는 적응방식을 변화시켜 문제해결을 하는 것이 실천현장에서 이루어지고 있다.

리치몬드(1944)는 『사회진단』 연구에서 '개별사회사업(Social Casework)을 개별적 · 의식적으로 개인과 그의 사회 환경 간의 조정을 통해 그 사람의 성격을 발달시키는 과정'이라고 정의하였다. 개별사회사업을 체계화시킨 리치몬드는 개인의 기능에 영향을 미치는 환경의 영향을 인식하며 개인의 부적응에 대한 치료적 개입을 강조하고 있다. 또 개별화된 문제의 다양성과 적응방식에 초점을 두어 통합적 접근방법의 도입으로 인간과 환경 간의 상호 변화를 가능하게 하는 개입방법에 관심을 두었으며, 개인의 인격존중을 전제로 한 전문적인 대인관계의 기반 위에서 클라이언트가 직면하고 있는 문제 상황을 분석하고 검토하여 클라이언트의 생활상 욕구를 조직적이고 체계적으로 충족시켜 나가는 전문적 방법으로 보았다.

이렇게 초기의 사회복지실천의 흐름은 다수가 경험하는 사회문제에 대한 거시적 관점보다는 개별화된 문제의 다양성과 적응방식에 초점을 둔 미시적 접근을 중심으로 사회복지사의 역할을 한정시켰다. 그러나 1950년대 이후, 사회복지실천의 체계는 '인간의 존엄성과 사회정의, 최적의 삶의 질(Q.O.L)을 보장하려는 기본 목적'을 중심으로 구성되어지고 있다. 특히 개인의 문제를 사회적 환경과의 관련성 속에서 삶의 문제(problem—in—living)로 이해하고 다양한 수준에서 체계적으로 개입할 것을 강조하는 통합적 접근방법이 등장하면서, 인간과 환경 간의 상호적인 변화를 가능하게 하는 개입방법에 관심을 갖게 되었다. 이러한 개념적 변화에 따라서 개인에 대한 심리 내적 적응과 개입을 강조하는 '개별 대상의 실천(social work practice with individuals)'으로 전환되고 개인을 대상으로 개입하게 되는 실천 영역이 확대되고 있다.

위의 내용들을 정리하면 개인대상 사회복지실천기술이란 '개인 수준의 사회복지실천으로 개인의 인간존엄성을 전제로 한 전문적인 대인관계의 기반 위에 클라이언트가 직면하고 있는 문제 상황을 분석 · 검토하여 클라이언트의 욕구를 충족시켜 나가기 위한 전문적인 방법'이라 할 수 있다. 개인과 일대일의 관계를 통해 이루어지는 접근방법을 개별지도 또는 개별사회사업이라고 한다. 여기서 개별사업이란 개별적 · 의식적으로 개인과 사회환경 간의 조정을 통하여 그 사람의 인격을 발달시키는 과정이다.

2. 개인대상 실천 구성요소

개인을 대상으로 하는 사회복지실천 구성요소에는 학자에 따라 다양하게 구분할 수 있으나 여기서는 사람, 문제, 장소, 과정으로 구분한다.

1) 사람

여기서 사람이란 일상생활의 사회적 측면이나 정서적 측면에 있어서 도움을 필요로 하는 개인을 가리킨다. 주로 클라이언트라는 용어를 사용하는 데 그들은 어떤 도움을 필요로 하는 사람으로 개별사회사업관계가 형성되어 어떤 도움의 단계에 들어간 대상자이다. 즉, 도움을 신청한 신청자(applicant)이다. 이러한 클라이언트는 실제적 클라이언트와 잠재적 클라이언트로 구분한다. 실제적 클라이언트는 현재 도움을 필요로 하고 있거나 도움을 받고 있는 사람을 말한다. 잠재적 클라이언트는 현재는 별 문제가 없어 도움이 필요 없거나, 문제가 있어도 여러 가지 이유에서 도움을 요청하지 않는 사람을 말한다.

2) 문제

개인의 바람직한 생활에 지장을 주거나 방해가 되는 충족되지 못한 욕구불만(경제적, 의료적, 오락적인 것 등)이나 또는 그 개인이 사회적 역할을 수행함에 있어서 비효율적이거나 방해가 되는 긴장(심리적, 사회적, 신체적인) 같은 것들이다.

3) 장소

문제를 가진 개인이 도움을 받기 위해 찾아오는 사회시설 또는 여러 종류의 사회복지기관이나 시설을 말한다. 이 기관의 기본적인 성격은 물질적 원조, 환경의 조성이나 조정, 상담이나 심리적 도움을 주는 사회복지의 기능을 수행하는 장소이다.

4) 과정

사회복지사와 클라이언트 사이의 전문직업적 대인관계를 매개로 하여 도와준 문제해결 과정을 말한다. 이 과정에서의 대인관계는 문제해결에 유익하도록 전문적으로 확립된 관계이며, 사회복지사의 지식과 기술에 의해 의식적으로 조작되어지는 대인관계이다.

제2절 개인대상 실천기술의 과정

사회복지실천은 실천대상의 특성에 따라 구별되어 사용되는 기술들이 있다. 그중 개인을 대상으로 하는 사회복지실천 단계별 기술들이 있다.

개인대상 실천단계별 실천기술은 클라이언트의 문제에 효과적으로 개입하여 해결해 나가는 원조과정의 기술로서 개별 클라이언트의 문제에 대한 이해와 규명, 개입을 위한 계획과 실행, 전 원조과정을 평가하고 종결하는 기술이 포함된다.

개인대상 실천기술은 클라이언트의 상황과 문제에 대응하기 위한 적합한 실천기술을 선택하여 활용하는 능력이 영향을 미치기 때문에 개인 클라이언트뿐만 아니라 가족이나 집단, 지역사회를 대상으로 하는 다양한 사회복지실천현장에서 목적지향적인 서비스를 효과적으로 진행하고 있다.

개인대상 실천과정의 기술은 미국교육협의회 학부와 석사과정을 위한 교과과정규정에 사용하고 있는 초기 및 탐색단계, 조사 및 사정단계, 개입단계, 평가 및 종결단계로 살펴본다.

1. 초기 및 탐색 단계

초기 및 탐색 단계에서는 문제에 직면한 클라이언트가 문제해결을 위하여 도움을 받기 위해 기간이나 시설을 방문하는 최초의 행위로 이는 상담 및 면접 행위단계이다. 클라이언트가 자기가 가지고 있는 문제를 가지고 와 그것을 통해 그가 얻고자 하는 욕구는 무엇인지 그리고 그가 해결하고자 하는 문제의 핵심은 무엇인지를 파악하는 첫 만남의 단계이다.

클라이언트와의 첫 만남은 앞으로 서비스 과정에서 사회복지사가 지속 여부를 판단하고 방향을 설정하는 데 중요한 단계이다. 따라서 사회복지사는 개인적으로나 전문가로서 준비단계에서 필요한 기술을 활용함으로써 서비스의 효과적인 전달이 초기부터 기능하도록 하는 것이 중요하다.

1) 문제의 설정

클라이언트가 직면하고 있는 문제의 상황은 무엇인가? 그가 극복하고 싶어 하는 장애나 달성하고자 하는 목표는 무엇인가? 사회복지사와 클라이언트가 최초로 해야 할 일은 현재 존재하고, 보이고, 느껴지는 문제가 무엇인가에 관한 사실(fact)을 파악하는 것이다.

2) 문제의 중요성

문제가 지닌 심리적, 사회적 및 신체적 측면의 의미에서 개인(또는 그의 가족, 지역사회)에게 무엇이 중요한가? 문제를 가진 클라이언트에게 그 문제가 어떻게 느껴지며 어떤 의미를 가지는가를 파악하는 것이다.

3) 문제의 원인

문제가 어떻게 발생했는가? 무엇이 문제를 초래하게 했는가? 어떤 원인이 현재의 결과를 초래하게 하였으며, 현재의 결과가 다른 원인으로도 작용할 것인가를 파악하는 것이다.

4) 클라이언트의 문제해결의 노력과 방법

클라이언트가 문제를 해결하기 위하여 그 자신이나 타인의 도움으로 무엇을 생각하였고 실제로 무엇을 하려고 하였는가(얼마만큼, 어떤 방법으로)를 파악하는 것이다.

5) 기관에 요구하는 해결책

클라이언트가 기관에 요구하는 것은 다음과 같다.

(1) 클라이언트의 기대, 희망 또는 질문의 표현(기관에 원하는 것이 무엇인가를 본다)
(2) 클라이언트에 대한 기관의 가능성에 관한 사회복지사의 설명(문제를 개별화하는 과정)
(3) 사회복지사가 '무엇을', '어떻게' 공동 노력해야 하는가를 제시한 것에 대한 클라이

언트의 반응

(4) 클라이언트가 자유롭게 사회복지사의 도움을 이용하려는 '결심'에 관한 양가감정(ambivalence)에 직면하도록 돕고 인식시킬 수 있는지를 파악한다.

6) 클라이언트와 기관의 성격

클라이언트가 기관이나 시설에 대하여 자기가 필요한 서비스를 제공받을 수 있는지를 판단하는 것으로 그 세부 내용은 다음과 같다.

(1) 기관이 무엇을 어떻게 도울 수 있는가?
(2) 기관이 도움을 줄 수 있는 어떤 자원을 가졌는가?
(3) 기관이 클라이언트에게 요구하는 자격요건은 무엇인가?
(4) 제시된 문제와 관련된 기관의 적절한 기능은 무엇인가?
(5) 기관이 무엇을 어떻게 도울 수 있는가? 등을 초기단계에서 사회복지사는 클라이언트와 그의 문제를 이해하여 적정성의 여부를 판단해야 한다.

7) 초기 및 탐색 단계에서 사회복지사의 소견

초기 및 탐색 단계에서 사회복지사가 접수면접하면서 알아야 한 소견은 다음과 같다.

(1) 관찰내용
(2) 서비스 계획에 대한 의견
(3) 현재 대기자 목록에 있는 클라이언트의 정상적 기다림보다 더 급하게 사회복지사를 배정해 줄 필요가 있는지에 관한 의견
(4) 클라이언트에 대한 느낌, 인상 등이 있다. 이 외에도 초기 및 탐색 단계에서 접수면접 시 사회복지사가 생각하기에 연결된 사회복지사에게 도움이 될 만하거나 기록할 필요가 있을 정보를 기록한다.

2. 조사 및 사정 단계

1) 조사

(1) 개념 및 조사내용

조사(survey)는 어떤 일이나 사실 또는 사물의 내용 따위를 명확하게 알기 위하여 자세히 살펴보거나 밝히는 것으로 개인 실천에 있어서 사정(assesment) 또는 진단(diagnosis)을 하는 데 필요한 기본 자료를 수집하는 것이다. 어떤 의미에서는 좁은 의미의 조사단계가 시작되는 것으로 초기단계는 조사의 첫 단계로 생각될 수 있다.

조사는 클라이언트의 문제를 최대한 이해하기 위해 될 수 있는 한 많은 자료를 모아야 하고 클라이언트의 특성에 따라 자료 수집이 다를 수 있다. 어떤 의미에서는 클라이언트를 이해하기 위해 클라이언트의 현재 상황과 문제에 영향을 미치고 있는 여러 가지 요인들을 파악하고, 이러한 파악을 하기 위하여 사실을 수집하는 조사는 꼭 필요한 것이다.

일반적 조사의 목적은 다음과 같다(전재일 외, 2006).

① 클라이언트가 현재 위치하고 있는 상태나 상황과 관련하여 문제 전체를 보다 잘 이해하는 것이다. 클라이언트의 생활경험 중에서 중요한 의미를 가진 사람, 사건, 클라이언트의 감정 등에 미치는 문제를 이해하는 데 목적이 있다.

② 전체 문제의 상황 중에서 무엇이 먼저 해결되어야 하는가의 순서와 긴급성에 관하여 이해하는 것이다. 클라이언트의 욕구를 일으키고 있는 여러 가지 요인을 명확히 할 필요가 있으며, 원인론 중에서 직접적인 원인, 간접적인 원인, 문제발생의 계기나 소재 등을 명확히 파악해야 한다.

③ 해결되어야 할 문제는 문제의 배경인 원인이 오랜 과거의 사건에서 유래하고 있는가, 현재의 긴급사태에 의하여 발생하고 있는가를 이해하는 것이다. 클라이언트의 대인관계 및 환경조건의 상호관계와 그 파급성을 고려하여 참조하는 클라이언트의 사회력 조사가 필요하다.

④ 문제해결에 효과적이고, 필요하며, 가치 있는 자료를 수집하는 것이다. 이것은 클라

이언트가 그 자신이 처한 문제 상황, 자기의 반응 및 태도를 이해하여 스스로 어떻게 변화하고 노력하는 것이 좋은가를 알게 하고 그가 취해야 할 수단과 역할을 이해하는 데 유용하고 의미 있는 자료를 수집하는 것이다.

조사내용은 문제와 관련된 현재의 수집이며, 사회복지사가 구체적 사실에 주의를 기울임으로써 현장상황을 이해하도록 클라이언트를 돕는 것이다. 이러한 조사내용은 객관적인 자료나 정보에 부가하여 클라이언트가 직면하고 있는 문제를 주관적인 사실에 관한 인식과 파악이 포함되어야 한다(서혜석 외, 2014: 149).

① **촉진적 요인**: 문제발생을 악화시킨 요인을 조사한다.
② **과거의 처리내용**: 클라이언트가 과거에 무엇을 어떻게 처리하였는가를 조사한다.
③ **중요한 사람**: 클라이언트의 문제에 크게 영향을 미친 사람을 조사한다.
④ **개인과 환경 간의 상호작용**: 주변 환경에 미친 영향과 받은 영향을 조사한다.
⑤ **개인과 가정에게 영향을 미친 요인**: 사회경제적 · 심리적 · 문화적 요인의 상호 관련된 의미가 개인과 가족에게 미친 사실을 조사한다.
⑥ **사회적 기능의 중요한 과정**: 개인의 성장발달사, 가족관계, 대인관계, 건강 등 사회력(social history)을 조사한다.

(2) 조사방법

조사방법(survey method)은 현재의 상태에서 출발하여 과거로 거슬러 올라가면서 조사하여야 한다. 클라이언트에 대한 이해를 높이고 효과적으로 돕기 위한 조사방법은 다양한 출처로부터 얻어진다. 이러한 출처를 조사하는 자료원은 다음과 같다.

① **클라이언트의 자기보고**: 도움을 요청하는 클라이언트를 통해 정보를 수집하는 것으로, 클라이언트의 자기보고와 그의 태도나 행동을 사회복지사가 직접 관찰하여 얻게 되는 자료이다.
② **부수적 자료원**: 사회복지사 외 교사, 간호사, 영양사, 전문가, 친구, 이웃, 친척 등으

로부터 자료를 수집할 수 있다. 이러한 조사는 클라이언트의 주변 환경에서 얻을 수 있는 것으로 직접 방문하거나 편지 및 전화로 확인할 수 있다. 다른 기관이나 시설에서 서비스를 받은 경험이 있는 클라이언트는 그 기관이나 시설로부터 정보를 제공받을 수 있다.

③ **클라이언트의 비언어적 행동**: 조사를 하다 보면 클라이언트와의 대화에서 적극적 경청을 함과 동시에 비언어적 행동을 관찰하면서 얻게 되는 정보도 많다. 이렇게 비언어적 행동에서 클라이언트의 본뜻을 읽을 수 있기 때문에 언어로 표현되는 것과 다르게 비언어적 태도나 행동인 몸짓, 표정, 자세, 혈색, 눈동자, 시전 마주침, 음조 등에서 클라이언트의 감정의 진실을 파악하는 데 도움이 될 수 있다.

2) 사정

사정(assessment)은 클라이언트와 함께 직면하고 있는 문제와 상황을 확인하고 이해하기 위하여 자료를 수집하고 분석함과 동시에 문제해결을 위한 계획을 수립하는 과정을 말한다.

이러한 사정의 목적은 클라이언트를 효과적으로 돕기 위하여 클라이언트가 제시한 중요 문제와 문제에 관한 그의 감정을 신체적 · 경제적 · 심리적 · 문화적 요인과 상호작용의 측면에서 명백히 하는 것이다(Hamilton, 1951).

펄만(1957)은 사정의 내용을 클라이언트 문제의 성질과 클라이언트가 바라보는 목표, 클라이언트의 성질, 기관의 성격과 목적 및 제공하는 도움의 종류 등을 제시하여 이들의 상호작용 및 역동적 관계를 고찰하여야 한다고 하였다. 구체적 내용은 다음과 같다.

(1) 문제의 확인과 진술

사정의 첫 단계는 제시된 문제에 관하여 가능한 명백히 진술하는 것이다. 사회적 조건이나 상황을 확인하고, 그 사회적 조건이나 상황을 문제로서 평가하는 사람을 확인하며, 그렇게 평가하는 이유나 근거를 확인한다.

(2) 개인의 성격적 요인분석

① 리비도적 공격적 특징: 자기애, 의존, 구순기 · 항문기 · 남근기의 각 발달단계의 잔존물, 성숙한 애정관계의 능력, 양가감정, 적개심, 공격성, 성적 미성숙, 부모에 대한 미해결된 감정고착 및 적개심 등을 분석한다.

② 자아의 기능: 지각, 판단, 현실검토, 자기상, 충동, 관리자로서의 능력, 사고과정, 동일시, 감정, 공상, 불안, 죄책감, 방어기능을 분석한다.

③ 초자아의 특징: 초자아의 일반적인 구조, 초자아 요구의 성질, 즉 그 요구수준을 분석한다.

④ 증상: 공포증, 강박증, 환상, 우울상태 등을 분석한다.

(3) 사회적 상황의 역동성 분석

문제 상황의 각 부분들이 얼마나 서로 부합되는가를 알아야 한다. 문제의 진술을 정교하게 하기 위해 문제 상황과 관련된 사회체계를 명백히 파악한다. 예를 들면, 주거, 이웃상황, 수입, 직업, 교육, 종교시설, 의료시설, 기타 사회시설, 가족관계 등을 파악한다.

(4) 목표 설정

문제 사정에 중요한 목표 설정에서 고려되어야 할 세 가지 측면은 목표와 하위목표, 가능성, 우선순위이다.

① 목표와 하위목표: 목표의 다양성을 고려한다.

② 가능성: 목표는 구체적이고 클라이언트의 문제에 적절하고 실천 가능성이 있어야 한다.

③ 우선순위: 가치관의 문제, 제한된 자원에서 어느 목표에 우선순위를 두어야 할 것인가를 고려한다.

(5) 과제와 전략의 결정

사정에 있어 중요한 행동과정을 구체화하는 것으로 무엇을, 어떤 순서로, 언제 하는가를 기술하는 데 고려되어야 할 세 가지 측면은 교육, 촉진, 대변 등이다.

(6) 변화 노력의 예측

사정에 있어서 마지막으로 고려할 것은 변화 노력의 결과로 어떤 새로운 문제가 일어날 것인가를 예상하는 것과 이미 이루어진 변화가 유지되기 위하여 무엇이 필요한가를 예측하는 것이다.

사정의 마지막 단계는 이상의 내용에 관한 계획서를 작성하는 것이다. 사정내용을 서류로 작성하는 것은 사회복지사가 문제에 대해 아는 것과 모르는 것을 명확하게 해 주고, 과정을 명백하게 하며, 계약을 교섭하고 수립하는 도구가 되고, 진전을 측정하는 도구가 되며, 의사소통을 촉진시켜 주는 이점이 있다.

3. 개입단계

개입단계는 조사과정에서 수집한 자료와 정보를 분석, 검토함으로써 문제의 성질과 내용을 명백히 하여 치료계획을 수립하는 사정과정에 따라 구체적, 현실적으로 실천해 가는 과정으로 활동단계 또는 치료단계이다.

개입방법은 사회복지실천의 대표적 접근방식 중의 하나인 개인을 대상으로 한 실천의 의미와 특징에 대하여 살펴보고 관계원리와 관계형성실천기술, 개별 클라이언트의 심리적 사회문제에 개입할 때 효과적으로 활용되는 개인대상의 사회복지실천의 개입기술을 다양하게 분류하기도 하지만 여기서는 일반적으로 사용하고 있는 대표적 방법인 직접적 영향과 간접적 영향의 개입기술로 구분하였다.

1) 직접적 영향

직접적 영향(direct influence)은 직접과 영향이 합성된 것으로 직접은 중간에 아무것도 끼거나 거치지 않고 바로 연결하는 것이고, 영향은 사물이나 사람의 고유한 성질이 다른 사물이나 사람의 상태를 규정짓거나 변화시키는 작용을 하는 것으로 사회복지실천에서는 사회복지사와 클라이언트 사이에 다른 어떤 것이 개입되는 것을 배제하고 사회복지사와 클라이언트가 일대일로 직접 대면하여 상황에 대처하는 방법이다. 이러한 직접적 영향 기술의 구체적 내용은 충고와 설득, 지시, 정보제공, 재명명, 해석, 환기법, 협상과 중재 등으로 구분한다.

(1) 충고와 설득

충고(advice)와 설득(persuasion)은 클라이언트가 자신의 문제를 해결하기 위해 성취해야 하는 목표가 있는 데 그 목표를 위해 클라이언트가 변화해야 하는 부분들 중에서 사회복지사가 이러한 부분들을 제안하는 측면으로 사회복지사가 클라이언트보다 더 객관적 입장에서 문제와 해결방법에 대해 볼 수 있고 더 잘 알고 있을 때 실시해야 하는 기법이다. 이 방법은 사회복지사가 아니라 클라이언트에게 직접적으로 영향을 미치게 하는 것으로써 주로 충고와 설득이 사용되고 있다.

(2) 지시

지시(direction)는 클라이언트가 굉장히 불안할 때 사용한다. 이러한 경우 클라이언트를 처음 접촉할 때나 위기에 직면하고 있을 때에는 지시를 할 필요가 있지만, 그가 점차 자신감을 가지게 됨에 따라 지시적 방법의 이해에 기초를 두는 방법으로 대처해 나가는 것이 적절하다. 마치 환자가 굉장히 위급한 상황에서 응급실에 가 있을 때 의사가 지시하는 데 이것과 마찬가지이다. 굉장히 고도의 불안감이 있을 때 격려, 지지보다는 지시가 필요하다. 이것이 직접적 행동의 변화를 통해 불안함의 감소를 줄이는 것이다.

(3) 정보 제공

정보 제공은 클라이언트가 문제해결을 하는 과정에서 필요한 정보가 있을 경우 정보를 제공하는 것이다. 사회복지사가 말하고자 하는 정보를 분명하게 알도록 확인하는 것이 필요하며, 내가 제공하는 정보가 클라이언트와의 문제와 밀접한 관련이 있는지 확인해야 한다. 정보 제공 시 클라이언트의 수준에 맞게 정보 조절을 해야 한다. 이때 어휘능력, 교육 수준 등을 고려하여야 하며, 가능하면 정보 제공 시에는 문서화해야 한다. 왜냐하면 정보의 제공에서 말로 할 경우 왜곡될 가능성이 있고, 누락될 수 있기 때문이다.

(4) 재명명

재명명(Reframing)은 가족원 사이에 믿고 있는 부정적인 의미를 긍정적인 의미로 변화시키는 것으로 사회복지사가 늘 사용하는 기법이다. 아들러(Adler) 학파의 치료과제의 하나는 마이너스를 플러스로 바꾸는 것이다. 사실을 변화시키지 않으면서 기존의 사고와 판단의 준거 틀을 바꾸어 사건의 의미나 가치 판단에 변화를 가져오도록 한다.

사회복지사는 가족의 언어, 세계관, 문제해결 방법을 관찰하면서, 행동유형을 긍정적인 준거 틀을 사용하여 가족들이 다른 방법으로 볼 수 있도록 한다. 다른 방법으로 본다는 것은 새로운 가능성을 제시하여 다르게 느끼고 생각하는 것을 의미한다. 결국 상황을 접근하는 데 있어서 낙관적이 되도록 한다.

(5) 해석

해석(analysis)은 어떤 현상이나 행동, 글 따위의 의미를 이해하거나 판단하는 것으로 사회복지실천에서는 클라이언트에게 새로운 준거 틀을 제공해 주는 것인데 이 부분은 사회복지사가 훈련이 잘되어 있어야 한다. 사회복지사의 인식과 직관력을 통해 유추하는 것이다.

이러한 해석은 긍정적인 관계 형성을 제공하여야 한다. 그리고 해석의 내용이 충분한 타당성을 갖고 있어야 한다. 임시적 가설의 형태로 제공하고, 클라이언트가 얼마나 이 해석에 대해서 수용할 수 있는가에 대해서 생각해 볼 수 있다. 클라이언트가 동의하지 않을 때 사과할 필요가 없고 '수용할 준비가 되어 있지 않구나'라고 인정하면 된다.

(6) 환기법

환기법(ventillation)은 클라이언트가 자신의 감정을 자유롭게 표현할 수 있도록 분위기를 마련하는 것으로 자유롭게 감정을 표현하는 것만으로도 해결되는 경우가 있다. 이것은 단순하게 클라이언트의 감정을 자유롭게 표현할 수 있도록 분위기를 마련해 주는 것이다.

사회복지실천기술에서는 환기법을 정화법(catharsis)이라고도 한다. 환기법은 의식하고 있는 공포나 스스로 알고 있는 죄책감에서 클라이언트를 해방시켜 줄 뿐만 아니라 계속적인 환기를 통해서 행동에 영향을 주고 깊이 잠재해 있는 태도를 밝게 표출시킬 수 있게 하는 것이다.

(7) 협상과 중재

갈등관계에 있는 당사자 간에 합의점이나 타협 혹은 차이점을 조정하거나 이해를 도모하기 위해 활동되는 기술이다. 갈등관계에 있는 A와 B 간에 있어서의 차이점을 조정해 주는 협상과 중제의 기술이다. 두 개에 있어서 차이점은 먼저 협상은 공정성을 중시한다. 즉, A와 B 간에 있어서 갈등관계에서 A가 B보다 약자라면 A편에 서서 옹호자로서의 역할을 해야 한다. 협상에서 사회복지사는 중립을 지키지 않고 공정성을 중시해야 한다. 협상은 어떤 사람이 다른 사람과 문제를 또는 둘 이상의 사람이 문제를 타결하기 위하여 협의한다.

2) 간접적 영향

이것은 전형적으로 공공부조의 분야에서 현금이나 현물 등의 유형의 구체적 서비스를 제공하여 궁핍한 생활이나 생활환경을 개선하려는 것이다. 이러한 현금이나 현물과 같은 물질적 도움을 제공함에 있어서는 이와 관계되는 사람들의 감정문제가 따른다.

이러한 간접적 영향 기술의 구체적 내용은 후원자, 클라이언트, 사회복지사 등이 있다.

(1) 후원자

후원자들은 클라이언트의 문제를 해결하는 데 필요한 자원을 제공하는 사람으로서 이 같은 행위의 배후에는 여러 가지 동기를 가질 수 있다. 이러한 동기에는 후원자 개인이 갖는 관심이 있거나, 사회적 현상의 일부로 나눔에 대한 인식확대가 영향을 미쳐 당연히 후원해야 한다고 생각하는 사람들이 종종 있다. 하지만 실제로 후원에 대한 의무감이나 수혜자들의 호감을 사려는 지원 물품 등으로 후원자 자신의 지위에 대한 좋은 인상을 받으려는 욕구 등이 있을 수 있다.

물질원조는 타인의 분노를 줄이고 비판을 제거하는 데 사용될 수 있고 물질의 지급이나 보류는 바람직한 방향으로 타인의 행동을 조정하는 수단으로써 사용될 수 있다.

(2) 클라이언트

대부분의 클라이언트들은 수혜자로서 의존의 경향이 있고, 또는 책임으로부터 벗어나려고 한다. 수혜자 입장에서의 수혜에 대한 다양한 감정상태가 있음을 알 필요가 있다. 수혜자 중 많은 사람들은 자원이나 물질적 도움을 그들에게 현실적이고 합리적인 것으로 수용할 것이다. 수혜자들은 그들 자신에 관한 여러 가지 무의식적 동기나 정당성을 가지고 물질적 권리를 계속 요구하는 것이 거절될 수도 있다. 그러나 다른 사람들은 분노와 냉담한 반응을 일으키는 수치, 부당, 굴욕 및 실패감을 느낄 것이며, 이러한 감정은 도움을 받는 방법에 따라 강화되거나 완화될 수 있다.

(3) 사회복지사

사회복지사들은 전문가로서의 역할을 감당함에 있어서 클라이언트가 꼭 필요로 하는 물질적 도움을 획득할 최선의 기회를 가질 수 있고 분배자로서의 역을 감당하게 될 것이다. 사회복지사들도 후원자들이 가지는 감정의 일면을 가질 수 있고 클라이언트들을 조정하거나 회유하거나 속이거나 자아를 지지하는 데 그들의 입장을 활용할 수 있다. 반면 많은 사회복지사들은 사회복지사의 기능에 물질적인 도움을 주는 사회복지사의 기능을 포함시키는 것이 불가능하다고 보고 있다. 그래서 자원분배와 통제의 영역에 있어서 보다 큰 역할을 제공하는 사회정책의 형성과 방향에 관심을 기울이고 있다.

3) 환경조정

환경조정이란 환경관리 또는 사회관계의 조정이라고도 한다. 환경조정이란 용어는 간접적 치료, 환경 수정, 간접적 원조, 간접적 행동, 사회요법, 사회적 중개 등과 같이 유사하게 사용되고 있고, 치료의 한 형태이다. 하나의 치료기술, 하나의 요법, 요법의 한 방법, 지지적 치료의 하나의 기술이다. 그리고 하나의 과정으로 분류된다.

환경조정이란 사회복지사가 클라이언트의 대인관계를 포함한 생활환경의 개선을 위하여 사회자원을 사용하기도 하고, 심리적 도움을 주어 사회 환경에 있어서 좋지 못한 여러 가지 요인들을 경감시키거나 제거하여 생활기능을 강화하는 것이다. 또한 이러한 환경조정은 앞에서 설명한 구체적 서비스의 제공과 병행될 때보다 효과적인 경우가 있다.

환경조정이란 사회복지사가 문제해결의 일부를 차지하는 클라이언트의 환경 내의 사람들, 즉 가족, 친구, 이웃, 직장동료, 공무원, 교사, 상담원 또는 전문가들을 정서적으로 지지하고, 관련시키고 그들의 감정을 이완시키고, 태도를 변화시키는 것도 포함한다. 경우에 따라서는 클라이언트가 가지는 증상은 실제로 병적인 것이 아니라 환경과의 상호작용에서 비롯되는 것임을 알아야 한다. 따라서 사회복지사의 활동 초점을 바꾸어야 할 경우가 있다.

클라이언트들은 환경 안에 있는 사람들을 사회복지사보다 더 좋은 위치에 둘 수 있다. 이때 사회복지사들은 적절하게 그 자원들을 활용하도록 환경 내에 있는 그 자원들을 지지하고 도울 의무를 가진다. 인적 자원에는 친척, 교사, 이웃, 가족 상담원, 의사, 자원봉사자, 양부모, 사회복지시설의 직원, 자녀 양육 도우미 등이 있다.

4) 의뢰

의뢰(referrals)는 남에게 부탁하는 것으로 사회복지실천기술에서는 클라이언트의 문제상황이 아직 호전되지 않았거나 문제나 욕구가 충분히 해결되지 않았을 경우 사회복지사가 클라이언트를 다른 기관이나 외부 자원에 연결하는 것을 말한다. 의뢰과정은 조심스럽게 다루어야 하는 데, 왜냐하면 클라이언트는 의뢰를 사회복지사가 자신을 거부하는 것으로 받아들이거나 새로운 관계 형성에 대한 두려움으로 좌절하거나 필요한 도움을 더 이상 받으려 하지 않을 수 있기 때문이다. 따라서 사회복지사는 그 지역사회의 활용 가능한 사회자원에 관한 지식과 정보를 가지고 클라이언트를 돕는 데 활용하지 않으면 안 된다.

사회복지사들은 의뢰에 신중을 기하되 지역사회와 기관자원들의 수탁자들임을 인지한다. 그러므로 이러한 자원, 즉 지역사회와 기관을 알아야 할 책임을 가지며, 그 자원을 필요로 하는 클라이언트를 위하여 효과적이며 질적으로 사용할 때 주의하여 사용할 수 있는 능력을 갖추어야 한다.

4. 평가 및 종결단계

평가 및 종결단계에서 먼저 평가기술은 서비스의 효과성을 평가함으로써 서비스를 제공받는 클라이언트와 사회에 대해 책임을 진다는 측면에서 매우 중요한 실천기술이다. 다음으로 종결단계에서는 최종평가와 함께 원조관계를 끝내는 것에 대한 클라이언트의 반응과 종결소감을 공유하는 것으로 클라이언트가 종결을 받아들이고 변화를 유지하는 데 매우 중요한 영향을 미친다.

1) 평가기술

사회복지사는 전문적 원조관계를 통한 개입이 얼마나 효과가 있었는지, 클라이언트의 문제 해결 능력이 어느 정도 향상되었는지 또는 어느 정도 목표가 달성되었는지를 평가해야 하는 책임이 있다.

개인을 대상으로 하는 사회복지실천의 평가를 위해 단일체계설계를 가장 널리 활용하고 있다.

(1) 개요

단일체계설계는 클라이언트 한 명을 대상으로 실시하며, 독립변수(개입)와 종속변수(결과) 사이의 인과관계를 설정하기 위해서, 통제된 환경하에서 한 명의 클라이언트에 대해서 개입하기 전과 후의 변화를 측정하여 평가하는 것이다. 이 방법을 통해 결과의 성취 정도뿐만 아니라 그 변화가 개입으로 인한 변화인지를 알 수 있다.

(2) 평가절차

단일체계설계에서 평가의 중요한 절차로, 첫째, 목표의 구체화, 둘째, 적절한 측정도구의 선택, 셋째, 기초선 자료의 기록, 넷째, 개입과 점검, 다섯째, 변화의 사정, 여섯째, 효과성의 추론이 중시된다.

(3) 유형

① AB설계

AB설계는 개입 전과 개입 후를 비교하는 가장 기본적 연구 설계이다. AB설계는 개입으로 인해 변화가 일어났을 가능성을 알려 주는 기본적 연구이나 연구의 타당성을 위협하는 많은 요인을 통제하기가 어렵기 때문에 개입의 효과성이나 인과관계를 추정하는 데 한계가 있다.

② 철회설계

철회설계(withdrawal design)는 일정한 개입이 이루어지고 난 후에 개입의 철회를 반복하는 것이다. 이는 개입과 철회를 통해 결과의 변화가 많아질수록 개입의 효과성이 높은 것으로 파악하는 것이다.

③ 복수기초선설계

복수기초선설계(multiple baseline design)는 1명 이상의 클라이언트를 대상으로 사용할 수 있다. 예를 들어, 이 설계를 동일한 표적 문제를 가진 3명의 클라이언트가 기초선 단계를 같이 시작하나 개입이 시작되는 시점을 다르게 하는 것이다.

2) 종결기술

종결은 개인수준실천에서의 마지막 단계로 사회복지사와 클라이언트 간의 문제해결을 위한 개입을 끝내는 것을 말한다. 클라이언트의 문제가 완전히 해결된 종결일 수도 있지만, 처음에 세웠던 목표와 관계의 한계로 종결되는 경우도 있다. 사회복지실천에서 종결을 어떻게 하는지는 클라이언트가 종결을 받아들이고 변화를 유지하는 데 매우 중요한 영향을 미친다. 종결은 클라이언트 입장에서는 지금까지 자신의 일에 관심을 갖고 경청하며, 자신과 함께 노력해 왔던 사람 그리고 믿고 의지할 수 있었던 사람과 헤어지는 것을 의미한다.

(1) 종결 유형

종결은 사회복지사와 클라이언트의 상호 합의에 의한 종결, 중단으로 인한 종결로 나눌 수 있고, 상호 합의에 의한 종결은 종결시기가 미리 정해져 있는 경우와 종결시기에 대해 나중에 합의하는 경우로 나눌 수 있으며, 중단으로 인한 종결은 사회복지사에 의한 종결과 클라이언트에 의한 종결로 나눌 수 있다.

① 종결시기가 미리 정해져 있는 경우

사회복지사와 클라이언트가 상호 합의하에 종결을 하는 것이다. 개입 초기에 사회복지사가 안내과정에서 "앞으로 우리는 매 12회기에 걸쳐서 만남을 갖게 될 것입니다. 만남은 매주 1회씩, 60분 동안 이루어질 것입니다."라고 밝히게 된다. 이는 개입의 성과 여부와 관계없이 계획한 대로 개입이 종결되는 것이다.

② 종결 시기에 대해 나중에 합의하는 경우

사회복지 개입이 이루어지기 이전에 사회복지사와 클라이언트가 종결에 대한 명확한 합의를 해 두지 않고 양자 간 상호 합의에 의해 개입이 종결되는 것을 말한다. 사회복지사와 클라이언트가 종결을 상호 합의하는 것은 개입목적이 성공적으로 달성되었다고 판단될 때 이루어진다. 개입목적의 성공 여부를 판단하는 것은 개입 계획 수립 시에 개입의 목적과 그에 대한 개입 목표가 얼마나 명확하고 구체적으로 서술되었는지에 따라 달라질 수 있다.

③ 중단으로 인한 종결

사회복지사와 클라이언트의 사정에 의해 개입의 목적이 달성되지 못한 상태에서 종결되는 경우이다. 중단으로 인한 종결은 크게 사회복지사에 의한 종결과 클라이언트에 의한 종결로 나눌 수 있다.

(2) 종결에 대한 반응 다루기

종결을 통해 사회복지사와 클라이언트의 이별을 경험하게 되고 이에 따른 다양한 정서적 반응을 일으킨다. 분리는 전형적으로 복합적 감정을 야기하는 데, 이러한 감정의 정도는 목적 달성 정도, 사회복지사와의 밀착 정도, 종결 유형, 클라이언트의 이전의 의미 있는 타자와의 이별 경험에 따라 다양하게 나타날 수 있다.

① 긍정적 종결 반응

사회복지실천에 있어서 대부분의 클라이언트는 종결에 대한 긍정적 감정을 경험한다. 일반적으로 성과가 주는 이점이 상실감보다 훨씬 크기 때문이다. 실제로 클라이언트는 이전에 비해 통제감을 더 갖게 되었다고 보고하고, 클라이언트와 사회복지사는 성실한 개인적 만남을 경험하면서 풍성함을 느끼게 되고, 자아의 성숙을 경험하게 된다.

사회복지사가 종결과정에서 경험하는 긍정적인 정서적 반응은 만족감, 기쁨, 행복감, 성취감, 자신감 등이 있다.

클라이언트도 마찬가지로 만족감, 성취감, 자신감 등과 같은 정서적 반응을 보이게 된다.

② 부정적 종결 반응

종결과 관련한 사회복지사의 부정적 감정에는 분노, 실망감, 실패감, 상실감과 비애감, 슬픔, 불안 등이 있다. 특히 클라이언트에 의한 일방적 종결은 클라이언트가 사회복지사를 무시했다고 느끼거나 예의가 없다는 생각이 들어 화가 날 수도 있다. 또한 원래 목표를 충분히 달성하지 못했기 때문에 자신의 전문성에 대한 회의를 갖기도 하고, 실패감을 경험하기도 한다. 한편 개입목표는 성취하였어도 전문적 원조관계를 마무리해야 하는 아쉬움과 상실감 또는 불안감을 느끼게 된다.

(3) 과정에 대한 재검토를 통한 변화 결과 확고히 하기

종결단계에서 사회복지사는 달성한 결과를 안정시키고 그것을 클라이언트의 일상생활에 일반화시켜야 한다. 개입의 결과를 안정시키기 위해서 사회복지사는 개입의 전 과정을 다시 한 번 클라이언트와 점검하면서 그 과정이 어떻게 진행되었는지를 클라이언트가 되새길 수 있도록 돕는다.

제3절 개인대상 실천기술

1. 개인대상 실천기술

클라이언트와 사회복지사의 첫 면접접수로 시작되는 초기 및 탐색 단계는 앞으로 사회복지실천과정에 큰 영향을 미치게 된다. 그러므로 초기 및 탐색 단계에서 클라이언트는 처음 만난 사회복지사에 대한 인간적이고 전문적인 신뢰 여부를 판단하게 되고 사회복지사 또한 문제의 성격을 파악하면서 앞으로의 방향을 정해야 하기 때문에 사회복지사의 전문성은 더욱 중요하다.

따라서 사회복지사는 초기 및 탐색 단계에서 클라이언트를 만나면 클라이언트로 하여금 사회복지사를 통해 클라이언트 자신에게 도움이 될 것 같다는 인식이 들도록 전문적인 기술이 필요하다.

1) 관계 형성의 기술

초기 클라이언트와 사회복지사가 만날 때는 첫 대면이기 때문에 신뢰를 바탕으로 한 '관계를 형성하는 기술'이다. 사회복지사가 클라이언트와의 관계를 형성할 때에는 클라이언트의 여러 내용을 적극적으로 수용하고 따뜻한 태도로 대하여, 클라이언트가 사회복지사를 믿고 편안한 상태에서 대화를 할 수 있게 해야 한다. 이때 필요한 관계 형성 기술로는 다음과 같은 것이 있다.

(1) 화제의 유도

사회복지기관이나 시설에 자기의 욕구를 해결하기 위해 찾아온 클라이언트들은 양가감정을 가질 수 있다. 자기가 서비스를 잘 받을 수 있을지 없을지, 자기 자신에 대한 편견을 가지고 있지나 않을지에 대한 감정이 교차할 수 있다.

따라서 사회복지사는 어려운 상황에 있는 클라이언트를 평안하고 안정된 환경을 만들어 줌으로써 클라이언트로 하여금 딱딱하지 않으면서 오랜 친구 같은 감정을 유지하여 편안하게 자기의 생각을 가지고 대화할 수 있는 분위기를 조성해야 한다.

(2) 물리적 배치

면접접수가 이루어지는 공간은 너무 넓지도 좁지도 않으면서 조명이나 분위기에 신경을 쓰고 주변이 시끄럽지 않으며, 앉은 의자나 책상의 배치나 높낮이도 고려함으로써 클라이언트가 느끼기에 자연스러우면서 부담을 주지 않은 환경을 유지한다.

따라서 사회복지사는 클라이언트와의 관계 결정요소인 물리적 배치를 적절히 잘함으로써 효과적인 접수면접이 이루어지도록 물리적 배치를 통해 방해되지 않도록 관심을 가지고 준비해야 할 책임이 있다.

(3) 면접에 임하는 태도

접수면접 시 사회복지사는 편안하고 친절하며, 너무 화려하거나 너무 누추한 의복을 착용하거나 접수면접에 임하는 태도가 너무 복잡하지도 않도록 클라이언트를 대함으로써 정서적 문제를 처리할 수 있도록 돕는다. 처음에 낯설어서 대화를 이끌어 내지 못한다면 능력이 없다는 말을 들을 수 있다.

따라서 사회복지사는 먼저 클라이언트에 대한 정보를 사전에 입수하여 욕구가 무엇이고 문제가 무엇인지를 판단해야 한다. 진지하고 침착하게 클라이언트를 대하고 또한 클라이언트를 다루는 능력이 있다고 생각하여 아무나 무조건 받아들이거나 무조건적인 이전이나 의뢰도 삼가야 할 것이다.

2) 접수면접에서의 기술

첫 접수면접에서 성공하기란 여간 쉬운 일이 아니므로 평가를 통한 성공 여부를 측정하기 위해 다음과 같은 질문들을 사전에 실시하여 성공할 수 있는 준비를 하는 것도 사회복지사의 실천기술의 하나이다.

(1) 클라이언트가 이 접수면접에서 평안함을 느끼고 있다고 보였는가?
(2) 사회복지사 자신도 이 접수면접에서 평안함을 느끼었다고 보는가?
(3) 사회복지사가 클라이언트에게 신뢰를 얻었다고 생각하는가?
(4) 클라이언트가 긴장하는 장면은 없었는가?
(5) 사회복지사는 클라이언트의 말을 경청하였다고 생각하는가?
(6) 사회복지사는 클라이언트의 말을 이해했다고 클라이언트에게 전달했는가?
(7) 클라이언트 쪽에서 사회복지사를 이해하도록 도와주었다고 생각되어지는가?
(8) 사회복지사가 클라이언트에게 말하면서 일방적이거나 신문식의 질문을 사용하지는 않았는가?
(9) 클라이언트가 자신에 대해 자유롭게 이야기할 수 있는 분위기를 조성했는가?

(10) 클라이언트가 서비스를 받으려는 동기를 보였는가?

2. 사정기술

1) 역동적 사정

클라이언트의 문제가 그의 생활 중에서 가지고 있는 의미, 또는 개인—문제—상황의 복합적인 상호작용의 여러 요인에 관한 사정, 클라이언트의 문제 상황에서 상호작용하는 힘들에 관한 횡단적인 견해, 문제가 무엇이고, 문제에 영향을 미치는 심리적 · 신체적 · 사회적 요인들이 무엇이며, 문제가 개인과 타인의 안녕에 어떤 영향을 미치며 어떤 해결을 추구하며, 클라이언트와 그의 상황 안에 어떤 해결방법이 존재하며, 그 문제에 영향을 미칠 수 있는 어떤 조직된 서비스와 자원이 존재하는가를 검토하는 것이다.

2) 임상적 사정

한 사람의 인간을 그의 질병 혹은 적응이상의 성질에 따라 분류하고 평가하려고 시도한다. 예를 들어, 부정적인 환경에 대한 반응으로 형성된 성격 왜곡이 원인이 되어 행동이상이 생긴다고 보는 것으로 여기서는 환경을 긍정적으로 변화시키는 것이 치료목표가 된다. 사회복지사는 성격의 역기능에 관한 일반적인 유형을 확인하는 지식을 요구한다.

3) 원인론적 사정

문제의 발생원인과 그 후의 발전과정, 즉 문제의 인과적 발전과정을 명백히 하는 것으로 사회복지사가 문제의 본질을 일반적 독단적으로 해석하고 판단하는 것이 아니라 클라이언트가 참가하여 스스로 자성을 해 나가는 것을 의미한다. 클라이언트의 자기결정의 원리를 실천하는 것이다.

3. 개입기술

사회복지실천의 개입기술에서의 기술은 직접적인 방법과 간접적인 방법으로 구분한다. 직접적 개입기술은 직접적 치료라고도 하며, 클라이언트에게 직접적으로 상담 및 심리적으로 도움을 제공하는 방법이다. 직접적 개입기술은 학자에 따라 다양한 방법을 사용하기도 하지만 일반적으로 다루어지고 있는 홀리스(1970)의 분류체계를 중심으로 설명하면 다음과 같다.

1) 직접적 개입기술

(1) 지지

지지(support)는 클라이언트의 성격에 큰 문제는 없지만 현실에 직면하고 있는 문제로 괴로워하는 클라이언트의 긴장, 불안, 실망 등의 상태를 사회복지가 수용하고 적극적인 관심과 이해를 나타내고 격려와 칭찬을 함으로써 클라이언트 스스로 적응하도록 돕는 기술이다.

사람은 누구나 다른 사람들의 지지를 받고 싶어 한다. 그러나 쉽사리 접근하지 못하게 되는 데 그것은 도움을 요청했을 때 불쾌하고 불안을 경험하게 된다. 그것은 개인이 필요로 하는 욕구를 해결하기에는 누군가가 도움이 되어 주어야 하는 데 그가 누구인지 어떤 실력을 갖추고 있는지와 그 사람뿐만 아니라 그가 속해 있는 기관이나 시설에 대한 궁금증 등 마땅한 권리로서 도움을 받아야 함에도 문제를 해결할 수 있을 것인지에 대한 불안은 존재하기 마련이다. 이러한 초기의 긴장이나 불안은 서비스가 이루어지는 동안 계속될 수 있는 것으로 클라이언트의 내적 요인과 더불어 기관이나 시설 같은 외적 요인에 의해서 불안이 발생할 수 있다. 따라서 클라이언트가 불안하고 긴장해서 자기가 주고자 했던 정보를 사회복지사에게 잘 전달하지 못한다면 서비스에 방해가 될 수 있다. 이러한 환경을 맞이하는 클라이언트의 긴장과 불안을 해소하기 위한 방법으로 지지기술이 필요하다.

(2) 경청

경청(hearing)이란 상대의 말을 듣기만 하는 것이 아니라, 상대방이 전달하고자 하는 말의 내용은 물론이며, 그 내면에 깔려 있는 동기(動機)나 정서에 귀를 기울여 듣고 이해된 바를 상대방에게 피드백(feedback)하여 주는 것을 말한다. 이러한 효과적인 커뮤니케이션은 중요한 기법이다. 경청은 사회복지사의 관심과 클라이언트 복지에 대한 서비스를 전달하는 것이다. 사회복지사는 말하는 것도 중요하지만 말보다는 얼굴표정, 어조, 음색, 경청자세 등과 같은 비언어적 표현에 의해서 그가 뜻하는 내용을 더 잘 전달하게 된다. 사회복지사는 클라이언트의 경청을 잘하는 것도 중요하지만 클라이언트가 잘 듣도록 환경을 만들어 가는 것이 중요한 기술이다. 클라이언트는 늘 사회복지사가 의도한 대로 되지만은 않기 때문에 세심한 관심과 경청을 잘 하는 방법을 익혀 두어야 한다.

(3) 수용

수용(acceptance)이란 사회복지사가 클라이언트의 장점과 단점, 잠재력과 제한, 바람직한 행동이나 바람직하지 않은 행동, 긍정적 감정과 부정적 감정 등을 가진, 실제로 있는 그대로의 모습을 받아들이는 것을 뜻한다. 수용의 특징은 온정, 정중한 태도, 경청, 존경, 관심, 변함없는 중립성과 확고한 태도, 그리고 다른 사람의 생활체험 속에 의식적으로 들어가고 분합하려는 의지이다. 수용은 행동에 관한 의견을 표현하는 것이 아니고 클라이언트에 관한 계속적인 선의를 표현하는 것이다.

(4) 격려

격려(encouragement)는 개인들이 삶에 대처하는 긍정적인 태도를 증진시켜 행동과 도전을 할 수 있도록 돕는 행위이다. 여러 가지 문제 상황에 대처하는 긍정적인 태도를 높여 문제를 해결하고 건강한 생활을 이루도록 돕는 요소라고 할 수 있다. 격려는 행동 변화에 있어서 가장 중요한 치료적 기법으로 인식되어 지속적으로 발전해 왔다. 정신치료나 심리치료에서 의사와의 면담은 정신과 환자가 자신의 잘못된 행동을 변화시키는 데 도움이 된다.

이러한 격려기술은 초기단계에는 면담을 활성하기 위해 사용되며, 고취시키기와 같은 기술이나 '최소한의 격려'와 같은 '음', '그렇군요', '계속 하세요' 등과 같이 표현하기도 하고, 비언어적인 '머리를 끄덕이는 것', '눈을 마주치며 웃어 주는 것' 등이 포함된다.

(5) 재보증

재보증은 자주 사용되는 방법의 하나로 클라이언트를 안심시키는 기술에 해당한다. 사회복지현장에서 클라이언트들이 자신의 삶에서 경험하는 사건이나 문제들로 인해 자신이 올바르게 바라보지 못한다거나 판단이 흐려질 때 적용하면 좋다. 이럴 때 사회복지사는 지금 판단했던 클라이언트의 대처가 잘못된 것이 아니라 잘 되어지고 있다는 것을 확인해 줌으로써 클라이언트가 자신이 대처한 판단이 잘 유지될 수 있도록 돕는 것이다.

이 기술은 클라이언트 판단을 확신하게 만드는 기술이다. 그러나 지나치게 낙관적이거나 지나치게 재보증을 자주 사용하다 보면 역기능적으로 되므로 주의해야 한다.

2) 간접적 개입기술

클라이언트에 대한 직접적인 개입만으로는 문제해결이 어려울 경우 사회적 지지체계의 개발, 서비스 조정, 프로그램 개발, 클라이언트에 대한 옹호활동, 지역에서의 영향력이 있는 사람을 관련시키는 활동, 환경 등의 개선을 통한 간접적 개입이 필요하다. 간접적으로 클라이언트의 적응과정을 쉽게 하여 적응에 따른 환경조건을 정비해 나가는 데 초점을 둔다. 클라이언트가 직면하고 있는 문제에 영향을 미치는 환경적 억압이나 장애를 경감시키거나 완화한다. 간접적 개입을 간접치료 또는 환경치료라고도 한다. 이 기술은 사회복지실천기술방법으로 사회복지사가 클라이언트의 인적 · 물적 환경을 변화시키는 것으로 한다.

간접적 개입기술은 클라이언트가 직면하고 있는 문제에 영향을 미치는 환경적 인간관계적 억압이나 장애를 경감시키거나 완화시킴으로써 간접적으로 클라이언트의 적응과정을 용이하게 하여 적응에 따른 환경조건을 정비해 나가는 데 중점을 둔다. 환경치료는 사회자원의 활용과 그 활용을 위한 소개, 인간관계의 개선 또는 충족, 클라이언트에 대한 관계자의 태도 수정, 가족, 학교, 직장 등에 있어서 행동의 이해촉구나 인간관계의 조정, 시설에서의 입소조치나 의뢰 등으로 클라이언트의 환경조건의 장애를 경감 내지 완화시켜 문제를 해결해 나가는 방법이다.

제8장

가족대상 실천기술

학습목표

1. 가족대상 실천기술의 기본개념을 이해한다.
2. 가족을 바라보는 관점과 속성의 변화를 학습한다.
3. 가족생활주기에 대해 이해한다.

키워드

가족, 가족 규칙, 가족화, 레질리언스, 가족조각기법
탈삼각화, 타임아웃

08 가족대상 실천기술

제1절 가족대상 실천기술의 기본 개념

1. 가족대상 실천기술의 개념

1) 가족대상 실천기술의 개념

인간은 출생하면서부터 가족에 속하게 되며, 일상생활에서 가장 기본이 되는 상호작용을 하고 규범과 가치를 전달받으며, 가족 나름의 문화를 창출하고 있다. 이렇게 가족은 개인의 인성 형성에 중요한 영향력을 미치고, 사회공통의 행동, 문화, 규범 등을 학습시키는 사회화의 기본을 담당하고 있으며, 사회를 존속시키는 가장 기본단위이다.

'가족이란 무엇인가?'라는 단순한 질문에 대한 대답은 그렇게 간단하지가 않다. 사랑과 정의 또는 인간다움이란 용어를 매우 보편적으로 사용하고 있지만 실제로는 합의된 정의를 내리기는 매우 어려운 것처럼 가족에 대한 개념도 쉽지는 않다. 그러나 가족의 정의가 어렵다 할지라도 사회복지사로서 사회복지실천을 시행함에 있어 가족의 범위를 정하고 그 안에 포함되어야 할 가족을 확인하고 분명한 개념을 갖는 것은 매우 중요한 과업이다.

Murdock(1949)은 가족이란 '공동의 주거, 경제적 협력, 그리고 생식이란 특성을 갖는 사회집단이며, 성관계를 허용 받는 최대한의 성인 남녀와 그들에게서 출생하였거나 양자로 된 자녀로 이루어져 있다'라고 정의하였다.

레비 스트로스(Levy-Struss, 1969)는 가족이란 '결혼에 의해 시작되고 부부와 자녀 그리고 다른 근친자로 구성되었으며 법적 유대, 경제적 · 성적 의무와 권리, 존경 및 애정 등과 같은 다양한 심리적 감정을 공유하는 집단'이라고 정의하였다.

아이힐러(Eichler, 1988)는 사회의 변화를 수용하면서 다음과 같이 가족을 정의하고 있다. 가족은 한 명 또는 그 이상의 자녀를 포함하거나 포함하지 않을(예: 자녀 없는 부부) 수 있는 사회집단이며, 자녀는 결혼해서 출생할 수도 있고 그렇지 않을(예: 입양아동, 배우자가 이전 결혼해서 낳은 자녀) 수도 있다. 성인의 관계는 결혼에 의한 것일 수도 있고 그렇지 않을(예: 법적부부) 수도 있다. 그들은 같은 거주지에 살 수도 있고 그렇지 않을(예: 주말부부) 수도 있다. 성인은 성관계를 가질 수도 있고 그렇지 않을 수도 있으며, 관계는 사랑, 매력, 경건함, 두려움처럼 사회적으로 패턴화된 감정을 가질 수도 있고 그렇지 않을 수도 있다.

이처럼 사회의 변화에 따라 가족의 정의는 달라질 수 있으며, 나라와 각 가정의 문화에 따라서도 가족을 정의하는 방식은 다르다. 글로벌 시대의 변화에 따라 가족의 정의는 다르다. 많은 문화권이 핵가족을 중심으로 정의를 내리고 있지만 아프리카나 아시아, 그리고 이탈리아 등의 나라에서는 확대가족과 조상, 세대 간의 가족을 가족에 포함시키고 있어 문화적 배경에 따라 다양함을 할 수 있다. 오늘날 사회에서 불리어지고 있는 가족의 유형은 핵가족, 확대가족, 노인 가족, 한부모 가족, 양부모가족, 혼합가족, 위탁가족, 다문화가족, 새터민 가족, 동성가족 등으로 다양하다.

사회적 변화가 가족의 보편적 개념에 도달하기에 복잡한 과제이지만 사회복지실천에서의 가족의 개념은 가족의 공간성과 역사성, 그리고 체계론적 관점이다. 사회복지사는 가족의 다양한 변화가 위기, 복잡한 문제들을 이해하고 개입하는 가족단위의 사회복지실천을 위해서 먼저 가족을 하나의 사회단위로 이해하고 가족이 어떤 속성과 기능을 수행하는지에 관계없이 공통적으로 시간과 공간 차원의 속성에 영향을 받는다는 것을 인식해야 한다.

가족은 사회복지실천의 관심 체계들 중 최고로 중요하다. 가족은 그 구성원들의 사회적 · 교육적 · 보건적 욕구를 포함하는 기본적인 욕구를 충족시키는 기능을 수행한다. 대부분의 경우 가족을 통해서 인격을 형성하고 생존에 필요한 기능을 배운다. 그리고 어린아

이들은 가족을 통해서 기초적인 자부심, 소속감, 대인관계 기술 등을 발전시키거나 실패하는 것을 경험한다. 가족은 구성원들의 욕구충족에 있어 가장 핵심적인 역할을 담당한다(Hepworth et al., 허남순 외 역, 2004). 또한 현대사회에서 개인이 가지는 문제는 대부분 가족에서 기인된다고 할 수 있을 정도로 현대사회에서의 가족은 여러 긍정적인 기능을 가지고 있는 반면 부정적인 양상을 포함하고 있다. 그러므로 사회복지사는 개별 가족들의 기능 양상을 사정하고, 개입하여 원조할 수 있어야 한다.

다른 측면에서 가족이 여러 가지 이유(질병, 고용기회, 보건 등)로 빈곤하거나, 삶의 위기에 처했거나, 좋지 못한 생태환경(친한 이웃 없이 범죄가능성이 높은 지역에 사는 것은 생태적으로 위험하다)을 가져 전체 가족이나 개별구성들이 발달적·정서적 욕구를 충족하지 못하고 일상의 사회적 기능수행에 어려움을 가진다면, 가족 전체를 개입단위로 해서 가족이 가진 문제나 요구들을 해결해 가는 노력을 해야 할 것이다(도광조, 2014).

가족은 사회의 기본단위이고, 현대 산업사회의 급격한 변동에도 불구하고 여전히 그 중요성을 담보하고 있으며, 개인에 대한 영향력도 여전히 강력하다.

2) 가족 대상 실천기술의 개념

가족 실천기술(가족실천)이란 가족을 단위로 한 사회복지실천 활동이고, 한 단위로서의 가족이 클라이언트체계이며, 가족 단위의 문제가 주요 실천대상이다. 경우에 따라서는 개인의 문제를 해결하기 위한 가족 단위의 개입을 포함한다. 사회복지실천에서 가족은 초기부터 지금까지 항상 중요한 주제였고, 실천에 있어서 가족 관점 또는 가족의 중요성은 근대적인 사회복지실천의 초기부터 강조되었다. 사회복지실천의 역사에서 보면 1950년대와 1960년대에 특히 다중문제를 가진 가족에 초점을 맞추게 되었다. 가족 실천기술은 가족 사회사업, 가족복지(실천) 등으로 전문화되고 있다.

가족 사회복지실천기술은 가족 구성원 각자에 국한하지도 않고, 가족생활의 성질에 영향을 미치는 보다 큰 환경체계에 제한되지도 않는다. 관심의 초점은 인간(가족 구성원), 가족, 환경들 사이의 상호교류인 것이다. 가족을 사회와 분리되어 있는 존재로 보지 않고 가족의 중심부에 가족을 두면서 한 단위로서의 가족이 가지는 문제들 또는 개별 가족 구성원들이 가지는 여러 가지 문제나 욕구에 집중하여 다양하게 원조함으로써 가족 구성원 모두가 건강하고 만족할 수 있는 환경을 발전시킬 수 있도록 하고 이전보다 더 조화롭게 일상적인 기능을 할 수 있도록 하는 실천을 말한다. 여기에서 '관심의 중심부에 가족을 둔다'라는 의미는 모든 가족 구성원들에게 주의를 기울이고, 가족 구성원을 가족 단위에서 분리시켜 생각하지 않고, 전체 가족의 유지 및 기능향상이라는 관점을 유지하면서 하나의 단위로서 가족을 존중한다는 것이다. 나아가 가족이 가지는 본질적인 기능을 인정하고, 이를 발달시킨다는 것을 말한다.

가족 구성원 개인이나 두 사람 또는 전체 가족에게 구체적으로 문제를 해결해 주거나, 지원해 주는 것, 격리되고 억압된 가족 구성원을 위해 정서적 지지를 제공하는 것 그리고 기술과 능력을 가르치는 것, 가족원이나 가족 전체를 위해 옹호하는 것, 직업훈련 또는 약물 남용 문제와 같은 구체적인 서비스, 그리고 지역사회에서 이용할 수 있는 자원에 접근할 수 있도록 가족을 돕는 활동을 포함한다.

가족 대상 실천은 가족이 잘 기능할 때 그 가족 구성원들에게도 도움이 된다는 입장을 견지하고, 가족이 문제를 일으키는 곳이기도 하지만, 가족은 또한 해결책도 마련되고 수행될 수 있는 단위라는 기본관점을 가진다. 역기능 영역이 변화될 수만 있다면 가족원은 이후 욕구를 충족하기에 충분한 능력을 갖게 될 것이라는 가정에 근거하고 있고, 더 강한 가족, 더 건강한 개별 가족원이 되게 한다는 입장인 것이다(이화여자대학교 사회복지연구회 역, 2001 재인용).

따라서 가족 대상 실천기술을 수행하는 사회복지사는 다양하게 변화된 가족을 한 단위로 보고, 가족(클라이언트)의 생태학적 환경과의 상호작용을 원활하게 함으로써 가족이 적절한 사회적 기능 및 일상의 기능을 수행할 수 있도록 도와야 할 것이다.

2. 가족대상 실천기술의 변화

1) 가족 개념의 변화

오늘날 가족의 개념은 혈연, 결혼, 입양 등으로 엮어지고 부부, 자녀로 이루어진 기본적 핵가족 구도에서 많이 변화되었다. 핵가족을 중심으로 하는 전통적인 가족에 대한 관점은 오늘날 더 이상 다양한 가족 형태의 삶을 반영해 주지 못한다. 비록 아직까지 상당한 가족이 이러한 전통적인 가족의 형태를 유지하고 있다 할지라도, 다른 다양한 형태의 가족 비율이 점차 증가되고 있는 것 또한 사실이다.

가족은 모든 문화, 모든 사회에서 발견되는 보편적인 사회제도이지만 사회와 문화에 따라, 사회경제적 변화에 따라 다양한 양상으로 나타나고 있다. 가족을 어떻게 정의하느냐는 사회복지실천에서 상당히 중요한 부분이다. 가족을 어떻게 정의하느냐에 따라 가족에 대한 직접적 실천뿐 아니라 정책과 프로그램, 서비스의 자격 기준을 정하는 데 영향을 미치기 때문이다(성정현 외, 2005). 적절한 개입을 계획하기 위해서는 클라이언트 집단을 정의할 수 있어야 한다.

가족은 "혈연, 결혼, 입양 등으로 관련된 둘 이상의 사람들로 구성된 집단으로 동일한 가구에서 함께 거주하는 사람들의 집단"(Barker, 1987)으로 규정될 수 있다. 이러한 정의는 전통적인 가족의 특성을 반영한 개념이다. 이 개념들은 공동의 주거 공간을 가지고 상호 권리와 의무를 가지며 자녀의 일차적 사회화를 책임지는 성원으로 구성되어 있는 핵가족을 전제하고 있다. 그렇다면 현대사회에 있어서는 가족 유형이 보다 다양해짐으로써 '혈연, 혼인, 입양 등에 기반한 특수한 관계'와 동일한 가구에서의 동거를 전제로 할 수 없게 되었다. NASW 가족분과위원회(1982)에서도 가족을 "그들 스스로 가족이라고 생각하고, 건강한 가족생활에 필수적인 의무, 기능, 책임을 수행하는 두 명 이상의 사람들"로 정의했다.

사회복지실천 영역에서는 과거와는 다른 관점에서 구조보다는 기능이나 관계의 질적인 측면에서 가족을 정의내리고 있다. 더 이상 핵가족을 전제로 한 가족의 정의를 계속 고수한다면, 그러한 형태와 일치하지 않는 현대사회의 다양한 가족생활을 비정상 또는 문제로 취급하게 되고, 역기능적인 가족이라는 편견을 갖기 쉽다. 가족을 대상으로 하는 실천기술에서도 이러한 개념의 변화를 수용할 수 있어야 한다(도광조, 2014).

2) 가족구조 및 기능의 변화

현대사회에서 가족은 그 구조 면이나 기능 면에서도 많이 변화하고 있다. 산업화과정에서 핵가족화, 출산율 저하, 단독가구의 증가 등으로 현대가족에 있어서 핵가족이 보편적인 가족형태를 보이고 있지만, 현대가족은 이혼율 증가, 각종 사고 등의 증가로 인해 한부모가족, 조손가족, 재혼가족이 늘어나고 있고, 점차 가족구성 규모가 축소되는 경향을 보이고 있다.

또한 산업화 이전의 가족은 자녀의 출산과 양육기능, 생산과 소비의 경제적 기능, 교육기능, 사회화 기능, 가족 성원의 보호와 부양기능 등 많은 기능을 수행하여 인간의 욕구와 문제는 가족을 통해 해결될 수 있었다. 그렇지만 산업화 이후 여성 교육수준의 상승과 성 평등 개념 확대, 부익부 빈익빈의 자본편재에 기인한 빈곤 확대 등으로 여성취업 및 사회참여 활동이 많아지고, 이혼율이 증가함에 따라 가족이 가진 전통적인 기능들은 다른 제도로 이관되고, 가족의 기능이 대폭 축소 · 약하되기에 이르렀다. 기혼 여성의 취업이 증가함에 따라 아동을 양육하고 노인과 장애인을 보호하는 가족의 기능이 약화되고 있다. 소위 가족의 본질적 기능만 남기고 비본질적인 기능들은 모두 다른 제도로 이관되어 가족의 기능은 더욱 약화되고 있다.

더불어 시대와 사회변화에 따라 가족의 기능은 그 중요성이나 내용 면에서 상당히 달라지고 있다. 개인의 사회화와 기본적 욕구충족 면에서 가족은 영향력을 행사하는 중요한 사회적 최소 단위임은 분명하고, 특히 가족만이 제공할 수 있는 정서적 기능은 더욱 중요하게 부각되고 있는 것 또한 사실이다. 정서적 기능은 가족원 간에 서로 사랑하고 지지하며, 상호 정을 느낌으로써 정서적인 안정을 제공하는 기능을 의미한다.

가족구조가 다양해짐에 따라 새로운 욕구나 문제들이 다양하게 나타나고, 가족 기능이 축소 · 약화 · 변화됨에 따라 이제는 더 이상 개인의 다양한 욕구나 문제 또는 가족이 가지는 문제들을 가족에 맡겨 두어서는 어려운 상황에 직면하게 되었다. 가족 문제에 사회나 국가의 개입을 필요로 하게 된 것이고, 다양한 가족복지서비스가 필요하게 되었다(도광조, 2014).

3) 가족생활주기의 변화

인간이 태어나서 특정한 발달단계를 거치며, 단계마다 발달과업이 있는 것처럼 가족생활에도 일정한 발달단계와 과업(에릭슨의 인간 성격발달 8단계와 단계별 과업, 위기를 가지는 것처럼)이 있다.

가족생활주기(family life cycle)는 시간이 경과함에 따라 가족 내의 발달적인 경향을 묘사하기 위해 일반적으로 사용되는 용어다(박태영, 2006 재인용). 시간이 경과함에 따라 변화하는 가족생활의 연속적 과정을 유형화한 가족생활주기이다. 남녀가 결혼하면서 새로운 가족생활주기가 시작되고(가족의 형성), 부부가 늙어 사망하게 되면 이 주기가 끝난다.

현대사회에서 가족은 가족생활주기 면에서도 많은 변화를 나타내고 있다. 결혼연령의 상승, 혼인 감소와 이혼율 증가 및 재혼율 증가, 출산자녀 수의 감소, 평균 수명의 연장(저출산과 고령화), 여성의 역할변화 등으로 자녀 출산과 양육 시기는 짧아지고 자녀들이 독립하여 집을 떠나면서 오는 빈둥지 시기인 중년 부모 시기가 빨라지고, 조기 퇴직 및 평균 수명의 연장으로 노년기 가족 시기가 점차 길어지고 있다. 노년기의 여가 문제가 심각한 사회문제로 대두되고 있다. 또한 이혼가족과 재혼가족의 증가로 기존의 가족생활주기 단계 및 과업과는 다른 경험을 하는 가족이 증가하게 되었다. 다양한 가족생활주기에 대한 이해를 필요로 하게 되었다.

따라서 사회복지사는 가족생활주기 면에서의 변화와 그에 따른 발달과업을 잘 수행할 수 있도록 돕기 위해서 가족생활주기, 변화된 가족생활주기, 가족생활주기에 따른 발달과업, 가족생활주기에 적응하기 위해 가족이 어떻게 태도를 변화시키고 관계를 수정해야 하는지 이해할 필요가 있다(도광조, 2014).

4) 가족관계의 변화

가족규모가 축소되고 가족의 기능이 변화됨에 따라 가족관계와 형태도 달라지고 있다. 가족의 아동에 대한 교육과 양육의 기능, 보호의 기능이 약화되고, 부모권위가 상실됨으로써 가족관계도 변화하는 모습을 보이는 것이다. 개인주의 가치관 확대, 가부장제의 쇠퇴, 여성의 경제 활동참여가 증가하면서 부부의 성역할 가치관이 수직적 관계에서 점차 수평적·평등 관계로 변화하고 있다. 그렇지만, 실생활에 있어서는 아직도 가치관의 혼돈이 발생함에 따라 가족갈등, 이혼, 가족해체 등의 문제를 나타내고 있다. 이 밖에도 부모－자녀의 세대갈등, 노부모－성인자녀 관계의 갈등, 배우자 폭력, 아동학대, 노인 학대를 포함하는 가정폭력, 청소년 비행, 범죄, 약물중독 등의 일탈행동, 정신장애(정신분열, 우울증, 치매 등) 등 이전과는 다른 새로운 가족 문제들이 발생하고 있다(도광조, 2014).

제2절 가족을 바라보는 관점과 속성의 변화

1. 가족을 바라보는 관점의 변화

1) 가족을 문제의 원인으로 보는 관점

제2차 세계대전 이후 미국의 정신의학은 급진론적 환경론자들에 의해 주도되었는 데, 이들은 성인의 정신장애는 가족환경에 근거하는 것으로 보았다. 정신분석이론에 훈련된 실천가들은 정신장애를 정신 병리적 의사소통, 이중구속, 또는 유아기 동안 모(母)와 자녀 간의 불충분한 유대관계의 결과라고 주장했는 데, 문제의 원인을 가족에서 찾으려는 경향이 두드러졌다. 1950년대 정신의학에서 분리되어 나온 운동으로서 가족치료도 동일한 맥락에서 볼 수 있다.

1960년대 들어서 더욱 발전하게 된 가족치료(family therapy)에서는 가족을 하나의 사회체계로 보고, 상호작용적 관점(개인의 행동은 가족 상호작용의 역동성을 반영한다.)을 견지했다. 어느 한 부분의 변화는 체계의 다른 부분들과 나아가 전체 체계의 변화를 초래한다고 이해하며, 개인이 호소하는 문제나 증상은 가족의 역기능에 대한 표현으로서, 가족의 항상성을 유지하기 위해 가족성원들 중 한 사람에게서 나타나는 것이라는 입장을 취한다. 어떤 행동을 비정상적이라기보다는 필요에 의한 표현, 가족 내 문제점들로부터 벗어나기 위한 시도로 본다. 개인 문제는 결함을 가진 가족체계의 표현이고, 가족 상호작용 패턴의 탓으로 돌린다. 치료의 목표는 궁극적으로 가족체계의 작용을 근본적으로 변화시키는 것(개인의 증상이나 문제보다는 가족 내 역동적인 갈등에 초점)에 있고, 의사소통은 그것이 언어적이든, 비언어적이든 기족체계에 관해 알 수 있는 중요한 수단이기 때문에 매우 중요하게 고려된다. 개별 가족원에는 집중하지 않고, 가족 단위가 변화의 표적이고, 가족의 역할과 관계를 재구조화하는 데 집중한다.

2) 가족을 자원으로 보는 관점

가족을 문제의 원인이 아니라 문제를 가진 가족 구성원을 가장 잘 도울 수 있으며, 현재 돕고 있는 자원체계로 인식하면서부터, 가족이 보다 기능적으로 활동할 수 있도록 다양한 정보와 자원을 제공하는 지지집단 형성이 장려되었다. 가족들은 작든 크든 지지집단에의 참여를 통해 다양한 정보를 교환함으로써 가족 구성원의 문제에 보다 잘 대처해 나갈 수 있는 능력을 발달시킬 수 있게 되었다.

3) 가족을 희생자로 보는 관점

1970년대 후반 서구에서는 탈시설화가 활발히 진행되기 시작하였다. 탈시설화 정책으로 지역사회와 가정으로 복귀한 정신장애인, 장애인, 아동, 노인들의 보호는 아무런 준비가 되어 있지 않은 가족에게로 떠넘겨지게 되었다. 가족들은 지지적 서비스가 충분히 마련되어 있지 못한 상황에서 이들을 돌보게 됨에 따라 부담과 긴장을 더욱 많이 경험하고, 이후부터 실천 분야나 학계에서는 가족의 많은 스트레스와 부담에 관한 논의가 급증하였다. 가족이 문제의 원인이나 자원체계가 아닌 클라이언트와 더불어 또 다른 희생자, 즉 숨겨진 희생자로 파악되기 시작함에 따라 클라이언트를 위한 서비스나 치료와는 별도로 가족을 위한 다양한 서비스가 마련되기 시작하였다.

4) 가족을 전문가의 파트너, 협력자로 보는 관점

사회복지실천의 역사는 대부분 문제, 결핍, 병리에 초점을 두는 경향이 있었다. 문제에 초점을 두는 관점은 문제를 규정하고 평가하는 데 많은 비중을 둔다. 가족에 대한 접근 또한 가족 구성원의 문제를 가족 역기능의 한 증상으로 간주해 왔다. 그러나 1990년대부터 개인의 강점에 초점을 두는 접근이 가족을 보는 관점에도 영향을 미쳤다. 강점 관점에서 볼 때, 가족은 자신의 생활, 강점, 자원, 능력에 있어서 전문가이다. 그들은 그들이 필요로 하고 원하는 것이 무엇인지를 가장 잘 안다. 또한 가족 주변 환경에 대해서도 잘 알고 있다. 그리고 가족은 오랫동안 역경을 극복하고 도전을 이기기 위해 누적해 온 기술, 능력, 지식, 통찰력 등을 갖고 있다. 이러한 강점과 레질리언스(resilience)에 초점을 둔 실천은 사회복지사와 가족 간의 협력관계를 중요시한다. 협력관계는 상황에 대한 정의, 기대되는 결과, 목적달성을 위한 방법 등에 있어 가족과 함께 의견을 공유하는 것에서 시작된다. 사회복지사와 가족은 문제, 목표, 전략을 정의하는 데 협력적 관계를 형성하고, 사회복지사는 가족을 대동한 동반자, 시민으로서 간주된다.

2. 가족의 속성의 변화

1) 가족의 기본속성의 변화

가족이 가지고 있는 기본적 속성에 대해 골든버그 부부(Goldenberg & Goldenberg, 1991)는 가족의 기본속성을 다음과 같이 8가지로 구분하였다.

(1) 가족은 특정한 목적달성을 위해 인위적으로 형성된 집단이 아니라 자연스럽게 형성된 사회집단이다. 가족의 목적과 기능은 가족들이 생활해 나가는 가운데 가족 성원

들 간의 상호교류, 타협, 조정의 결과로 자연스럽게 형성된 것이라고 볼 수 있다.

(2) 가족은 생활해 가는 가운데 일련의 생활유형 또는 규칙을 발전시키게 된다. 이러한 생활규칙은 대부분 분명하지 않아 가족원도 모르고 지내는 경우가 많다. 이것을 가족생활방식, 가족관계 양상, 가족 관습 등으로 부른다.

(3) 가족의 각 구성원들에게는 나름대로 할당되고 부여된 역할들이 있다. 이러한 역할의 종류와 특성들은 가족이 성장해 가면서 가족 내부 상황 또는 가족 외부 환경의 영향에 따라 생성, 소멸, 분화 또는 변화될 수 있다. 경제적 부양의 책임, 가사 운영의 책임, 자녀교육의 책임, 가족 내 감정조절의 책임 등이 각 가족 구성원들에게 분담될 수 있다. 이에 따라 가족 성원들의 상호작용이 이루어진다.

(4) 가족은 나름대로의 권력 구조를 갖고 있다. 어느 가정에서는 아버지가, 다른 가정에서는 어머니가, 또 다른 가정에서는 할아버지 또는 할머니가 상대적으로 강한 의사결정권과 가정의 통솔권을 갖고 있을 수 있다. 따라서 자녀가 성장한 뒤에는 자녀 중 누군가가 상대적으로 강한 권력을 갖게 될 수도 있다.

(5) 가족은 공공연하거나 은밀하면서 복잡한 형태의 의사소통 형태를 갖고 있다. 이러한 특성은 가족의 생활유형과 또는 규칙과 겹치는 부분이다. 가족생활 유형 중 의사소통의 유형만을 놓고 볼 때 가족에게는 그 나름대로의 의사소통 유형이나 특성이 나타난다. 언어적 표현이 매우 발달한 가족이 있는가 하면, 비언어적 의사소통이 지배적인 가족도 있다. 감정표현이 풍부하고 세심한 가족이 있는가 하면, 감정의 표현이 극도로 억제되는 가족도 있다.

(6) 가족은 나름대로 문제를 해결하는 타협 · 방법들을 갖고 있다. 가족의 문제에 직면했을 때, 그 문제를 해결하는 나름대로의 방식을 가지고 있다. 차분한 대화로 가족원의 의견을 수렴하여 이성적으로 해결하는 가족이 있는가 하면, 감정적인 면이 강하게 드러나면서 감성에 의해 충동적으로 해결하는 가족도 있다. 가장을 중심으로 권위적 의사결정에 의해 문제가 해결되는 가정이 있을 수 있는 반면, 민주적 의사결정 방식에 의해 문제가 해결되는 가정도 있다.

(7) 가족은 역사, 세상에 대한 관점, 목적의식 등을 공유하고 있다. 이것은 가족의 세상

에 대한 인식이라고 불릴 수 있다. 세상을 살 만한 곳, 믿을 만한 곳, 희망과 포부를 가지고 흥미진진한 곳으로 바라보는 가정이 있는가 하면, 세상은 못 믿을 곳, 불안한 곳, 미움 · 다툼 · 시기 · 질투가 가득한 곳으로 생각하는 가정도 있을 수 있다. 이런 인식은 가족원 사이에 공유된다는 것이다.

(8) 한번 구성원은 영원한 구성원으로 남아 있다. 가족은 이혼, 사망, 별거, 유기 등에 관계 없이 한번 가족이면 영원히 가족원으로 남아 있다. 가족관계가 법적으로 정리될 수는 있어도 그 외의 측면에서는 각 개인의 생각, 정서, 감정, 행동 등에 끊임없이 영향을 미치는 존재가 바로 가족이다. 가족원 중 한 명이 의도적으로 다른 가족원과 멀리 떨어져 생활한다고 하더라도 그 영향력은 여전하다. 가족 성원은 서로 강력하고 영속적이며, 정서적으로 결합되어 있다는 것이다.

가족이 가지고 있는 기본적 속성은 가족의 특성을 이해하는 기초 토대가 될 뿐 아니라 가족의 기능과 가족이 가질 수 있는 욕구나 문제들을 이해하는 데 도움이 된다.

2) 가족체계의 변화

(1) 가족과 체계

1950년대부터 1970년대까지의 초기 가족개입의 모델은 체계론적 사고에 바탕을 두고 있다. '체계(system)'란 용어는 그리이스어의 '함께 두다(synhistanai)'에서 유래한 것으로 본질적 의미는 '어떤 것을 보다 더 큰 맥락 속에 넣어 이해하는 것', 즉 상호 연관성의 본질을 확인하는 일을 뜻한다. 체계론적 사고를 뜻하는 일반체계이론, 사이버네틱스, 생태체계이론 등의 용어는 공통적으로 부분이 아닌 전체의 상호연관성을 강조하는 것이다(서혜석 외, 2014).

1950년대에 체계이론의 뿌리가 된 것은 관계 문제에 관한 전통적인 정신역동적 정의를 확장하면서 시작되었다. 이상에서 언급한 모든 실천가들과 연구자들은, 체계 이론의 서로 다른 면에 초점을 맞추었다. 하지만 이들은 모두 단선적인 인과관계에 입각해서 개인에게 문제의 원인을 돌리는 태도에서 벗어나서, 문제를 둘러싼 맥락과 순환적인 인과관계에 관심을 갖고 있었다.

많은 이들은, 가족치료의 기세가 1970년대부터 1980년대 초에 극에 달했지만, 그 이후에 가족치료의 효과성이 너무 부풀려져 왔음이 밝혀지면서 하향세에 접어들었다고 말한다. 확실히, 당시까지만 하더라도 가족치료에 대해서 지나친 열광적 반응이 있었고, 가족치료 분야에서 일했던 사람들은 우리가 해답을 찾기 위해서 그토록 찾아보던 심리학적인 문제들에 대해서 마침내 궁극적인 답을 찾아냈다고 느꼈던 게 사실이다. 인간의 문제를 이해한다는 것이 얼마나 어려운 것인지를 생각한다면, 가족치료 운동이 가지고 있던 원래의 이상주의는 오늘날에는 신기하게 느껴진다. 이제 우리는 인간 행동의 배경에 유전적이고 생물학적인 원인이 많이 존재한다는 사실을 알고 있으며, 폭력이나 트라우마와 같은 어려움을 극복하기가 어렵다는 점에 관해서 좀 더 현실적인 그림을 가지고 있다. 여전히 부부치료와 가족치료가 인기 있지만, 이런 상담을 제공할 때 이전보다 더 복잡한 변수가 존재한다는 사실도 알고 있다. 동시에, 많은 체계이론 개념이 다른 치료 모델과 결합되어 왔다. 이제는 맥락적인 사고, 문화적인 사고, 그리고 양방향적 사고가 모든 심리학 이론의 부분이 되었다.

어떤 유형의 상담이나 심리치료를 하던 간에 가족을 다루는 치료자는 치료 동맹을 맺는 것부터 시작해야 한다. 치료자와 가족구성원 간의 관계는 심지어 첫 회기 이전인 가족과의 첫 번째 전화 통화나 첫 대면부터 시작된다. 가족치료를 하면서 치료자에게 언제나 도전이 되는 것은 각 가족구성원들과 같은 정도의 작업 동맹을 맺고 그것을 유지하는 것이 쉬운 일이 아니라는 것이다. 작업 동맹 관계를 맺고 그것을 유지하는 과정에서 어떤 불화가 생기는지를 치료자가 주의 깊게 살펴야 하는 일이 필요하다.

부부와 가족을 치료하는 치료자는 여러 다양한 역할을 감당해야 한다. 가족의 변화와 개선을 촉진하는 협력자가 되어야 할 때도 있고 코치, 컨설턴트, 모델, 교사 등의 역할을 해야 할 때도 있다. 그러나 가족치료자는 전문가가 되어야 할 때가 많다. 특히 아동을 위한 행동 수정 계획을 수립해야 할 때나 특정한 중재 방식을 처방해야 할 때 그렇다. 분명한 것은 해결중심 단기가족치료나 이야기 치료와 같은 포스트모던 가족치료에서는 전문가 역할을 요구하지 않는다는 것이다. 가족치료자들은 문제가 가정을 위협한다고 보기 때문에 서로 협력하여 문제에 대한 해결책을 발견하여 가족이 문제를 뿌리 뽑을 수 있게 돕는다.

사회복지사는 개인 심리치료나 집단 심리치료를 할 때와 마찬가지로 많은 윤리적 문제에 봉착할 수 있다. 그런데 체계적 관점을 벗어나 심리치료를 하게 되면 더 많은 윤리적 문제가 생길 수 있다. 따라서 가족치료자가 충분한 수련과 슈퍼비전을 받지 않은 영역을 중재한다면 윤리적 심리치료를 수행할 수 없음을 명심해야 한다. 미국 결혼 및 가족치료학회(www.aamft.org)의 윤리 지침과 상담학회나 심리학회의 윤리 규정에는 자세한 추가적인 윤리에 관한 설명들이 포함되어 있다.

일반체계이론은 1920년대 루트비히 폰 베르탈란피(Ludwig von Bertalanffy)에 의해 처음 제안되었고, 그 이후 가족치료에서 채택하였다. 생물학자였던 그는 살아 있는 유기체와 사회 집단을 이해하기 위해 전체론적 조직 체계로 대변되는 이론을 창출하였다. 그는 이론적으로 일반적 체계가 모든 유형의 체계에 적용 가능한 법칙이라는 것을 발견하였다. 그의 이론에 의하면 각 유기체가 계속적으로 입력과 출력을 경험하는 하나의 개방형 체계이기 때문에, 한 체계는 각 하위요소들 간의 상호관계에 의해 결정된다. 포함된 각 세부요소는 전체 체계에 기여할 뿐만 아니라 다른 세부요소로부터 영향을 받는다. 따라서 한 체계가 어떻게 움직이는지를 이해하기 위해서는 각 세부 요소들 간의 상호작용을 이해해야 한다.

이 이론은 그 어떤 것도 그리고 어느 누구도 홀로 존재할 수 없음을 강조한다. 예를 들어, 양극성 장애를 앓는 가족구성원은 가족기능에 영향을 미칠 뿐 아니라 양극성 장애 증상에 대한 가족의 반응에도 영향을 받을 수밖에 없다. 가족체계 접근에서는 기능장애를 가족구성원 개인에게 발생한 병리적 문제로 조망하지 않고 영향을 주고받는 현 상황의 다양한 역기능적 부분의 한 결과로 본다. 만약 그 어떤 것도 그리고 어느 누구도 홀로 존재할 수 없다고 가정하면 정신 병리의 경계가 모호해진다. 가족체계이론에서는 각기 다른 수준의 복합적 인과관계에 초점을 맞춘다. 그런 관점은 개인의 정신을 연구하는 것으로부터 대인관계에서의 행동적 결과에 초점을 맞추는 식으로 변화를 가져왔다.

(2) 체계로서의 가족의 특성

① 체계와 하위체계

체계는 상호작용하는 부분들의 집합으로 여러 단계의 수준을 형성한다는 특성을 갖고 있다. 가족 역시 상호작용하는 개인의 집합으로 하나의 체계를 구성하고 있다. 가족은 사회라는 상위체계의 하위체계이고 동시에 낮은 하위체계인 개인의 상위체계로 존재한다. 가족의 하위체계는 다시 개인, 부부, 형제자매, 부모-자녀 하위체계로 구분할 수 있다. 체계의 경계란 긴밀하게 상호 영향을 주고받는 구성분자의 범위를 구별하는 것이며 또한 전체의 주변을 의미한다. 경계선은 주변을 싸고 있는 선인데 경계선을 통해 경계를 설정하는 것은 상호 영향을 주고받는 영역 속에 누구를 포함시키느냐 혹은 배제시키느냐를 결정함으로써 설정된다.

② 전체성

체계이론의 대표적 기준이 되는 관점은 부분에서 전체로 전환하는 것이다. 체계의 특성을 이해할 때 부분적인 것으로는 잘 이해되기 어렵다. 그 이유는 부분은 전체로 통합되기 때문이며 동시에 부분의 특성 역시 전체의 맥락에서 더 잘 이해되기 때문이다. 전체 관점에서 가족을 이해하기 위해서는 가족성원 각자의 특성만이 아니라 그들 간의 상호작용을 이해해야 한다. 즉, 가족은 개인의 구성체이지만 단순히 개인이 모여 있는 집단이 아님을 이해해야 한다.

③ 상호 보완성과 패턴

사람의 행동은 상호 보완적이기 때문에 그 사람의 행동을 좀 더 잘 이해하기 위해서는 그 사람과 관계를 맺고 있는 사람 간의 맥락을 이해하는 것이 필요하다. 소극적인 남편과 적극적인 아내, 권위적인 아버지와 소심한 아들, 씀씀이가 헤픈 남편과 절약하는 아내 등의 관계는 상호 보완적 논리의 근거를 제시한다. 상호 의존성은 일종의 패턴을 나타내는 것이므로 가족체계를 이해하기 위해서는 가족의 상호 보완적 패턴을 이해하는 것이 바람직하다.

④ 순환적 인간관계

호수에 돌을 던지면 파문이 동심원을 그리며 멀리 퍼져 나가듯이, 상호작용의 고리를 형성하고 있는 체계의 한 구성요소에 변화를 주면 그 효과는 다른 구성요소에 영향을 주고 결국 전체 체계에 영향을 주는 것을 볼 수 있다.

순환적 인간관계는 단선적이거나 직선적 인간관계와 대립되는 개념이다. 결과적으로 나타나는 한 현상이 앞에서 발생한 원인에 의해 한 방향으로 순차적 영향을 받아서 나타났다기보다는 상호 영향을 주고받는 순환과정에서 나타난 현상이라고 보는 것이다.

⑤ 가족규칙

가족규칙은 가족의 상호작용을 지배하는 행동규범이나 기대를 말한다. 일반적 규칙처럼 명문화되어 있거나 눈에 보이는 것은 아니다. 그러나 어떤 가족을 꾸준히 반복해서 관찰하면 가족규칙을 파악할 수 있다. 개인의 발걸음, 옷 입는 습관, 음식 먹는 버릇과 같은 행동도 잘 관찰하면 정해진 규칙이 있다. 건강한 가족의 규칙은 가족 전체뿐 아니라 개인의 성장과 발달에 기여하는 방향으로 이루어진다. 개인과 가족의 성장과 발달을 지지하는 규칙, 가족의 발달적 욕구를 이해하고 수용할 수 있는 개방적이고 융통성 있는 규칙, 가족 모두가 분명하게 이해할 수 있는 명확하고 구체적인 규칙이다.

⑥ 경계선

체계의 경계는 상호 영향을 주고받는 구성분자의 범위를 구별하는 것이며 체계의 주변을 의미한다. 경계선은 주변을 싸고 있는 선으로 경계를 설정한다. 상호 영향을 주고받는 영역 속에 누구를 포함시키느냐 혹은 배제시키느냐를 결정함으로써 경계선이 설정된다.

3. 가족 속성의 변화

가족을 단위로 한 사회복지실천을 행하기 위해서는 가족에 대한 이해가 필요하다. 가족이 어떤 속성을 갖고 있고 어떤 기능을 수행하고 있든지 상관없이 모든 가족은 공통적으로 2가지 차원의 속성에 영향을 받아 형성, 유지된다(엄명용, 2009; 김혜란 외, 2006).

1) 시간적 차원

시간적 차원에서의 가족은 역사성을 띠고 있다. 가족의 역사성이란 현재 우리가 속해 있는 가족은 여러 세대를 거쳐 아버지 쪽과 어머니 쪽 가족의 특성이 전해 내려오면서 통합과 조정의 과정을 거쳐 형성된 결과물이라는 것이다. 예를 들어, 두 세대만 거슬러 올라가 보면 현재 우리가 생활하고 있는 가족의 관계 양상 속에는 할아버지가 성장한 원가족과 할머니가 성장한 원가족의 관계 양상 속에는 할아버지가 성장한 원가족과 할머니가 성장한 원가족에서의 가족관계 특성들이 할아버지, 할머니 가정에 융합되어 아버지가 성장할 당시 가정 분위기를 형성했다. 마찬가지로 외할아버지, 외할머니의 원 가족 분위기가 외할아버지, 외할머니의 가정에 투입됐고, 어머니는 이러한 분위기에 영향을 받고 성장한 것이다. 이후 상이한 혹은 유사한 가정 분위기 속에서 성장한 아버지와 어머니는 각자 가정의 가족관계 양상의 특성들을 가지고 오늘 우리가 생활하고 있는 가정의 분위기를 만들었다고 볼 수 있다. 가족을 시간적 관점에서 이해한다는 것은 가족의 생애주기(발달주기)에 따라 계속 변화할 뿐 아니라 가족의 문화, 가치, 관계유형 등이 세대 간에 전송된다는 점을 이해하는 것이다.

2) 공간적 차원

가족의 속성은 이러한 역사성에 의해서만 영향을 받아 형성되는 것은 아니다. 동시대에 함께 존재하는 가족을 둘러싼 각종 환경과의 교류를 통해 가족의 속성이 변화될 수 있다. 이것을 가족의 공간성이라고 말할 수 있다. 가족의 공간성이란 가족이 진공상태에서 존재하는 것이 아니라 주변 환경과 끊임없는 교류를 하면서 생존, 적응해 가고 있음을 의미한다. 권위적이고 경직된 가족관계 양상에 영향을 받고 성장한 아버지라 할지라도 애정 중심적이고 비권위적인 이웃 가정과 전반적인 사회 분위기 속에서 생활해 가면서 자신의 가족관계 양상에 변화를 가져올 수 있을 것이다. 가족을 공간적 관점에서 이해한다는 것은 가족을 하나의 사회체계로 이해한 것이다. 즉, 가족은 개별 성원들로 이루어진 상위체계임과 동시에 확대가족, 지역사회, 문화 등과 지속적으로 상호작용하는 하위체계로 이해하는 것이다. 이렇게 볼 때 가족은 역사성과 공간성을 동시에 띠고 있다고 볼 수 있다.

가족의 기본속성은 혈연과 혼인 관계를 통해 구성되는 집단으로 그 어원에서 보듯이 경제적인 공동체로서의 의미가 강한 집단이며, 동거동재 집단이라는 특성을 갖고 있고, 다양한 심리적 정감으로 결합된 집단이다.

제3절 가족생활주기

모든 가족은 공통적으로 시간적 차원과 공간적 차원의 속성에 영향을 받아 형성, 유지된다. 가족은 가족생활주기(발달주기 혹은 생활주기)에 따라 계속 변화할 뿐 아니라 주변 환경과 끊임없는 교류를 통해 적용 · 변화해 간다. 사회복지사는 가족이 어떻게 기능하고 있는지 사정하고, 가족이 무엇을 필요로 하는지 규명할 수 있어야만 한다.

1. 가족생활주기의 정의

가족생활주기(family life cycle)는 시간의 경과에 따른 가족 내의 발달적 경향을 묘사하기 위하여 일반적으로 사용하는 용어이다(Carter & McGoldrick, 1999). 가족생활주기모델은 개개인 생활 가정의 모든 영역을 포함하면서 동시에 전체로서의 가족을 강조한다. 가족은 가족생활주기의 전환기에서 적응상의 문제를 일으킬 수 있으며 이 적응상의 위기는 가족문제의 근원이 될 수 있다. 사티어(Satir)는 가족주기는 정체된 것이 아니라 계속해서 변화한다고 보았다. 즉, 정상적 가족생활주기를 규정하는 것은 점점 더 변화되어지고 있다.

가족생활주기란 출산 · 육아 · 노후에 이르기까지의 일련의 경로, 가족생활주기, 가족생명주기, 가족수명주기라고도 한다. 개개 가정의 발달단계를 보면, 단계마다 그 구조나 기능에 공통된 변화가 나타나는 사실에 근거하여 각 단계 및 그에 해당하는 시기의 표본을 측정한 것이 가족생활주기이다. 즉, 한 가정은 독신기－신혼기－가족 팽창기－가족 고정기–가족축소기–후기부부기–고독 생존기 등의 단계를 겪는다는 것이다. 각 단계에 필요한 상품이나 서비스를 개발해야 한다는 것이 사회복지실천기술의 관점이다.

가족생활주기는 인간의 생애주기와 마찬가지로 가족생활에도 탄생에서 소멸까지의 일련의 과정의 단계가 있고, 이들 단계마다 발달시켜야 할 과업이 있다는 것을 전제로 한다. 일반적으로 가족은 결혼, 첫 자녀의 출생 혹은 부모의 은퇴와 같은 출발점 혹은 전환사건에 의해 특정 지어지는 유사한 발달과정을 통해서 발전해 나간다. 각 단계에서 가족은 고유한 발달 이슈, 과업, 그리고 해결해야 할 잠재적인 위기에 직면하게 된다. 생활주기의 전환기는 가족 스트레스를 증대시키고, 가족체계가 적응할 것을 요구한다. 가족은 형성, 성장, 확대, 축소의 과정을 겪으면서, 각 주기마다 구성원들의 성장과 변화에 적응하기 위해 재조직(가족구조와 기능의 변화)되어야 한다.

오늘날 가족생활주기는 결혼 연령의 상승, 출산율 저하, 평균 수명의 연장 등으로 과거에 비해 자녀를 출산하고 양육하는 가정 확대가 짧아지고, 자녀를 독립시킨 후 부부만이 남는 가정 축소기는 길어지고 있다.

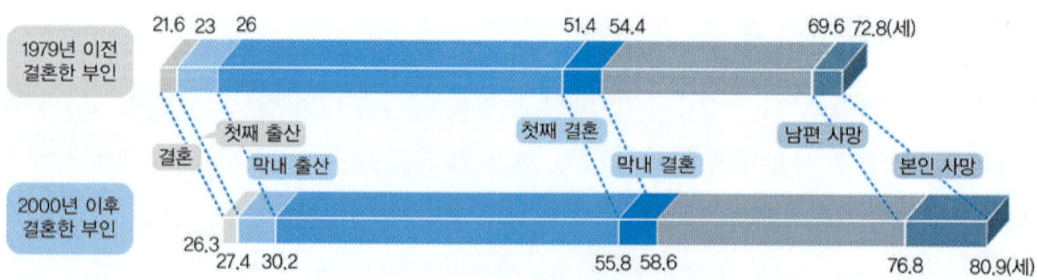

[그림 8-1] 가족생활 주기의 변동

출처: 한국여성복지연구회(2008).

2. 가족생활주기 개념

가족생활주기(family life cycle)는 가족치료 이론 중에서 발달이론에 가장 근접한다. 가족생활주기는 남녀가 결혼하여 새로운 가족을 형성하고 자녀를 갖게 되면서 가족이 확대되고, 그 자녀들이 성장 · 결혼하여 가족을 떠나면서 가족은 축소되기 시작하며, 부부가 사망

함으로써 소멸하게 된다. 가족생활주기는 전형적인 가족이 일생 동안 거치게 되는 중요한 단계들의 시간적인 연속을 나타낸 것이다. 가족생활주기는 결혼, 임신, 출산, 육아, 자녀교육, 자녀 독립, 은퇴 후의 노후 생활 등 가족생활의 변화 과정을 나타내는 것이다. 가족생활주기가 어떻게 구성되며, 각 단계에서 과업이 무엇이냐 하는 것은 학자에 따라 다소 차이가 있을 수 있다. 가족생활주기의 대표적 학자인 두발과 밀러(Duvall & Miller, 1985)는 2세대 핵가족을 중심으로 각 시기마다 수행해야 하는 과업을 가지고 8단계로 구분하였고, 카터와 맥골드릭(Carter & McGoldrick, 1999)은 부모 세대와 자녀 세대를 연결하는 결혼자, 성인 자녀를 포함하는 3세대 중심의 6단계 가족생활주기뿐만 아니라, 이혼, 재혼가족의 발달단계도 제시하였다. 가족생활주기가 다음 단계로 변화되기 위해서는 이차적 변화-체계의 재구조화가 아닌 재배열로 조정될 수 있다.

가족생활주기는 부부의 결혼을 통해서 가족이 생성되어 노화되는 모든 과정을 일컫는 말이다. 부부 결혼, 자녀 출생, 자녀 유치원, 초중고대학교 입학/졸업, 자녀 군 입대, 자녀 취직, 자녀 결혼, 자녀와 분리(독립), 부부퇴직, 손자 출산, 부부은퇴, 부부 사망 등을 다룬다.

가족 사회학자 루벤 힐(Reuben Hill)과 에블린 듀발이 가족생활주기를 8단계로 나누어서 생각해 보자고 제안한 적이 있다. 그 8단계는 부부가 결혼으로부터 시작해서 양쪽 배우자의 죽음까지 나눈 것이다. 인간의 발달은 출생에서부터 시작하지만, 가족생활주기는 대개 부부의 결혼으로부터 시작하게 된다.

힐과 듀발이 분류한 8단계는, 1단계 가족 형성기, 2단계 자녀 출산기, 3단계 취학 전 자녀 양육기, 4단계 학령기 자녀 양육기, 5단계 청소년 자녀 양육기, 6단계 부부만 남는 시기, 7단계 부부 중년기, 8단계 부부 노년기이다.

1999년에 가족상담학자 엘리자베스 카터와 모니카 맥골드릭는 가족생활주기를 여섯 가지 주제로 다루면 좋겠다는 제안을 했다. 그 여섯 가지 단계는, 1단계 결혼 전기, 2단계 결혼 적응기, 3단계 자녀 아동기, 4단계 자녀 청소년기, 5단계 자녀 독립기, 6단계 부부 노년기이다.

1) 두발과 힐(1985)의 가족생활주기

(1) 결혼 부부

결혼이라는 새로운 삶의 형태에 적응하는 시기로 남편과 아내로서의 역할과 앞으로 출산하게 될 자녀에 대한 부모로서의 심리적 체계와 가족체계를 갖추는 시기이다. 일반적으로 첫 아이를 출산하기 전인 이 시기의 부부들은 부부관계 만족도가 매우 높다.

(2) 자녀 출산

이 시기는 첫 아이의 출생부터 생후 약 36개월까지에 해당되는 기간으로서 아이를 낳고, 아이에 적응하며, 아이의 발달에 고무되면서 일반적으로 두 명의 자녀를 낳는다. 단 둘만의 부부생활이 자녀 출산을 계기로 많이 변화된다.

(3) 자녀 학령 전 아동가족

첫 아이가 유치원에 입학할 시기가 되는 6세 정도에 해당하는 시기이다. 이 시기는 아이의 신체적 · 지능적 · 사회적 발달이 현저하게 이루어지는 시기이므로 부모의 에너지가 아이들에게만 집중되어, 부모역할 수행으로 인한 에너지 소모와 프라이버시가 없어지기 쉽다. 따라서 부부 둘만의 상호작용이 적어지고 배우자에 대한 관심과 배려가 급격히 감소한다.

(4) 아동기 자녀

자녀가 초등학교에 입학하여 졸업하는 13세 정도에 해당되는 시기이다. 아동들이 많은 시간을 학교에서 보내기 때문에 부부 중 자녀 양육자는 심신의 여유를 갖게 되며, 부부가 아동의 교육적 성취에 고무된다.

(5) 청소년 자녀

첫 아이가 13세부터 20세 정도가 되는 시기로서 청소년을 갖는 가족이다. 아이들이 성장함에 따라 부모 역시 중년기를 맞이할 시기여서 부모와 자녀 모두가 큰 변화를 맞는 시기이기 때문에 부모-자녀 간의 두 세대 간 갈등이 발생하기도 하고, 부모와 자녀 모두 자유와 책임의 조화를 추구하게 된다. 자녀의 진로를 결정하는 중요한 시기이다.

(6) 청년 자녀 출가(떠나 보내기)

자녀들이 20세가 넘어 각자 본격적인 성인으로서 사회로 진출하는 시기로서, 부모는 적절한 의례 절차와 지원으로 자녀를 성인으로 독립을 시키기 시작하는 시기이다. 자녀들은 대학 입학과 졸업, 군 입대, 배우자를 탐색하는 활발한 이성교제 등에 에너지를 투입하는 시기로서 자녀들 스스로도 인생의 큰 도전을 맞이하는 시기이다.

(7) 중년기 부모

이 시기는 막내 자녀가 집을 떠나서부터 부부의 은퇴까지 계속된다. 빈둥지시기(empty nest period)라고 부르는 이 시기는 부부의 결혼 연령, 자녀의 수, 자녀들의 교육기간, 자녀의 결혼 유무, 결혼 시기 등과 같은 여러 요인에 따라 그 기간이 결정된다.

(8) 노년기 가족

이 시기는 직업을 가진 부부들의 은퇴에서부터 두 배우자의 사망까지 계속된다. 만성적으로 신체적 질병이 나타나고 그들의 자녀들에 의해서 보살핌을 받게 된다. 이 시기의 부부들은 자신들의 노화와 배우자의 죽음에 적응해야 하고 자녀들에 대한 독립과 의존을 균형 있게 적절히 조정해야 되며, 자녀와 함께 사는 경우 손자·손녀와의 안정적인 상호작용의 패턴을 형성해야 하고 죽음을 맞이할 심리적, 경제적 준비를 해야 한다(설진화, 2016).

2) 카터와 맥골드릭(1980)의 가족생활주기

(1) 1단계: 소속되지 않는 성인

최초의 단계로 자신이 태어난 원가족과 앞으로 자신이 만들어 갈 가족의 중간에 있으며, 자신의 원가족(family-of-origin)에서 분리되어 어떤 가족에도 소속되지 않는 성인이다. 이 단계에서 속한 사람은 무엇보다 원가족으로부터 자기분화의식을 가지는 것이 중요하다. 또한 자아실현이 가능한 적절한 직업의 선택과 그 속에서 동료와 친밀한 관계를 발전시켜 가는 능력을 몸에 익혀야 한다.

(2) 2단계: 가족형성 단계

결혼에 의한 가족의 결합을 축으로 새로운 부부체계가 형성된다. 확대가족이나 친구 사이에 생기는 관계를 적절히 조절할 수 있어야 하며, 특히 부부는 기본적인 규칙 등을 만들어 갈 필요가 있다.

배우자와 원가족과의 관계 사이에서 균형을 잡지 못하면 부부갈등이 생기기 때문에 각자 원가족과 배우자의 관계에서 적절한 균형을 유지하는 것이 중요하다.

(3) 3단계: 어린 자녀를 갖는 단계

첫 아이의 출생과 태어난 아이가 전적으로 부모에게 의존하는 상태에서 출발하는 단계이다. 자녀의 등장은 가족체계에 커다란 변화를 가져온다. 부모가 된 부부는 지금까지 경험하지 못한 아기를 돌보는 일에 무거운 책임과 부담을 느끼게 된다. 그러나 자녀의 출생은 부부 양쪽의 정체감이나 자존감을 증진시킴으로써 자아정체감의 원천이 된다. 이 시기에 가족을 둘러싼 과제는 부모와 자녀 사이의 균형과 자녀의 자립성, 가족에 대한 소속감, 충성심이 균형을 이룰 수 있도록 노력하는 것이다.

(4) 4단계: 청년기 자녀의 단계

자녀들이 사춘기에 접어들면서부터 부모를 떠나는 과정이 서서히 시작된다. 이 단계의 자녀는 가족체계를 들락거리게 되어 가족의 경계는 점차로 유연해지며 가족경계가 확대되는 경향이 있다. 부모체계는 지금까지 강조되어 온 부모의 역할에서 벗어나 부부의 역할에 다시 주의를 기울이기 시작한다. 주요 과제는 부모자녀 관계를 재정립하는 것이다. 즉, 자립과 책임과 통제라는 제각기 다른 세 부분이 기본적인 신뢰관계를 파괴하지 않으면서 통합될 수 있도록 해야 한다.

(5) 5단계: 자녀의 자립단계

자녀가 청년기를 맞이하면서 가정에 소속되지 않는 성인의 단계에 들어가며, 가족으로부터 떨어져 새로운 정체감을 확립하는 단계이다. 자녀가 자립한 성인이 되면서 어른과 어른이라는 평등한 관계에서 새로운 부모자녀 관계를 정립해야 한다. 슬픔도 경험하는데 이런 상태를 빈둥지증후군(empty nest syndrome)이라고 부른다. 이 단계의 중요한 발달과제는 부부체계로서의 친밀한 협력을 재구성하는 것이다.

(6) 6단계: 조부모의 세대

부부는 둘만 남게 된다. 그러므로 그들에게는 새로운 관심이나 사회생활을 만들어 갈 필요가 생겨난다. 동시에 중간세대가 가족 속에서 더 중심적인 역할을 하게 되므로 조부모세대는 지금까지 획득한 지식과 경험을 토대로 그들을 도와야 한다. 나이가 들면서 부모의 신체는 노화하여 의사소통능력이나 운동능력을 상실하게 되며 경제적인 능력도 저하된다. 동시에 윗세대의 질병이나 죽음을 맞이하게 된다. 즉, 부모와 자녀는 가까운 사람과의 상실을 경험하게 된다. 이 단계에서 과제는 지금까지 쌓은 신뢰관계를 손상하지 않고 이러한 상실경험을 수용하는 것이다.

이 학자들이 주장한 가족생활주기를 비교하면 다음 표와 같다.

구분	두발과 힐		카터와 맥골드릭	
세대	2세대		3세대	
단계	발달과업		발달과업	
1	결혼 부부	• 서로 만족스런 부부 관계 • 임신, 부모에 적응 • 친족관계 참여	결혼 전기	• 원가족과의 분화 • 친밀한 이성관계 발달 • 일과 재정적 독립
2	자녀 출산	• 유아 발달 환경 조성, 적응 격리 • 부모와 유아의 만족스런 가족 만들기	결혼 적응기	• 부부체계 형성 • 배우자 포함 확대가족, 친구와의 관계 재정비
3	학령 전 아동가족	• 성장 촉진 방법으로 아동욕구, 흥미에 적응 • 에너지 고갈이나 사생활 줄어듬에 적용	자녀 아동기	• 부부체계에 자녀 공간 만들기 • 자녀양육, 재정, 사사 공동참여 • 부모, 조부모 역할 포함 확대가족 관계 재정비
4	아동기 자녀	• 학령기 가족의 공동체 참여 • 아이 학업부분 성취 격려	자녀 청소 년기	• 청소년 자녀 가족체계의 출입 자유 도움 • 부모 자녀관계 변화 • 중년기 부부 결혼, 진로문제 재초점 • 노인세대 돌보기 준비
5	청소년 자녀	• 자유와 책임 균형 유지 • 부모 관심 강력형성	자녀 독립기	• 부부체계 2인 관계로 재조정 • 성장한 자녀와 부모와의 관계가 성인 대 성인으로 발전 • 사돈 며느리, 사위 등 손자녀 포함 관계, 죽음에 대처
6	청년 자녀 떠나 보내기	• 적절한 예식과 도움 • 지지적 가정 토대	노년기	• 신체적 쇠퇴, 자신과 부부의 기능과 관심사 유지 • 다음 세대 중추적 역할 지원 • 자신의 지혜와 경험의 활용 • 자신의 죽음을 대비하며 삶을 되돌아봄

7	중년기 부모	• 결혼관계 재확립 • 나이 든 세대와 젊은세대 • 친족관계 유지		
8	노년기 가족	• 사별, 혼자 삶에 적응 • 가정 종료, 노령에 적응, 퇴직 적응		

3. 가족생활주기별 특성과 위기, 예방 개입

가족생활주기(family life cycle)를 카터와 맥골드릭(1999)의 6단계를 중심으로 우리나라의 가족관계를 설명하고 각 단계별 특성과 발생할 수 있는 위기들과 예방을 위한 개입 내용을 제시하였다.

1) 결혼 전기

원 가족을 떠나 결혼하고 자녀를 낳아 자신의 가족을 이루기 전까지의 기간이다. 우리나라는 대학 졸업 후 취업까지 기간이 길어지고 혼인 연령이 늦어 부모의 경제력에 의존하는 성인기도 상대적으로 길어지고 있다. 또한 우리나라의 문화적 특성이 부모가 성인 자녀를 독립된 성인으로 존중하기보다 간섭과 보호적 태도를 취하고 결혼 후에도 부정적 영향을 미치는 요인이 되기도 한다. 미혼 성인 자녀가 부모와 별거해서 사는 경우 주거상의 독립이 부모와 가족으로부터 유사 독립적 단절의 형태로 나타날 수 있는 부정적 영향도 고려해야 한다.

2) 결혼 적응기

결혼은 두 개의 체계가 변화하여 제3의 하위체계를 형성하는 것이다. 서로에게 적응해야 하며 결혼생활의 개선을 위해 부부의 의도적 노력이 절대적으로 필요한 기간이다. 낭

만적 결혼생활에 대한 환상은 결혼 초기에 발생하는 사소한 갈등과 다툼, 문제들을 해결하는 데 오히려 장애가 된다.

(1) 위기

① 원 가족과의 정서적 미분화의 문제로 부부 및 고부갈등의 문제가 발생한다.

② 병리적 결혼생활: 배우자의 폭력, 알코올 중독, 정신 병리상의 문제로 정상적 결혼생활의 유지가 어렵다.

③ 계획하지 않은 임신, 비정상적 태아의 확인, 남아선호사상 등 낙태의 결정, 불임 등의 문제가 있다.

(2) 예방적 개입

① 지역사회 자원을 활용한 결혼 전 부부교실에 참여한다.

② 산전 프로그램에 참여, 자녀 양육 및 자녀계획에 대한 재정 포트폴리오을 작성한다.

③ 재정문제, 가사, 사회 및 여가활동, 배우자 가족과의 관계 등에 대해 합의한다.

3) 자녀 아동기

이 단계는 자녀를 돌봐야 하는 책임이 요구된다. 둘째 자녀가 생김으로써 에너지 고갈의 문제가 발생할 수도 있으며, 첫째 자녀가 학령기에 이르면 경제적 부담을 느낄 수 있다. 이때 자녀교육을 한 배우자에게만 전가하거나 지나치게 '자녀'나 '직업'만 강조하여 부부관계가 소홀해질 수 있음에 주의한다.

(1) 위기

① 자녀의 발달 및 정서적 문제가 출현한다.

② 자녀의 능력에 대한 고정관념과 경직된 사고와 같은 부적절한 양육 태도가 나타난다.

(2) 예방적 개입

① 부부관계의 친밀성을 향상시키기 위한 노력을 기울인다.
② 자녀와의 적정한 경계선을 유지한다.

4) 자녀 청소년기

이 단계는 자녀 양육과 동시에 자녀의 독립심과 책임감을 성장시킬 수 있는 구조와 조직으로 변화해야 한다. 즉, 가족 내의 자녀와 부모의 역할 규정을 새롭게 해야 한다. 사춘기 자녀의 특성으로 부부갈등이나 부모의 사회적 지지의 정도가 자녀에게 영향을 미친다. 특히 자녀의 자아 존중감은 자녀가 지각하는 가족 내의 지지와 밀접한 관련이 있다. 가족의 정서적 지지가 적으면 학업적 자아개념이 낮고, 또래 관계에서 스트레스가 높다.

(1) 위기

결혼생활에 대한 만족도가 낮아 부부관계를 재협상하거나 이혼을 결정한다. 콜(Cole, 1984)의 단계별 부부 만족도를 연구한 결과, 10대 자녀를 갖는 시기의 만족도가 가장 최저점으로 나타났다. 정서적, 물리적으로 지나치게 밀착되어 있는 부모와 자녀의 관계, 삼각관계 등의 가족관계가 나타난다. 자녀가 낮은 학업성적, 학교폭력, 약물중독 등 정상적 학업과 사회관계에 실패한다.

(2) 예방적 개입

부모는 자신들의 사춘기를 돌아보고 자녀의 사생활과 독립심을 존중한다. 기존의 의사소통 방법으로 대화하는 데 한계가 있다면 의사소통 방법과 내용을 개선하고 다양화시킨다. 청소년 자녀와 함께 가족 내 규칙과 관계를 재정립한다.

5) 자녀 독립기

자녀가 사회활동이나 결혼으로 독립된 삶을 확립하는 단계이다. 자녀 출가 및 직장은 퇴직 부부가 함께 있는 시간이 늘어나면서 문제가 발생한다. 부부간의 불화나 갈등은 새로운 문제보다는 이전에 해결되지 않은 갈등과 생활방식의 차이, 일방적 억압을 당했던 배우자의 태도 변화와 해결되지 않은 감정 등이 요인이다. 부부관계가 강화되지 않으면 황혼이혼으로 치달을 수 있다.

(1) 위기

① 부부가 함께 있는 시간의 증가로 서로 이해 충동하는 문제가 발생한다.
② 부부간의 불화나 갈등이 나타나기 시작한다.

(2) 예방적 개입

① 두 사람만의 부부체계로서의 재협상이 필요하고 사회적 지지망을 확립한다.
② 서로가 서로를 이해하며, 건강한 부부관계를 유지한다.

6) 노년기

노년기는 경제적 불안, 건강문제, 배우자 사별의 고통을 겪는다. 특히 배우자의 죽음으로 혼자 남게 된 삶을 재조직해야 하지만, 상실을 대치할 수 있도록 도와줄 수 있는 사람이 별로 없다는 점에서 보면 극복이 쉽지 않다. 딘과 콜로디와 우드(Dean, Kolody & Wood, 1990)는 성인 자녀와 다른 친척과의 접촉 여부는 노인의 심리적 스트레스 감소에 강력하고 직접적인 영향을 미치고 있다고 하였다. 근거리에서 자주 왕래하고 경제적 원조를 하는 대신 자신의 자녀 양육을 맡기는 관계로 적응하는 모습을 보인다.

(1) 위기

① 노인의 빈곤과 건강 문제가 나타난다.
② 배우자의 사망, 노년의 고독감, 노인 학대, 방임의 문제가 발생한다.

(2) 예방적 개입

① 퇴직 후 역할 있는 활동, 건강프로그램이나 여가생활에 참여한다.
② 노인대학, 지역사회 노인복지시설 등을 중심으로 사회적 지지망을 확립한다.

4. 변화하는 가족생활주기

전통적 가족생활주기(family life cycle)와는 다른 단계를 경험해야 하는 이혼, 재혼가족의 경우 새로운 발달과정과 과업이 요구된다. 카터와 맥골드릭(1999)이 제시한 이혼, 재혼 가족의 생활주기별 특성과 과업을 살펴본다.

1) 이혼 가족의 생활주기

가족은 이혼을 처리하는 방법에 따라 시간이 지나면서 회복과 적응의 정도가 달라진다. 이혼과정 전반에 중요한 정서적 과제와 관계들이 존재하기 때문에 정서적 문제를 적절하게 해결하지 않을 경우, 가족체계를 위협하고, 자녀의 성장에 위해를 가져오는 위기를 경험할 수 있다(Goldenberg & Goldenberg, 1992).

이혼이 반드시 부정적 영향력만 끼치는 것은 아니다. 이혼 후 부모와 자녀의 관계가 더 이상 부모의 갈등에 영향을 받지 않게 되면서 개선되는 경우도 있다. 이혼 후 반수 이상 가족의 부모는 우호적 협력관계를 형성하고, 비공식적 친족 관계를 형성한다.

〈표 8 -1〉 이혼가족의 발달단계와 과업

<table>
<tr><th colspan="2">단계</th><th>전화의 정서적 과정: 태도</th><th>발달상의 과업</th></tr>
<tr><td colspan="2">이혼 결정</td><td>부부간 긴장 지속으로 충분히 해결할 수 없음을 수용</td><td>결혼 실패를 초래한 자신의 잘못을 수용</td></tr>
<tr><td colspan="2">가족해체계획</td><td>체계의 모든 부분을 위해 실행할 수 있는 준비</td><td>• 자녀 양육권, 방문, 경제문제에 협력적
• 확대가족과 이혼문제 다룸</td></tr>
<tr><td colspan="2">별거</td><td>협조적 공동 부모 관계 지속, 아동 재정 지원, 배우자에 대한 애정을 해결하기 위해 노력</td><td>• 함께 살아온 가족 구성원 상실
• 재정 문제 재구조화, 확대가족과의 관계, 재조정</td></tr>
<tr><td colspan="2">이혼</td><td>정서적 이혼을 위해 더 노력, 상처, 분노, 죄의식 극복</td><td>• 원 가족 상실을 슬퍼하고 재결합에 대한 환상을 버림
• 결혼 희망, 꿈 기대들을 회복</td></tr>
<tr><td rowspan="2">이혼 후</td><td>한 부모 (자녀 양육)</td><td>재정적 책임감 유지, 전 배우자와 부모적 접촉, 지지</td><td>• 전 배우자와 가족들의 방문을 융통성 있게 허용
• 자신의 재원 및 사회적 관계망 재구축</td></tr>
<tr><td>한 부모</td><td>전 배우자와 부모적 접촉 유지, 자녀 보호적 부모관계 유지</td><td>• 자녀와 효과적 부모 관계 지속
• 전 배우자와 자녀에 대한 재정적 책임
• 자신의 사회적 관계망 재구축</td></tr>
</table>

2) 재혼 가족의 생활주기

재혼 가족은 구조, 기능, 가족관계, 정서적 측면에서 초혼 가족과 다른 특징과 발달단계를 가진다. 자녀들은 친부모 사이에서 충성심의 갈등을 겪거나 친부모와 단절될 때, 또는 계부모와의 관계로 빨리 대체하도록 강요받을 때에 역기능적인 위기를 경험한다. 재혼가족에서 화해와 새로운 유대를 촉진하기 위해서는 상실감과 죄책감, 다시 관계를 맺지 못할 것이라는 두려움이 충분히 다루어져야 한다. 또한 재혼한 배우자가 친부모와 관계를 유지하고자 하는 자녀들의 욕구를 이해하고 전 배우자 와 자녀들 간 좋은 관계를 질투, 위협하지 않는다면 도움이 될 것이다.

〈표 8-2〉 재혼가족의 발달단계와 과업

단계	전화의 정서적 과정: 태도	발달상의 과업
새로운 관계 시작	• 첫 번째 결혼의 상실 회복	• 결혼과 가족을 형성하기 위해 재헌신, 이를 위해 복잡성, 모호성 등을 다룰 준비를 함
새로운 결혼생활과 가족 개념화	• 복잡성과 불명확성에 적응하기 위한 시간과 인내가 필요 • 새롭고 다양한 역할 • 경계: 공간, 시간, 멤버십, 권위 • 정서적 문제: 죄의식, 부모에 대한 충격과 관련된 갈등, 상호관계에 대한 바람, 미해결된 과거의 상처	• 새로운 관계에서 개방적 태도로 가식적 관계를 피함 • 두 개의 가족체계에서 겪는 두려움, 충성심에 대한 갈등, 멤버십을 다룸 • 새 배우자와 자녀를 포함한 확대 가족과의 관계 재조정
재혼과 가족의 재구성	• 전 배우자와 이상적인 '완전한 가족'에 대한 애착을 최종적 정리 • 침투 가능한 경계를 가진 다양한 가족모델 수용	• 새 배우자와 계부모를 포함할 수 있는 경계선을 재구성 • 친부모, 조부모, 다른 확대가족을 위한 공간 마련

제9장

가족대상 실천기술 과정

학습목표

1. 초기단계 실천기술을 학습한다.
2. 중기단계 실천기술을 학습한다.
3. 종결단계 실천기술을 학습한다.

키워드

가족치료, 가족사진, 빈의자 기법, 가족조각, 자기분화, 가계도, 생태도, 사회적 관계망, 가족옹호, 가족사정 틀, 탈삼각화, 가족재구조화

09 가족대상 실천기술 과정

제1절 초기단계의 실천기술

가족대상 사회복지실천과정은 크게 초기단계, 중기(개입)단계, 종결단계로 나눌 수 있다. 초기과정이란 첫 상담을 위한 약속을 맺는 접수부터 2~4회 상담을 통하여 자료수집과 다양한 사정 그리고 개입의 목표설정 및 계획수립이 이루어지기까지의 과정을 말한다. 초기면접에서는 사회복지사와 가족 간의 관계를 형성하는 것과 가족의 문제 및 욕구를 정의하기 위해 가족의 인식을 파악하고 반영하는 것이 중요한 과제가 된다. 첫 면접에서 사회복지사와 가족 간의 정기적인 상담에 대한 계약을 맺어야 한다. 따라서 초기단계에서 필요한 기술을 다양화할 수 있지만, 가족의 상호작용을 관찰하고 사회복지사의 이론적 틀에 따라 필요한 가족을 참여시키려는 노력이 있어야 하며, 다음 세션에 참여할 수 있도록 하고, 가족을 면접하는 기술, 생태도나 가계도 등을 작성하고 분석함으로써 가족의 욕구와 문제를 분석해 내는 기술 등 사정 관련 기술들을 포함한다. 또한 가족 성원들이 어떤 변화를 원하는지 구체적으로 진술하게 하여 목표를 명확히 함으로써 과정평가와 치료효과를 증대시키도록 해야 한다.

1. 초기 과정

가족을 대상으로 하는 사회복지실천에서 가족과의 초기면접은 가족구성원 개인 또는 일부, 전부와 이루어질 수 있다.

가족대상 실천에서도 일반 사회복지실천에서와 같이 초기면접에서 특히 가족과의 관계형성 내지 신뢰관계형성(rapport)은 대단히 중요하다. 특히 가족대상 실천에서의 핵심은 사회복지사와 가족의 관계형성에 있다. 관계형성은 개입을 실행하는 도구이며, 그 도구를 통해 가족에게 도움을 줄 수 있다. 관계성은 개입효과에서 30% 이상 영향을 미친다(Miller et al.; Collins et al.; 이화여자대학교 사회복지연구원 역, 2001 재인용).

클라이언트와 첫 만남이 있기 전에 가족원과 사회복지사가 갖는 만남은 어느 기관에서 가족 상담이 이루어지는가에 따라 매우 다양하다. 가족상담의 경우에 초기 만남을 중요하게 생각하므로 초기 전화면담이나 대면상담은 잘 훈련된 전문가가 담당하게 된다. 왜냐하면 전화면담을 통하여 면담을 하게 되면 사회복지사는 첫 회의 면담에서 누가 참석해야 하는지를 명확히 전달하고 서비스의 방향과 구조를 확립할 수 있기 때문이다. 특히 전체 가족이 참석해 줄 것을 간절히 요청하는 경우는 상담자의 심정이 전달되고, 상담자의 능력에 대한 믿음도 생겨서 서비스를 받으러 오는 가족의 입장에서는 사회복지사에 대한 신뢰가 형성되어 서비스에 많은 도움을 준다.

이 단계에서 주의를 기울여야 하는 것은 한 사람이 주는 정보로 인하여 사회복지사가 편견을 갖지 않도록 되도록 간략하게 약속시간, 서비스 기간, 비용 등을 알려 주는 단계이다.

1) 초기 만남

(1) 1단계: 인사 나눔

초기단계에서 첫 상담을 위한 약속을 맺는 접수부터 3, 4회의 상담을 통하여 자료 수집과 다양한 사정, 그리고 개입의 목표설정 및 계획 수립이 이루어지기까지의 과정이다. 초기에 첫 만남에서 사회복지사는 간단히 자기 자신을 소개하고, 가족원을 일일이 소개받는다. 첫 만남에서 가족원이 긴장되어 있을 수 있으므로 먼저 친근한 대화를 시작하여야 한다. 가족원의 불안을 해소하는 데 도움이 될 뿐만 아니라 사회복지사에게도 자기 자신을 부드럽게 가다듬는 데 도움이 된다. 첫 인사는 부드럽게 친근하게 시작하는 것이 좋다.

(2) 2단계: 문제 명료화

가족문제에 대한 정의는 가족의 욕구나 과제를 구체화하는 것으로 전 개입과정에서 가장 중요한 작업이라고 볼 수 있다. 가족에게 현재 어려움을 겪고 있는 가족문제의 윤각을 그리게 한다. 즉, 가족이 가지고 있는 문제를 명료하게 하는 것이 서비스의 첫 개입이 된다. 사회복지사는 가족들로부터 여러 가지 문제를 들을 수 있으나, 동시에 언급되지 않는 문제들도 관찰하여야 한다. 누가 먼저 말할 것인가? 가족들이 호소하는 문제 이외의 문제에 관하여 이야기할 수 있는가? 특정 가족이 이야기를 방해하는가? 가족 중 연합을 이루는 가족이 있는가? 가족 중 누가 힘을 가지고 있는가? 등을 파악한다. 문제를 명확히 할 때 중요한 것은 문제를 해결하려는 시도를 하고 있다는 점을, 가족 각자가 생각하는 문제가 무엇이며, 어떻게 변해야 하는지를 표현하게 하는 것이다.

(3) 3단계: 관계 형성

사회복지사가 자신의 지식과 교육배경, 경험뿐만 아니라 클라이언트의 욕구나 가족의 문제에 대해 진정한 관심을 가지고 이해하려고 애쓰는가를 보여 줌으로써 가족성원들에게 신뢰를 얻고 긍정적인 관계를 형성해야 한다. 모든 과정의 서비스과정에서 사회복지사와 클라이언트가 우호적 관계를 갖는 것은 매우 중요하다. 사회복지사는 가족성원들이 사용하는 언어 수준을 잘 경청하여 전문용어를 피하고, 가족성원들과 비슷한 언어를 사용한다.

사회복지사와 가족들과의 관계는 상황에 따라 유연성을 요하기도 하지만 때로는 권위적인 자세를 취해야 할 경우도 있다. 즉, 가족체계 속에 깊숙이 개입하여 일할 때도 있고,

객관적인 관찰자의 입장을 취해야 할 때도 있다. 기본적으로는 가족이 보는 관점을 무시하지 말고 사회복지사가 가족에게 융화되고 사회복지사 자신은 상대적으로 낮은 위치에 서는 것이다. 사회복지사가 가족과 공통으로 가지고 있는 경험이나 관심을 이야기하는 것 등이 관계 형성에 도움이 된다.

(4) 4단계: 상담계약

계약은 구체적인 계약을 맺어야 한다. 이 계약에는 모든 절차와 비밀보장 등을 기본적으로 포함하는 동의서의 내용을 포함하여 계약서와 같이 작성할 수도 있고, 더 구체적인 내용을 포함하여 서술하며, 동의서와 계약서를 따로 작성할 수도 있다.

문서로 계약을 맺으면 내용이 명확하고 구체적이며, 앞으로의 모든 과정이 공식화되는 것이므로 클라이언트와 가족들이 실천과정에 진지하게 참여하게 되는 효과가 있다.

계약 내용에는 가족상담의 횟수와 기간, 시간, 장소, 참석할 가족, 상담목표, 비용 등의 실질적인 내용과 구체적인 일정, 변화가 필요한 각 가족성원의 행동 등을 서술하는 것도 포함된다.

2) 초기면접 구성

헤프워스 등(Hepworth et al., 허남순 외 역, 2004)은 가족과의 초기면접을 계획하거나 평가하는 지침으로 다음과 같이 '가족과의 초기면접 구성'을 제안하고 있다. 이는 가족과의 초기면접 시에 이루어져야 하는 활동내용과 고려해야 할 사항을 세부적으로 잘 언급하고 있어 초기면접 운영을 안내하고 지침으로 활용하기에 적합하다(도광조, 2014).

(1) 집단으로서의 가족과 연합하고 개별 가족성원과 개인적인 관계를 수립하라.
(2) 기대를 분명히 하고 원조과정에 대한 주저함을 탐구하라.
(3) 원조과정의 본질과 역할을 분명히 하라.
(4) 원조과정의 참여에 대한 선택을 분명히 하라.
(5) 문제에 대한 가족의 인식을 이끌어 내라.
(6) 가족성원의 요구와 욕구를 확인하라.
(7) 문제를 가족문제로 정의하고, 문제가족원이라고 지적된 사람에 대한 낙인을 떼어 내라.
(8) 가족성원 개인이나 가족의 강점을 강조하기 시작하라.
(9) 가족의 패턴화된 행동에 대한 정보를 이끌어 내는 질문을 하라.
(10) 반복되는 의사소통에 대한 가족성원의 관심을 끌어내고 그들이 의사소통의 패턴을 변화시키기 원하는지 토론하라.
(11) 가족성원이 다른 성원과 더 긍정적인 방법으로 관계 맺도록 돕기 시작하라.
(12) 무엇을 원하고(want), 무엇이 필요한지(needs)에 기초하여 조사한 후 가족과 개별성원의 목표를 세워라.
(13) 가족성원이 이후 회기에 참여하고 계약에 협의할 동기를 측정하라.
(14) 그 주간 달성할 과업에 대해 협의하라.
(15) 논의한 문제와 형성된 목표 과업 그리고 진전사항 등을 요약하면서 회기를 마무리하라.

2. 실천기술

초기단계에서의 실천기술은 가족이 표현한 의미들에 대해 신중하게 경청하기, 가족 성원들의 언어적 · 비언어적 의사소통에 대한 민감한 대처, 문제해결과 관련한 가족들의 어려움을 인식하기, 효과적으로 가족을 다루는 데 필요한 지식, 기술, 태도 그리고 환경적인 조건들을 갖출 수 있도록 촉진하기 등의 기본적인 기술이 필요하다. 초기단계에서의 기본적인 실천기술들은 크게 2가지로 살펴보고자 한다.

1) 관계형성

가족대상 실천기술에서 가족과의 관계형성 내지 신뢰관계형성(rapport)은 대단히 중요하다. 관계형성은 사회복지사와 가족과의 관계형성에 있다. 관계성은 개입을 하는 도구이며, 그 도구를 통해 가족에게 도움을 줄 수 있다. 또한 초기단계에서 사회복지사와 가족은 신뢰 관계를 형성할 수 있어야 한다. 사회복지사는 가족이 있는 곳에 '합류(joining)'할 필요가 있는 데, 가족과 합류한다는 것은 가족을 수용하고 가족에게 적응함으로써 가족의 신뢰를 얻는 것을 의미하며, 가족과 합류하기 위해서는 무엇보다 가족 성원들의 이야기를 경청하는 것이 중요하다.

기본적으로 가족과 합류하기 위해서는 그들에 대한 관심과 지지, 경청하고 공감하는 기본적인 관계는 물론이고, 가족규칙을 존중해 주는 것이 중요하다. 또한 위협받는 성원을 지지하거나 강점을 강조하여 가족을 수용하고 있음을 전할 수 있다. 또한 가족들이 사용하는 단어들을 관찰하여 가족의 언어패턴에 맞게 단어를 사용해야 하고, 가족이 대화하는 방식을 따라 대화하며, 가족 간의 호칭을 신중하게 고려해 사용해야 할 것이다. 또한 가족의 문화를 배울 필요가 있고, 그 문화맥락에서 가족들이 어떻게 행동하는지, 어떤 태도를 갖는지 파악해야 한다(Collins et al., 이화여자대학교 사회복지연구원 역, 2001 재인용).

특히 초기단계에 가족과 신뢰관계를 형성하기 위해서는 가족원의 욕구에 관심을 갖고 있으며, 어려움에 처해 있는 가족원들에게 기꺼이 도움을 주려고 한다는 것을 전달함으로써 가족과 사회복지사 사이, 가족원들 사이에서도 지지적인 분위기를 유지해 나가는 것이 중요하다. 가족 중 어느 한 가족원과 연합하는 것을 가급적 피해야 한다.

어렵지만 개인 가족원과의 연합을 피하고 중립적이어야 한다는 것이다. 가족의 구체적인 관심사나 어려움에 집중하여 관여를 할 필요가 있고, 가족의 사생활에 민감하다든지, 가족들이 간섭받는 느낌이 들지 않도록 해야 한다. 가족원의 개인생활에 대해 많은 시간을 할애하면 가족원과 관계를 발전시키는 데에 어려움이 있게 된다. 그렇지만, 가족이 개인적인 일에 대해 이야기하려고 하면 사회복지사는 주의 깊게 듣고, 지지적으로 반응해야 한다(Collins et al.,이화여자대학교 사회복지연구원 역, 2001 재인용).

2) 사정단계

(1) 가족사정

가족사정의 목적은 가족의 욕구와 문제를 파악하고 가족의 강점과 자원을 활용함으로써 가족의 목표를 달성하도록 지원하기 위해서 필요하다. 가족대상 사회복지실천의 초기 단계에서 이루어지는 사정은 가족사정이다.

가족사정은 첫 면접에서부터 시작되어 가족을 만나는 전 과정 동안에 지속적으로 이루어진다. 가족사정이란 가족을 하나의 단위로 보고 가족 내부의 역동이나 가족 외부와의 상호작용 양상을 파악하기 위한 자료를 수집 · 분석 · 종합하여 가족문제의 본질, 가족문제를 이겨 나갈 수 있는 강점 및 자원을 파악하고, 이를 바탕으로 가족에 대한 개입을 계획하는 일련의 과정을 말한다. 여기서의 가족은 하나의 생태체계다. 가족을 하나의 생태체계로 본다는 것은 가족원의 문제를 그 가족의 기능이나 역동과 관련하여 이해하려는 관점을 의미한다(조흥식 외, 2010).

사정에는 무엇이 문제인지, 무엇이 문제를 일으키는지, 그 상황을 변화시키기 위해 누가 무엇을 할 수 있는지를 조사하는 것을 포함된다(Holman,1983; Collins et al.,이화여자대학교 사회복지연구원 역, 2001 재인용). 가족을 사정할 때 사회복지사는 가족이 제시한 문제 및 욕구에 대한 사정을 통해 실천과정에서 역점을 두어야 할 변화 영역과 활용 가능한 자원을 확인하고 목표설정을 위한 기초자료를 얻을 수 있어야 할 것이다(장수미 외, 2010).

가족을 사정하는 목적은 가족의 욕구와 문제를 파악하고, 문제의 원인 및 영향요소, 가족의 강점과 자원을 활용함으로써 가족의 목표를 달성하도록 지원하기 위해서이다. 콜린스 외(Collins et al.,이화여자대학교 사회복지연구원 역, 2001)는 가족사정의 목적을 다음과 같이 제시하였다.

첫째, 그 가족이 가족 단위로 작업하기에 적합한 가족인지를 결정하고 만약 그렇다면, 어떤 유형의 개입이 가장 적절하며, 구체적으로 어떤 변화가 필요한지를 결정하는 것이다.

둘째, 현실적인 목표에 기초한 장 · 단기 목표를 세우는 것이다.

셋째, 가족이 변화를 위해 움직이게 하기 위해 채택할 수 있는 환경과 지역사회자원뿐만 아니라 가족의 강점과 자원을 확인하는 것이다.

넷째, 개입 결과를 평가하기 위한 기초로 가족기능의 기초선을 이해하는 것이다.

가족을 사정하는 것은 문제 발생의 원인인 가족 내·외의 역동성에 대해 탐색하고, 그것을 어떻게 해결할 것인가를 가족과 함께하는 것이다. 따라서 사정하는 동한 사회복지사는 정보에 근거한 개입을 결정짓기 위해 충분한 정보를 수집해야 한다. 단순히 가족들이 말하는 것만을 가지고는 충분한 사정이 이루어질 수 없기 때문이다. 가족들의 구두보고는 여러 가지 제한점을 가지고 있다. 거짓보고도 있을 수 있고, 나름의 관점들이 있을 수 있고, 잊을 수도 있을 것이다. 문제에 대해서 가족 각자들의 생각들을 파악해 보는 것은 특히 중요하다. 또한 가족을 사정하는 데 있어서 모든 가족들이 비슷하고 또한 비슷하게 행동하기를 기대해서는 안되고 그들의 다양성을 수용해야 할 것이다(도광조, 2014).

가족을 사정하는 데 있어 자료를 수집하기 위해 가족과의 면접(interview)과 관찰(observation), 가족사정 도구 등의 방법을 활용한다. 특히 가족대상 사회복지실천에 있어서 관찰은 가족을 이해하기 위해 필수적인 정보를 얻게 해 준다. 특히 비언어적 형태의 자료를 수집할 때 유용한 방법이고, 관찰을 통해 가족구조와 기능, 역할 수행, 관계를 비롯한 가족구성원들 간의 상호작용과 가족 특성을 알 수 있다. 가족원들은 가족사건과 역동에 대해 서로 다르게 진술할 수도 있다. 또는 언어적인 기술이 부족하거나 상황인식능력이 부족하여 제대로 진술할 수 없을 수도 있다. 따라서 그 가족의 생활 속에서 관찰을 통해서 알게 된 여러 가지 사실들을 통합하여 전체로서의 관점을 만들어 낼 수 있어야 한다. 특히 가정방문을 통해 가족이 지역사회 환경과 어떻게 관계하고 있으며, 환경적·물질적 자원에 대한 정보, 일상생활에서 가족원들이 어떻게 상호작용하는지를 관찰할 기회를 가지게 된다(도광조, 2014).

(2) 가족사정 내용

가족의 문제를 해결할 수 있도록 원조하는 구체적인 개입계획을 세우기 위해서는 가족에 대한 포괄적인 사정이 이루어져야 한다. 가족에 대한 사정은 네 가지 차원, 즉 가족이 제시하는 문제, 생태학적 사정, 세대 간 사정, 가족 내부에 대한 사정으로 이루어진다(김혜란 외, 2006). 덧붙이면 자원과 강점에 대한 사정이 포함되어야 할 것이다. 가족사정 내용을 구체적으로 살펴본다.

첫째, 가족이 제시하는 문제에 대해 사정한다. 가족은 문제 혹은 욕구를 무엇으로 보는지, 가족 문제 혹은 욕구에 대해 가족 성원들 사이에 차이가 있는지, 환경체계들은 가족의 문제를 무엇으로 보는지, 그러한 문제들의 지속기간과 가족이 그 문제를 어떻게 다루어 왔는지 등에 대해 탐색한다.

둘째, 생태학적 사정으로서 가족의 기본욕구는 충족되고 있는지, 가족과 환경체계들 간의 경계는 어떠한지, 개별성원들과 환경체계들 간의 관계는 어떠한지, 환경체계들과의 관계에서 개별성원들 간의 차이가 있는지, 가족과 사회복지사 혹은 기관과의 관계는 어떠한지에 대해 탐색한다. 생태학적 사정에는 물리적 · 물질적 환경(생활환경)을 포함하고, 사회적 지지망 부분도 포함한다. 매슬로우(Maslow)의 욕구체계에 기반을 둔 포괄적인 생태사정은 사회관계에서 얻을 수 있는 정서적 지지와 다른 혜택뿐 아니라 의 · 식 · 주 및 의료보호 그리고 고용과 같은 구체적인 필요들을 판단해 볼 수 있도록 한다.

셋째, 세대 간 사정으로서 확대가족과 어떤 관계를 가지는지, 여러 세대에서 반복되는 가족의 유형, 관계, 태도, 문제, 규칙 등은 무엇인지, 이에 대한 가족들의 생각과 만족도 등에 대해 탐색한다. 이에는 가족생활주기와 관련된 부분들을 포함한다. 가족생활주기상에서 수직적 스트레스 요인과 수평적 스트레스 요인들은 무엇인지 판단해 보아야 한다는 것이다.

넷째, 가족 내부에 대한 사정으로서 가족의 구조와 기능, 의사소통, 가치, 신념체계 등에 대해 탐색한다. 가족의 구조와 기능과 관련하여 가족 내 하위체계가 적절한 기능을 수행하고 있는지, 하위체계 간 경계가 적절한지(밀착/분리) 등을 포함한다. 부부 하위체계에서 부부가 서로에게 도움이 되는 만족스러운 관계를 가지는지, 서로에게 적응하는 동시에 자율성을 가지고 있는지를 평가한다. 부모 하위체계에서는 부모가 적절한 부모 기술을 가지고 있는지, 부모역할을 위해 필요한 사회 지지를 가지고 있는지, 자녀를 통제하고 지도하는 권위를 가지고 있는지를 점검한다. 부모-자녀 하위체계에서는 부모와 자녀의 관계가 좋은지, 즉 삼각관계를 형성하고 있는지 등을 검토한다. 형제자매 하위체계에서는 형제자매 간의 관계가 갈등적 · 경쟁적 혹은 지지적 인지, 형제자매 간 감정적 유대관계를 형성하고 있는지 등을 탐색한다.

가족 내부에 대한 또 다른 사정으로서 가족의 의사소통에 대해 탐색한다. 가족성원들은 의사소통에서 분명하고 일관성 있는 메시지를 주고받는지, 의사소통이 당사자들 간에 직접적으로 이루어지는지 혹은 간접적으로 이루어지는지, 애매모호한 메시지 혹은 이중구속 메시지가 있는지, 상호 공감이 이루어지는지, 성원들의 차이에 대해 이해하는지, 비난하는 의사소통을 하는지 등을 평가한다.

다섯째, 강점과 자원에 대한 사정은 가족 내부적인 부분과 가족 외부적인 부분, 이들 간의 상호작용에 대한 부분을 사정하면서 특히 가족의 문제를 해결하는 데 보탬이 될 수 있는 강점과 자원을 찾아내는 노력이 포함된다.

(3) 가족 사정 틀

존슨과 얀카(Johnson & Yanca, 2010; 장수미 외, 2010 재인용)는 가족 단위의 클라이언트 체계를 사정하는 틀로 '가족 단위의 사회력 전개 틀'을 제안하고 있다. 이 가족 사정 틀은 '체계로서의 가족(가족의 구조, 기능, 발달)', '가족이 제시하는 관심사 및 욕구', '욕구를 충족시킴에 있어서 강점과 도전'으로 구성되어 있다. 이 가족 사정 틀은 가족 단위에서 사정되어야 하는 영역을 체계적으로 담고 있어 사정과정을 이끌어 가거나 사정내용을 기록하는 지침으로 유용하게 활용될 수 있을 것이다. 그 내용은 〈표 9-1〉과 같다.

〈표 9-1〉 사회력 전개 틀: 가족

Ⅰ. 일반적인 정보(기관의 필요에 따라 구성)

A. 가족 구성원의 이름과 생년월일, 사망일

B. 결혼날짜, 이전 결혼날짜

C. 종교, 인종, 문화적 배경

D. 처음 접촉한 날짜, 의뢰자

Ⅱ. 체계로서의 가족(각 섹션에서 강점, 자원, 도전 기록)

A. 가족 구조

1. 가족체계 내에서 기능하고 있는 모든 사람들 신원확인, 확대가족성원들과 관계가 없더라도 체계의 일부로 기능한다면 포함
2. 하위체계: 부부, 부모, 형제, 부모-자녀 하위체계나 그 외 하위체계의 기능과 관계기술
3. 가족 결속력: 가족이 그 체계, 경계, 관계를 유지하는 방법 기술, 가족구성원 사이의 연결과 분리의 이슈, 가족 규칙과 규범, 정서적 분위기 포함
4. 가족 환경: 가족성원들의 환경 설명
   1) 생활상태
   2) 사회경제적 지위
   3) 확대가족: 친척, 확대가족 내 중요한 사람들, 이 가족체계의 영향에서의 강점, 이로부터 비롯되는 자원 · 책임 · 영향력
   4) 지역사회나 이웃의 특징 및 그 가족과 지역사회나 이웃의 관계: 가족에게 중요한 지역사회 조직과 기관, 이들과의 관계 특성 포함. 지역사회와 이웃자원 그리고 그 지역사회에서 가족을 위한 책임 및 영향력 기술

B. 가족 기능

1. 의사소통 패턴
2. 의사결정 패턴
3. 역할 수행
   1) 일과 집안일의 기준과 실천
   2) 부모 역할과 자녀 양육의 기준과 실천
   3) 체계 구성원 지지: 성장 격려, 돌봄, 관심
   4) 가족이 습관적으로 적응하고 대처하는 메커니즘
   5) 가족의 생태도 작성

C. 가족 발달-역사

1. 뿌리, 문화집단과 이전 세대가 가족체계에 미친 영향

2. 가족생애에 중요한 사건
3. 가족생애발달단계
4. 가계도 작성

Ⅲ. 관심사 및 욕구

A. 이 가족은 왜 기관에 왔는가? 어떤 서비스를 요구하는가?
B. 가족 구성원 개인의 욕구
C. 가족 내 하위체계들의 욕구(특히 부부체계, 부모체계에 관심 필요)
D. 가족 체계의 욕구: 개별적 욕구와 하위체계들의 욕구가 어떻게 가족체계에 강한 영향을 미치는지를 고려. 체계로서의 가족에 영향을 주는 환경적 책임, 기대, 다양한 요인 고려, 가족체계의 욕구 충족 방해물 규명

Ⅳ. 욕구를 충족시킴에 있어 강점과 도전

A. 이 가족은 서비스가 제공된 결과로 무슨 일이 일어나기를 원하는가?
B. 서비스와 관련된 가족의 생각, 관심, 계획은 무엇인가?
C. 변화 혹은 서비스 이용에 대한 가족의 동기는 무엇인가?
D. 대처와 변화를 위한 가족의 역량은? 무엇이 영향을 줄 수 있는가?
E. 변화를 위한 가족의 자원은 무엇인가?(특히 체계 내부)?
F. 이 가족의 변화를 지지할 수 있거나 경감시킬 수 있는 환경적 자원, 책임, 영향력은 무엇인가?
G. 변화와 관련된 가족체계의 동기, 역량, 기회에 영향을 줄 수 있는 다른 어떤 요인들이 있는가?
H. 이 가족에 대한 체계 및 환경의 현실적인 기대는 있는가?
I. 요구충족과 관련하여 가족의 강점과 도전은 무엇인가?

(4) 가족 사정단계

가족 사정의 목적은 가족의 욕구와 문제를 파악하고 가족의 강점과 자원을 활용함으로써 가족의 목표를 달성하도록 지원하기 위해서 필요하다. 가족 사정은 객관적인 사정방법과 주관적인 사정방법으로 구분한다.

① 객관적인 사정방법

객관적인 사정방법은 자기보고식 질문지를 사용하는 방법으로써 가족치료를 받는 가족

으로 하여금 다른 가족의 걱정이 무엇인지 이해시킬 수 있는 기회를 제공받는다. 대개의 가족은 언어로 표현하는 것보다 질문지에 표현하는 것을 쉽게 느끼기 때문이다.

가족치료 분야에서 객관적인 사정방법 도구로 맥메스터 모델(McMaster Model), 써콤플렉스 모델, 비버즈 모델 등이 있다.

- 맥메스터 모델: 캐나다의 맥메스터대학 정신과에 있던 엡스타인 등에 의하여 개발된 것으로 가족기능을 평가하는 개념적 준거 틀을 제공한다. 가족기능은 문제해결, 의사소통, 역할, 정서적 반응성, 정서적 관여, 행동통제 등의 측면에서 고려하게 된다.
- 써콤플렉스 모델: 올슨(Olson) 등은 응집력과 적응력의 차원에서 가족을 평가하는 순환모델을 발표하여 가족응집성과 적응성, 측정정오(FACES: Family Cohesion and Adaptability Evaluation Scales)를 만들었다. 이 모델은 문항수가 많지 않은 데 비하여 신뢰도와 타당도가 높다.
- 비버즈 모델: 청소년이 가정으로부터 독립된 시기에 이르러 채택되는 행동 유형인 구심적 양식과 원심적 양식을 활용하여 가족을 분류한다.

② 주관적 사정방법

- 가계도: 가계도(genogram)는 가족을 중심으로 그 가족의 3세대 이상에 관한 정보를 보여 주는 것으로서 중요한 생활사건(가령 결혼이나 이혼, 질병, 사망 등)이나 인구사회학적 특성(가령 종교, 직업, 거주지 등)을 도표로 기록하는 작성법이다. 가족의 구조와 특성을 전체적으로 파악하는 데 사용되는 사정방법 도구 중 하나이다. 머레이 보웬(Murray Bowen)이라는 학자에 의하여 고안되었으며 활성화되었다.
- 가족화: 번스와 코프맨(Burns & Kaupman, 1982)은 가족이 무엇인가를 하고 있는 장면을 그리게 하는 동적 가족화를 창안하였다. 가령 동물 가족화를 그리게 함으로써 그 그림을 통해 무의식적인 측면이 숨김없이 드러날 수 있다. 아버지를 호랑이로, 어머니를 고양이로 표현했다면 그 가족 내에서 힘의 역학관계를 파악하게 될 것이다(최선화, 2012: 226 재인용).
- 가족조각기법: 칸과 토덜(Kanto & Duhl, 1973)이 개발한 것으로, 가족조각기법의 주요

특징은 가족의 관계나 서로의 상호작용의 모양을 나타내는 위치나 자세를 만드는 데 가족들을 배치하는 것이다. 가족조각기법은 가족을 상징하는 이미지를 객관적인 기술로 파악해 보려는 것이다.

- 가족개념에 의한 가족사정: 가족치료자가 가족을 평가하는 가장 일반적인 사정도구는 임상적 경험에 의한 것이다. 가족을 사정할 도움이 되는 개념들로 가족규칙, 가족신화, 가족의식, 격리와 밀착, 부모화, 감각관계 등이 있다.
- 가족환경에 의한 가족사정: 가족환경에 의한 가족사정은 가족을 둘러싸고 있는 환경으로 부부의 친밀성, 약물이나 알코올 문제, 직업의 문제, 스트레스 등을 고려한다.

제2절 중기단계 실천기술

가족과 함께하는 사회복지실천의 중기(개입)단계는 초기단계에서 설정된 가족의 목표와 전략에 따라서 개입해 본격적으로 변화를 가져오는 단계이다. 개입은 크게 가족 내부의 관계 변화를 위한 개입이 있을 수 있고, 가족과 함께 개선을 위한 개입이 있을 수 있다(도광조, 2014).

1. 환경적 개입(가족과 환경 간의 관계)

가족의 문제 및 욕구가 가족과 환경 사이에 원활한 상호작용의 부족이나 교류의 부조화와 관련이 있다면 그 관계를 개선하기 위한 실천을 해야 할 것이다. 가족과 환경 사이에 원활한 상호작용의 부족 또는 보조화라는 것은 가족 내부적으로 문제가 있어 가족 외부환경에 대해 도움을 요청하는 행위가 없다든지, 가족의 필요가 있는 데도 환경에서 적절하게 서비스를 제공하지 못하고 있다든지 하는 경우가 대부분일 것이다.

헤프워스 등(2004)은 부적절한 환경자원 때문에 어려움을 당하는 취약한 클라이언트 집단의 환경을 개선하기 위해서 가정환경자원을 보충하는 것, 지지체계 개발과 증진, 클라이언트를 다른 환경으로 옮기는 것, 지역사례관리 이용허가, 조직과 시설의 상호작용 강화, 기관 환경 개선하기, 클라이언트의 역량강화, 새로운 자원 개발하기, 옹호와 사회행동 적용하기, 사회계획 · 지역사회조직 등을 들고 있다. 그리고 환경적 개입은 일반적으로 다른 개입과 병행해서 사용해야 한다는 점을 강조했다. 문제는 다차원적이고 다양한 체계와 하위체계 간에 상호 교류하는 것이기 때문에 환경에만 중점을 둔 개입은 개인의 장애를 무시하는 문제의 한 측면만을 강조할 수 있다는 입장을 나타내었다.

환경으로부터 자원보충이 필요하다면, 지역사회 환경자원과의 연결(연계)과 개발이 서비스 누락과 중복이 있다면, 서비스 조정이 가족이 정당한 권리를 누리지 못한다면 가족옹호의 방법이 적용되어야 한다. 그 외 가족 지지망에 대한 개입과 필요에 따라 가족환경을 전환하는 실천을 할 수 있다.

1) 지역사회 환경자원과의 연결 및 서비스 조정, 자원개발

클라이언트가 살고 있는 지역사회에 현재 자신이 소속된 기관 및 단체에서 제공하는 서비스와 사업을 수행하는 데 당장 또는 가까운 시일 내에 활용할 가능성이 분명한 활용 가능한 자원은 사전에 잘 파악하여 두는 것이 사회복지실천기술의 하나의 방법이다.

가족의 문제 및 욕구가 부족한 자원의 보충과 서비스에 관련된 것이라면 사회복지사는 지역사회 내의 사회복지기관이나 시설 또는 공식적 · 비공식적인 자원과 연결해야 하고, 서비스 중복이나 누락이 있다면 서비스를 조정하도록 해야 한다. 만약 가족의 필요에 상응하는 자원이나 서비스가 지역에 존재하지 않는다면, 공식적 · 비공식적으로 자원을 개발할 수 있도록 해야 할 것이고, 지역의 여러 기관들에게 요구하는 노력을 해야 할 것이다.

2) 가족옹호

가족옹호의 목표는 가족에 대하여 직접적으로 영향을 미치는 체계나 제도가 가족을 위하여 일을 할 수 있게 하는 것이다. 그러기 위하여 주택, 고용, 복지, 교육, 보건, 여가,

교통, 경찰, 법원, 사회 서비스 기관 등과 같은 제도화된 서비스가 가족옹호의 목표를 달성하기 위하여 변화되어야 한다.

가족옹호는 가족이 정당한 권리가 있음에도 불구하고 권리보장이 이루어지지 않거나, 서비스가 확대되어야 할 필요가 있는 경우 가족의 권리를 대변하고 서비스를 확충하도록 노력하는 것이다.

어떤 가족에게 지역적 도움을 요구하였을 때 가족옹호실천을 위하여 그 지역의 사회복지시설 및 기관에 그러한 자원보충 서비스가 존재하지 않는다거나 서비스 프로그램이 존재하지 않는 경우, 적극적으로 옹호활동을 해야 할 것이다. 가족의 정당한 권리를 요구·대변함으로써 지역사회 조직의 변화를 가져오도록 하는 노력이 필요하다. 가족옹호는 가족의 사회환경을 향상시키고 사회정의를 증진시키기 위한 사회복지실천기술의 하나이다.

3) 가족의 환경 변화 활동

시대의 변화에 따라 가족은 역사적인 맥락과 문화적인 면에서 역동적으로 변화되고 있다. 가족은 해당 시대의 주변 환경 변화의 산물이라 할 수 있다. 가족욕구와 문제가 가족 혹은 가족성원과 환경 간 교류의 부조화에서 비롯된다고 본다. 따라서 가족이나 가족성원이 환경의 지나친 요구로 인해 어려움을 경험한다면 이 교류를 변화시켜서 가족 내 스트레스를 감소시키고 가족체계의 균형을 회복시키는 것이 필요하다.

예를 들어, 직장이나 학교생활에서 가족구성원의 한 사람이 많은 영향을 받아 스트레스를 받는다면 직장이나 학교의 요구를 조정할 필요가 있을 것이다. 지방자치단체와 협력하여 조정이 가능하다면 조정하고 불가능하다면 또 다른 방안을 찾아 기능을 조정하든지 아니면 신설을 계획하는 것도 필요하다. 또한 가족의 주거환경이 좋지 못하여 주거환경을 변화시키든지 이동시키든지 등의 활동도 이에 포함될 것이다.

2. 가족 치료적 개입(세대 간/ 가족내부의 관계)

가족치료가 개입단계로 잘 진행되고 있다는 것을 알 수 있는 징후는 가족원이 양가감정을 표면화하는 것이다. 가족 상담에 대한 양가감정의 표현은 건강하다는 표시이기도 하다. 가족구성원이 가족치료자에게 직접 그 감정을 말할 수 있을 때 그리고 어떤 문제의 해결을 위해서 스스로 노력할 때 그러한 불평은 경험이 적은 사회복지사에게는 당황스럽고 좌절이 되지만 실제로 그 가족은 중요한 치료적 향상을 보이고 있다.

헤프워스 등(2004)은 부부와 가족관계를 향상시키기 위해서는 긍정적인 피드백의 중요성을 알고, 수행할 수 있도록 돕는 것, 역기능적인 상호작용 수정, 오해와 왜곡된 인지 수정, 역기능적인 가족동맹(연합) 수정 등의 방법과 기술들에 대해 설명한 바 있다. 일반적으로 가족 내부의 관계변화를 위한 방법과 기술에 대해서는 가족치료 모델에서 많은 내용을 제시하고 있다.

가족치료에서는 가족구성원이 가지는 개인문제는 혼자만의 문제가 아니라 결함을 가진 가족체계의 표현이라는 입장(개인의 문제는 가족 단위의 역기능에 연유), 개인의 행동은 가족 상호작용의 역동성에 반영된다는 입장, 가족 내의 성원들의 문제 행동은 비정상적이라기보다는 필요에 의한 표현(필요에 의해 만들어진 정상적인 행동)이라는 입장을 취한다. 가족 내에서 발생하는 여러 가지 문제들은 가족 내의 역동을 변화시키고자 하는 하나의 경고음이라는 입장인 것이다(도광조, 2014).

가족치료에서의 다양한 실천기술들은 다음과 같으며, 개입과정에서만 사용되는 것이 아니라 가족치료 실천기술의 전 과정에서 사용할 수 있는 기술이라고 할 수 있다(도광조, 2014).

1) 머레이 보웬의 다세대 가족치료 실천기술

(1) 다세대 가족치료 실천기술의 기본 개념

가족은 삼각관계가 얽혀 있는 감정체계이고, 다른 구성원들에게 감정반사행동을 당연히 하게 된다. 그렇지만 자아 분화가 잘 이루어진 경우는 감정반사행동을 적게 한다는 것이다. 자아분화가 덜된 사람일수록 감정반사행동에 의한 심각관계현상을 만들거나 그 것에 합류될 가능성이 높다. 자아분화 정도가 낮은 사람은 정서적 반응에 좌우되기 쉽고 낮은 수준의 스트레스에도 역기능적으로 반응하는 경향을 보인다.

자아분화는 정신 내적 측면(정신 내적 분화)과 외부 관계적 측면(대인 관계적 분화)을 모두 포함하는 개념이다. 정신 내적 측면에서 자아분화는 개인의 지적 측면과 정서적 측면의 분리, 즉 감정과 사고의 분리를 의미한다. 외부 관계적 측면에서 자아분화는 한 개인이 타인과의 관계에서 확고한 자아개념(진짜 자아, solid self) 또는 일관된 신념을 갖고 타인과 분리되어 자주적·독립적 행동을 하는 정도, 즉 인간관계에서 자율성과 독립성을 말한다. 다른 사람들과의 관계로 인해 쉽게 변화하지 않는다는 것이다. 이에 반해 외부관계적 측면에서 자아분화가 덜 된 경우는 타인과의 관계에서 쉽게 목표를 바꾸고 다른 사람들의 말을 따르는 경향이라는 것이다(거짓 자아, pseudo self).

가족 내에 자아분화 정도가 낮은 구성원들이 존재할 경우, 그들을 중심으로 삼각관계가 형성될 수 있다. 부부 사이에 긴장과 갈등이 고조될 경우(감정적 불안정), 불안을 다른 가족 구성원에게 투사해 삼각관계를 형성하게 된다는 것이다(다른 사람이나 요인을 끌어들여 긴장에서 벗어나려는 시도). 그리고 투사의 대상이 되는 사람(아이)은 분화수준이 낮은 상태로 성장하게 되고, 이 아이는 다시 부부관계에서 다음 세대와 삼각관계를 맺게 되는 세대 간 전이현상이 일어나게 된다. 삼각관계와 가족투사 과정을 통해 다세대 간 전이가 이루어진다는 것이다. 그렇다면, 이런 경우는 가족구성원들의 자아분화 정도를 높이기 위한 개입(감정과 사고를 분리하여 중립적일 수 있도록)과 탈삼각화를 할 수 있도록 도와주어야 할 것이다.

(2) 다세대 가족치료에서 활용하는 실천기술

보웬은 1966년에 가족치료이론으로 자기분화, 삼각관계, 핵가족 정서체계, 가족 투사과정, 다세대 전수과정, 형제지위 등 핵가족과 확대가족에서 일어나는 정서적 과정을 설명하는 여섯 가지 개념을 발표하였다. 그는 상호 관련 있는 6가지 개념을 가지고 가족이 여러 대에 걸친 관계의 망에서 어떻게 개별성과 연합성의 상호작용을 형성하는가를 설명한다. 그가 정의한 6가지 개념만을 살펴본다.

① **자기분화**(Differentiation of self): 보웬 이론의 핵심적인 개념인 자기분화는 두 개의 힘을 가정하는 데, 이는 가족 안에서 연합하고자 하는 힘인 연합성과 서로 분리하고자 하는 힘인 개별성이다. 개별성은 생물학적으로 유기체를 자신의 의지, 즉 독립적이고 분리된 존재로 나아가게 하는 생명력에 뿌리를 둔다. 연합성은 유기체를 상대의 의지, 즉 의존적이고 분리되지 않는 개체로 나아가게 하는 생물학적 생명력에 뿌리를 둔다.

이상적인 것은 두 세력의 균형이다. 개별성과 연합성의 불균형은 '융합(fusion)'이나 '미분화(undifferentiation)'라고 부르고 균형을 이룰 때 '분화(differentiation)'라고 부른다.

② **삼각관계**(Triangles): 삼각관계는 상호 대인적 체계의 요소이다. 정서체계의 기본요소로 가장 작고 안정된 관계단위다. 보웬은 자아의 통합정도와 자신이나 타인과의 관계에서 일어나는 불안이나 정서적 긴장에 관심을 두고 연구하면서 두 사람 관계체계에서 발생하는 스트레스나 상충된 욕구가 있을 때 균형을 유지하려고 시도하는 데서 삼각관계가 형성된다고 보았다. 그는 가족구조 내 두 사람 간의 스트레스를 해결하는 방법은 가족의 다른 구성원을 두 사람의 상호작용체계로 끌어들여 삼각관계를 형성하는 것임을 발견했다.

삼각관계의 활동에서 영향을 미치는 가장 주된 것은 불안이다. 불안이 증가하면 제3자는 두 사람의 긴장에 관여하게 되어 삼각관계를 형성한다.

③ **핵가족 정서체계**(Nuclear family emotional system): 이 개념은 가족들이 감정적으로 서로 강한 결속력과 연결정도를 나타내는 것으로 가족 내의 정서적 힘에 대한 것을 말한다. 핵가족 내에서 이런 정서기능의 유형들은 가족원들 사이에 분화가 잘 이루어지지 않음으로 해서 나타난 산물로 원 가족에서 형성된 것을 다시 지금의 가족 내에서 반복하는 패턴으로 작용하는 정서적 압력들에 관한 것이다.

핵가족 정서과정은 한 세대의 가족 내에서 보이는 정서적 기능을 보여 주는 것으로 결혼과 함께 시작되는 데 가족의 분화정도가 낮을수록 증상을 일으키는 정서적 역기능 유형들이 활발히 작용한다.

④ 가족 투사과정(Family projection process): 보웬은 미분화된 부모가 출생순위와 상관없이 자녀 중에 가장 유아적인 자녀를 투사대상으로 선택하게 되는 데 이 현상을 가족 투사과정이라고 했다. 가족 투사과정의 강도는 두 가지 요인과 관련되어 있는데 한 가지는 부모의 미분화 정도이고 다른 한 가지는 가족이 경험하는 스트레스나 불안의 수준이다. 정서적으로 단절된 부부는 심한 거리감을 느끼고 온통 자녀에게 관심을 쏟으며 그들에게 애착하게 된다.
이런 유형의 애착은 따뜻한 관심이 아니라 불안하고 속박적인 관심이다. 결국 자녀에 대한 과잉 관여로 부부간의 거리감은 더욱 심화되고 자신의 불안 때문에 자녀에게 더욱 매달리고 자신의 불안을 자녀에게 돌림으로써 정서적 장애를 일으킨다. 가족 투사과정은 어머니-아버지-자녀의 삼각관계 안에서 작용한다.

⑤ 다세대 전수과정(Multigenerational transmission process): 다세대 전수과정에서는 두 가지 개념이 중요한데 역기능 가정에서 자라난 사람은 성인이 되어서도 자신과 비슷한 수준의 분화를 가진 상대를 배우자로 선택한다는 것과 부모의 낮은 분화수준이 부모의 정서유형에 민감한 특정자녀에게 전수된다는 가족투사 과정의 개념이다. 다세대 전수과정은 정서체계에 근간을 두고 있으며 한 세대에서 다음 세대로 계승된 정서, 감정, 그리고 주관적으로 결정된 태도, 가치와 신념을 포함한다.

⑥ 형제지위(Sibling position profiles): 보웬은 가족 내 형제 순위를 기초로 자녀들의 성격이 일관되게 발달한다는 사실을 인정했으며 이 개념에 의하면 자녀는 가족 내의 형제 순위에 따라 어떠한 고정된 인성적 특성을 발달시킨다. 보웬은 형제 순위별 성격특성을 가족의 투사과정이나 자아분화개념을 적용하여 설명했는 데 이러한 기능은 가족체계 내의 특정 개인들에 의해서 이루어진다. 개인은 형제 순위 속에서 특정지위를 갖고 태어남에 따라 그것과 관련된 기능을 떠맡게 된다.

2) 버지니아 사티어의 경험적 가족치료 실천기술

(1) 경험적 가족치료 실천기술의 기본 개념

경험적 가족치료의 창시자는 칼 휘테이커(Carl Whitaker)로, 가족이 상호작용의 통로를 열도록 돕기 위해 자유분방하고 직관적인 접근을 하였다. 그의 치료 목적은 가족이 경직되어 민감하게 반응할 수 없는 가족의 유형을 느슨하게 만드는 것이었다.

경험적 가족치료의 대표자인 사회사업가 버지니아 사티어(1916~1988)는 1951년 그녀의 가족치료소에서 가족들을 치료하기 시작하였다. 사티어의 치료는 감정표현에 중점을 두고, 가족들이 서로 자신들의 감정을 적절하게 표현하며, 어떻게 상호 간에 반응하고 어떻게 자신만의 고유한 의사소통과 행동방식의 패턴을 형성하는지를 주목하였다. 무엇보다도 먼저 내담자를 이해하는 태도와 내담자가 자신의 존재와 잠재력을 통찰하며 진정한 참 자기존재를 경험할 수 있도록 돕는다. 경험적 치료의 궁극적인 목적은 자아 존중감의 증진과 자기가치를 느끼며 개인적으로 자기성장을 할 수 있도록 돕는 데 있다. 목적달성을 위해서는 가장 친밀한 관계를 형성하는 가족들 간의 의사소통을 통해서 상호 존중감, 신뢰감을 회복할 수 있도록 체험과 교육을 중요시하였다.

그는 다음과 같은 주요 개념을 사용하고 있다.

① **자아 존중감**: 자아 존중감은 에너지의 자원이 되는 데, 인간이 자신을 사랑하고 감사를 느낄 때 에너지가 만들어지며, 에너지가 조화롭고 긍정적으로 사용될 때 현재 주어진 상황을 더욱 창조적이며 현실에 맞게 잘 극복할 수 있게 된다. 자아 존중감에 대한 개념에는 자기, 타인, 상황의 세 요소가 있다. 이 세 가지가 모두 순기능을 해야 기능적인 사람이라 한다.

> ① '자기'는 애착, 사랑, 신뢰, 존중을 통해 갖는 자신에 대한 가치와 자신의 유일성을 말한다.
> ② '타인'은 다른 사람과의 관계에서 형성되며 다른 사람에 대해 느끼는 것으로 타인과의 동질성, 이질성, 상호작용에 대한 것이다.
> ③ '상황'은 주어진 여건과 맥락을 의미하는 데, 주로 부모나 원가족 삼인군에서의 상황을 말한다.

② **의사소통 및 대처유형**: 사티어는 많은 내담자 가족들을 치료하면서 내담자들의 공통점을 발견하였다. 가족들 가운데 누군가는 이중적인 메시지를 지속적으로 사용하고 있었다. 즉, 언어적 메시지와 비언어적 메시지가 일치하지 않고, 말과 행동이 다르고, 자신의 말과 내면의 의도가 일치하지 않는 것이다. 문제 가정에서는 누군가 이것을 지적한다거나 문제시하는 사람이 없었다.

이런 감정상태의 사람은 자신의 이중메시지에 대한 지각이 없었다. 스트레스 상황에서 자기 가치가 위협을 받고 위기를 느낄 때 그리고 자기 자신이 인정받지 못하고 거절당할 때에 인간은 누구나 자신을 보호하고 방어하기 위한 방법으로 무의식적으로 역기능적인 의사소통 유형을 사용한다.

① 회유형: 자신의 내적 감정, 상태보다 타인과 상황이 중요하다. 자신의 욕구보다 타인의 욕구에 먼저 반응한다.
② 비난형: 회유형과는 반대로 자기 자신이 중요하다. 타인이나 상황이 '나'를 위해 존재해야 한다.
③ 초이성형: 자신과 타인을 모두 무시하고 상황을 중시한다. 문제해결능력은 뛰어나나 '나'와 '남'이 모두 불행하다.
④ 산만형: 자신, 타인, 상황 모두를 무시한다. 심리적 접촉이 어려우며 유머와 창의성이 뛰어나 재미있는 사람이다.
⑤ 일치형: 의사소통의 내용과 내적감정이 일치하는 유형이다.

③ **가족규칙**: 합리적이고 인간적이어서 도움이 되는 규칙이 있는 반면 비합리적이고 억압적인 규칙이 존재한다. 합리적 규칙은 개인의 성장에 도움이 되지만 비합리적 규칙은 낮은 자아 존중감을 형성시킨다. 가족규칙들은 종종 "절대로 안 된다"나 "항상"이라는 절대적인 용어로 전달되기 때문에 결과적으로 가족규칙을 따르려 애쓰는 결과 자아 존중감이 낮아진다. 이는 가족규칙을 따르기 위해서는 그 사람의 어떤 부분이 무시되어야만 하기 때문이다. 그러므로 우리는 일반적으로 가족규칙을 따르거나 혹은 반항한다.

④ **인간의 내적 경험**: 사티어는 인간의 내적 경험을 빙산에 비유하였다. 사티어 모델의 빙산단계는 빙산의 수면 위에 나타나는 행동과 대처방식, 수면 아래 숨겨진 감정과 감정에 대한 감정, 지각, 기대, 열망, 자아 등이 있으며 내담자 가족과 상호작용을 통하여 빙산을 탐색해 나간다. 빙산 위에 나타난 행동은 어떤 사건에 대한 활동이나 이야기에 대하여 내담자가 보고 들은 객관적 사실이며 그것에 대하여 어떤 의미를 부여하고 어떻게 영향을 받고 있는가를 탐색한다.

(2) 경험적 가족치료 실천기술

사티어의 경험적 가족치료에서 활용하는 실천기술들은 예술로부터 이끌어져 왔고 심리극, 조각, 역할놀이 같은 전략들을 포함한다. 사실상 치료자에게 편안한 거의 어떤 행동도 수용할 수 있는 것으로 고려된다. 경험적 가족치료에서 강조되는 것은 치료의 맥락에 있어서 개인과 가족의 정서적인 경험을 중요시하는 것이다. 경험적 가족치료에서는 통찰이나 설명을 해 주기보다는 가족 특유의 갈등과 행동양식에 맞는 경험을 제공하려고 노력하며 그 경험이란 가족성원이 자발적으로 자신을 열어 보일 수 있는 기회, 표현, 개인의 성장들을 의미한다.

① **가족조각(family sculpting)**: 가족조각은 특정한 시기의 어려웠던 사건을 선정하고, 정서적인 가족관계를 언어를 사용하지 않고 신체적으로 상징화하기 위하여 사람이나 대상물들을 배열하는 것이다. 이것은 가족구조 내에서 개인이 가지고 있는 위치를 배열하는 것이다. 각 가족성원들이 말없이 행위와 감정을 표현하는 몸짓과 공간적 관계를 나타내도록 함으로써 살아 있는 초상을 만들어 내는 것이다. 상호작용 유형의 형태는 가족성원들 상호 간의 친밀감/거리감, 가족구조 내의 위계질서, 비언어적 의사소통의 유형 등과 같은 것들을 설명할 수 있다. 즉, 내담자와의 언어적 상담과 관찰로는 부족한 측면들을 단시간에 관찰하고 개입할 수 있는 강점이 있다. 가족조각기법을 활용하는 대략적인 순서는 다음과 같다.

① 상담자는 가족조각을 만드는 조각가를 선정하고 가족조각을 하고 싶은 장면을 선정할 수 있도록 조각가를 돕는다.
② 가족조각가는 가족구성원 중 역할을 할 실제적인 인물을 정한다.
③ 가족조각가를 통해 역할을 하는 가족 구성원들의 위치가 은유적으로 정해지고 특정자세로 가족조각이 이루어진다.
④ 가족조각에 참여했던 가족구성원들의 연기를 마무리하고 자신들이 했던 경험을 나누며 인식된 통찰을 함께 표현해 보도록 한다.

② **역할극**(role play): 역할극은 가족구성원에게 다른 사람의 역할을 해 볼 수 있는 기회를 제공한다. 가족 역할극에서 사람들은 새로운 시각으로 자신을 바라보며 그들만이 갖는 신념과 차이에 감사하며 무관심의 현존성에 대하여 서로 나눌 수 있는 기회를 제공한다. 이러한 경험은 옛날의 고통스러웠던 감정을 이완시키고 새롭고 역동적인 결정을 하게 한다. 그리고 미해결 과제의 완성과 낮은 자존감을 증진시키며 참여자에게도 똑같은 목표성취의 기회를 제공한다.

③ **원가족 삼인군 치료**(primary triad therapy): 사티어는 출생가족의 성장과정과 생활경험을 중요시하며, 현재의 자기존중감정, 자기가치, 신념, 생존유형, 일치적인 의사소통 등을 성장과정에서의 생활경험과 연결시켜 이해하려고 노력하였다.

원가족 삼인군 치료의 궁극적인 목적은 내담자가 원가족 삼인군에서 학습한 역기능적 대처방법에 집착하는 것에서 벗어나고 가족규칙과 부모의 규제에서 벗어나 독자적인 개별성을 갖도록 돕는 데 있다. 또한 의식적인 선택을 통하여 내담자가 자신의 행동에 책임을 지고, 자신의 감정과 그 감정에 대한 감정을 잘 관리할 수 있도록 도우며, 자신의 내적·외적 자원을 인정하고 개발하며, 일치된 의사소통을 할 수 있도록 하며 결과적으로는 자존심을 높이는 데 있다.

대부분의 역기능적인 학습이 원가족 삼인군에서 온다는 것을 전제로 출생이후 성장과정에서 자기존중 감정의 발달측면에서 부모의 영향을 중요시하면서 성장이후에도 자기존중 감정의 변화와 새로운 차원에서의 성장이 가능함을 강조하였다. 또한 의식적 선택을 통하여 내담자가 자신의 행동에 책임을 지고, 자신의 감정과 그 감정에

한 감정을 잘 관리할 수 있도록 도우며, 자신의 내적 · 외적 자원을 인정하고 개발하며, 일치된 의사소통을 할 수 있도록 하며 결과적으로 자존심을 높이는 데 있다. 원가족 도표를 사용하며, 가족원들이 공동으로 원가족 도표를 작성하는 과정과 완성한 원가족 도표를 설명하고 재구조화하고, 조각 내지는 역할극을 병행하면서 치료과정을 진행하게 된다.

① 원가족 도표작성(1단계): 가족구성원의 성격, 자존감 정도, 의사소통 유형과 생존유형, 가족규칙, 가족의 역동성, 가족원들 상호관계, 세대 간의 유사점과 차이점 그리고 사회와의 연계성 수준 등을 파악한다. 'IP'라는 용어 대신에 'star'라는 용어를 사용한다. 원가족 도표는 가족원들이 의논하여 작성하도록 하며, 정보가 불명확한 것을 추리하여 완성하여도 무방하며, 도표는 현재의 가족, 아버지의 원가족, 어머니의 원가족을 작성한다.
② 원가족 도표를 사용하는 치료과정(2단계): 원가족 도표를 설명하고 탐색하는 과정에서 가족전체에 대한 이해가 생기고, 부모의 입장과 위치 그리고 역할에 관한 이해, 부모와 자신과의 관계, 가족구조 내에서 자신의 존재가치와 역할, 다른 가족들의 의사소통 유형 등에 관한 이해를 할 수 있게 된다. 이해가 증가함에 따라 여러 측면에서 새로운 발견과 인식, 잘못 이해하였던 것의 인식 등 내면의 변화과정이 발생하게 된다.
③ 원가족 도표를 근거로 가족조각 실시(3단계): 가족조각은 과거 어려웠던 상황을 현재 실연해 봄으로써 좀 더 객관적으로 자기 자신을 볼 수 있고, 다른 가족원들의 감정과 입장에 관하여 들어 보고, 진정한 격려, 위로, 지지, 사과, 칭찬에 관하여 들으면서 새로운 경험을 하게 되는 것이다. 그리고 과거에 충족하지 못하였던 욕구를 충족할 수도 있다.

④ **가족 그림기법(family drawing)**: 가족 그림기법은 가족을 인식한 대로 그리게 함으로써 예전에 미처 생각하지 못했거나 대화하지 못한 상황을 경험하게 하는 것이다. 이는 가족관계의 특수성에 따라 설정될 수 있어야 하는 데, 치료자는 참여자의 초기 경험들을 해결하고, 가족을 관찰하여(과거와 현재의 생활사를 조사하고, 방어를 감소시켜 전의식을 표면화하고 통찰력을 얻으며, 정서적 경험의 원인과 결과를 이해하고, 심리적 거리를 관찰, 역기능적 행동을 지적해서 갈등을 해결한다.), 이를 통해서 가족구성원의 분화와 부모됨의 문제 또한 고통스럽거나 슬픈 일을 해결하는 문제해결 능력을 얻을 수 있을 것이다.

⑤ 재구성(reframing): 재구성은 내담자나 가족의 세상에 대한 내면적 준거 틀을 변화시키는 데 효과가 있는 치료적 전략이다. 기존에 자신이 가지고 있는 고정관념, 사고, 판단의 준거 틀이 변화함으로써 사실이 변화하지 않은 상태에서 의미와 가치판단이 변하게 되는 것이다. 즉, 사실은 변화하지 않은 상황에서 이미 경험한 사실에 대한 관념, 정서적 감정과 태도를 좀 더 구체화하고 긍정적으로 규정함으로써 변화 동기가 발생하게 된다. 증상에 대하여 긍정적인 재구성을 하는 것은 내담자로 하여금 행동을 조정할 수 있는 감정을 갖게 해 주고 긍정적인 변화에 대한 기대감정을 갖게 해 준다. 치료자는 가족이 사용하는 언어, 세상에 대한 견해, 문제에 대한 태도 등을 관찰하면서 행동 유형을 다르게 보도록 지시하며, 다르게 볼 수 있는 긍정적인 준거 틀을 제시해야 한다.

3) 살바도 미누친(Salvador Minuchin)의 구조적 가족치료 실천기술

(1) 구조적 가족치료 실천기술의 기본 개념

미누친은 구조적 가족치료에서 실천기술을 활용함에 있어 문제 행동의 원인은 역기능적 가족구조에 의해 발생한다고 보았다. 따라서 가족치료는 가족구조를 변화시켜서 가족의 문제를 해결할 수도 있도록 하는 것이다. 증상이 반영하는 역기능의 구조를 바로잡는 일, 즉 가족의 구조를 바로잡는 일은 치료의 일차적 목표이다.

미누친은 문제란 어느 가족에게나 있는 일반적인 것이라는 것을 전제로 하면서 가족 내에 문제가 있고 없는 것을 기준으로 하여 문제 가족이나 정상 가족을 설명할 수 없다고 하였다. 그는 증상을 가지고 있는 사람을 환자라고 할 때, 환자의 증상은 체계를 유지시키는 장치라고 보았다. 따라서 증상은 가족의 역기능을 표현할 수 있으며, 개인의 특별한 생활환경 때문에 발생한 증상을 가족체계가 강화시켰을 수도 있다. 어떠한 경우이든 가족체계가 증상을 강화시켜 준다고 보았다.

미누친은 개인에게 초점을 두는 대신에 가족 내의 개인에게 초점을 두었다. 그의 구조적 가족치료이론의 골격은 사회적인 상황에 속해 있는 개인에게 접근하는 이론과 기술체계이다. 이것을 기초로 한 가족치료는 가족의 조직을 변화시키는 것에 관심을 둔다. 미누친은 가족 조직의 구조가 변화할 때 조직 내에 있는 가족성원들의 위치, 역할, 기능이 변화한다고 믿고, 결과적으로 각 개인의 행동이 변화한다고 주장하였는 데, 구조적 가족치료이론의 기본 전제는 다음과 같다.

① 인간은 고립된 존재가 아니다.
② 인간은 사회집단의 성원과 계속해서 활동하고 반응한다.
③ 인간의 경험은 환경과의 상호작용 속에서 결정된다.
④ 인간은 사회 환경의 영향을 받고, 사회 환경에 영향을 준다.

구조적 가족치료를 통해 일탈행동을 측정하기 위해서는 정상행동의 모델을 가지고 시작하며, 문제가족을 평가하기 위해서는 정상가족의 모델을 기준으로 하여 시작한다. 즉, 구조적 가족치료에서는 어떤 가족에 개입할 때 그 가족을 문제가족이 아닌 정상가족으로 보고 치료를 시작한다는 것이다.

구조적 가족치료 개념은 구조적인 가족치료에서는 가족을 체계이며 통합된 전체로서 본다. 지역사회에 속해 있는 가족의 구성원들은 하위체계이며, 하위체계는 가족의 기본적인 구조와 상호교류 유형에 영향을 준다. 구조적 가족치료의 주요한 3개의 개념은 구조, 하위체계, 경계라고 할 수 있다.

① **가족구조**: 가족구조는 가족성원들이 다른 가족성원들과 관계하는 방법을 조직하는 기능적인 차원을 말한다. 그리고 가족은 가족성원들의 행동을 통제하는 반복적인 상호교류 유형을 통하여 작용하며, 가족구조는 가족성원들이 어떻게, 언제, 누구와, 상호작용을 하며, 가족성원들 사이에 상호교류 유형을 어떻게 유지하는가 등과 관련된 모든 가족규칙을 나타낸다. 따라서 유형과 구조에 대한 개념은 숨겨져 있는 규칙들을 나타내며, 가족성원들은 이러한 규칙을 분명하게 모를 수도 있지만 상호작용에 지속적으로 영향을 주며 상호작용 유형을 규정하기도 한다.

② **가족의 하위체계**: 가족체계는 하위체계로 분화되고, 하위체계를 통해 가족체계의 기능을 수행한다. 가족들은 위계질서에 따라 배분된 지위와 역할을 근거로 하위체계를 조직하여 기본적인 기능을 수행한다. 하위체계는 가족구조의 구성요소이며, 하위체계는 전체적인 가족체계의 기능을 위해 다양한 가족의 관계를 수행한다.

하위체계는 구성원들의 경계와 규칙에 의해 규정된다. 경계는 누가 참여하고 참여자들이 어떤 역할을 할 것인가를 결정하며, 하위체계에 속하지 않은 외부 사람들을 구분하여 다룰 수 있게 한다. 미누친은 하위체계에서, 다른 수준에서 상호작용적인 기술을 사용하는 과정에서 자아감을 발전시킬 수 있는 중요한 훈련이 이루어지는 것을 지적하였다.

③ **경계의 투과성**: 가족구조 내에 있는 하위체계의 경계선은 누가 어떻게 참여하는가 하는 것을 규정하는 가족 규칙이다. 규칙들은 누가 참여하며 참여하지 말아야 한다는 것을 지시하고 참여자들이 수행할 역할을 규정하는 것이다. 경계선의 기능은 가족체계의 분화를 보장해 준다. 모든 가족의 하위체계는 고유한 기능을 가지고 있고 각 가족성원들에게 특정한 요구를 한다. 가족이 적절한 기능을 유지하기 위해서는 하위체계의 경계선을 분명히 하여야 하며, 심한 방해 없이 가족성원들이 기능을 발휘할 수 있도록 명확히 규정해 주어야 한다.

미누친은 경계의 개념으로 하위체계 사이의 상호관계의 속성을 설명하였으며, 경계 개념을 명확한 경계, 경직되어 있는 경계, 애매한 경계로 구분하여 개념을 발전시켰다.

④ **제휴, 세력, 연합(결탁)**: 제휴는 가족성원들이 활동하는 데 있어 연합하거나 다른 사람에게 반대하는 방법에 따라 결정된다. 제휴는 가족성원들이 상호 간에 형성하는 정서적 또는 심리적인 연결에 관한 것이다. 제휴는 다른 가족성원이 활동하고 있는 것에 대하여 지지하거나 지지하지 않는 방법에 관한 것으로서, 남편이 부인의 자녀 양육방법에 대하여 동의하거나 반대하는 것과 같은 것이다.

제휴에는 연합과 동맹의 두 가지가 있는 데, 연합은 두 사람이 제삼자에 대항하기 위하여 제휴하는 경우이며, 동맹은 두 사람이 제삼자와는 다른 공동의 목적을 위해 제휴하는 것으로 반드시 제삼자와 적대관계에 있지는 않다.

연합(결탁)은 제삼의 가족성원에게 대항하기 위해 특정한 가족성원과 연합하는 것이다. 지속적인 연합(결탁)은 고정되고 융통성이 없는 상태로서 가족기능에 영향을 미치게 된다.

우회적인 연합(결탁)은 서로 간에 어려움이나 갈등의 책임을 제삼의 가족성원에게 전가하는 것이며, 이러한 현상은 자신들이나 가족관계에 스트레스를 증가시킨다.

⑤ **가족의 적응**: 미누친은 가족이 새로운 상황에 적응하는 과정에서 압력을 받고 긴장이 발생한다는 점에서 관심의 초점을 두었다. 즉, 가족은 계속해서 일어나는 변화와 새로운 상황에 적응하는 과정에서 가족성원들이 성장하기도 하고 분리의 부족으로 인해 긴장이 발생하기도 한다고 보았다. 또한 긴장상태에 있는 가족들은 상호교류 유형과 경계가 경직되어 있으며 대안을 모색하려 하지 않는다는 것을 지적하였다. 미누친은 가족체계 내에서 아래의 4개의 차원에서 긴장이 발생한다고 보았다.

① 한 가족성원이 가족외부의 세력과 접촉하는 데서 긴장이 야기될 수 있다.
② 가족전체가 가족 외부의 세력과 접촉하는 데서 긴장이 야기될 수 있다.
③ 가족의 발달관계상의 과도기에서 긴장이 야기될 수 있다.
④ 한 가족성원이 갖고 있는 특정한 문제로 긴장이 야기될 수 있다.

(2) 구조적 가족치료에서 활용하는 실천기술

① **실연화**: 실연화는 치료면담 중에 가족에게 역기능적인 가족성원 간의 교류를 실제로 재현시키는 것이다. 이것은 문제를 언어화하여 설명하는 방법과는 달리 행동을 중시하는 것으로 구조적 가족치료의 독특한 기법이다.

가족이 표현하는 설명을 통해 문제를 이해하려는 종래의 방법과는 대조적으로 실연화는 직접적이어서 가족의 실생활의 양상이 그대로 드러날 가능성이 있으므로 가족구조를 이해하는 데 효과적이다.

실연화는 구조적 가족치료자에게 의미 있는 정보를 제공하는 것 이외에도 몇 가지

이점을 지니고 있다. 첫째, 치료자가 적극적으로 가족과 관여하게 됨으로써 치료적 관계의 성립에 기여할 가능성이 크다. 둘째, 가족은 자신들의 문제에 관여하는 방법을 제외함으로써 그들 스스로가 문제를 가족체계라는 맥락 속에서 관찰하여 문제 중심의 종래 방법이 절대적 진실이 아니라는 것을 깨달을 가능성도 높아진다. 실연화의 경험은 가족이 문제를 가족 안에서 문제를 가지고 있는 사람을 중심으로 생각하는 것에서 벗어나 가족이 역기능적인 상태에 있다는 견해로 이행하는 데 도움이 된다. 셋째, 가족성원이 문제에 대해 서로 이야기하는 것이 아니라 실연화를 통해 문제를 실제로 경험하면서 가족이 서로 관여하기 때문에 오히려 구조개선의 움직임이 일어날 가능성이 높다.

실연화의 기법은 세 단계로 나누어진다.

① 치료자가 가족성원의 교류를 관찰함으로써 어떤 역기능적인 부분에 초점을 맞출 것인가를 결정한다.
② 치료자가 가설로 세운 역기능적인 교류를 중심으로 가족성원이 실연화하여 역기능적 교류를 둘러싼 상호작용을 분명히 밝힌다.
③ 치료자가 주목한 부분에 대하여 지금까지 가족이 사용한 방법과는 다른 교류를 실연화시킨다.

② **경계선 만들기**: 부부, 부모, 형제, 부모-자녀의 하위체계가 각기 경계선을 명확히 할 때 가족구조 내에서 새로운 상호작용 유형이 생기고 체계의 기능이 증가하게 된다. 하위체계의 경계가 부적절하게 경직되어 있거나 혼돈되어 있을 때 일반적으로 역기능적인 상호교류 유형의 문제가 발생한다. 특히 부모와 한 자녀가 경직된 삼각관계를 형성한 경우 역기능적인 상호작용 유형이 발생하게 된다.

경계선이 밀착된 가족에서는 가족성원들의 개별화를 촉진시키기 위하여 경계선을 강화시키고 명확히 하여야 한다. 분리된 가족에서는 가족성원 간의 지지적이고 통제하는 기능을 강화하여 하위체계 간의 교류를 촉진시키고 경직된 경계선을 완화시킨다.

치료자는 어느 한 하위체계를 집중적으로 접촉한다고 하여도 마음속에는 전체 가족에 대한 체계를 가지고 치료하며, 치료의 최종목표는 가족 전체를 재구조화하는 것이다.

③ **긴장을 고조시킴**: 긴장을 고조시킴으로써 가족구조를 재구조화하는 기술은 다음과 같다.

① 상호교류 유형을 차단시키는 것으로써 치료자가 긴장을 조성하는 가장 간단한 전략은 의사통로를 차단시키는 것이다. ② 가족성원 간의 의견 차이를 강조하는 것이다. ③ 은폐하려는 갈등을 조장하는 것이다. ④ 가족구조 내의 제휴나 결탁에 합류하는 것이다.

④ **과제부여**: 과제부여는 가족의 상호교류를 증진시키고 변화를 제시하기 위하여 사용되는 데, 치료자는 가족 상호교류에서 자연스럽게 발전될 수 없는 행위를 실연해 보도록 하며, 가족이 행할 필요가 있는 분야를 개발시키기 위하여 과제를 주게 된다. 지시된 과제는 언제, 어디서, 누구와 어떻게 교류해야 하는 것인가를 명확히 설명해야 한다. 이러한 과제의 목적은 구조적 가족치료기법의 목표에 관계하는 정보를 수집하고 교류의 개선을 다지는 기초작업이다. 실연화도 과제와 비슷하지만 과제설정에서는 시간, 장소, 교류의 유형이 명시되어진다는 점이 다르다.

⑤ **증상 활용**: 치료자는 개인의 증상이 상황적인 문제를 표현하는 것으로 본다. 그러므로 역기능적인 가족을 가장 빠르게 변화시키는 길은 현재 환자의 증상을 다루는 것이다. 환자의 증상을 다루는 것이 역기능적인 가족의 상호교류 유형을 진단하고 변화시키는 데 가장 빠른 길이 될 수 있기 때문이다.

증상을 활용하는 방법은 다음과 같다.

① 증상에 초점을 두는 것이고,
② 가족 전체가 가족 외부의 세력과 접촉하는 데서 긴장이 야기될 수 있다.
③ 증상을 의도적으로 등한시하는 것이다.
④ 새로운 증상으로 관심의 초점을 돌리는 것이다.
⑤ 증상에 새로운 명칭을 붙이는 것이다.

⑥ **분위기 조작:** 세 명의 사춘기 자녀를 복종하게 하려고 지나치게 통제하며 소리 지르는 강력한 어머니 앞에서 치료자가 더욱 공격적인 태도를 보여 결국 어머니가 태도를 부드럽게 하고 자녀에게 자치권을 주도록 한다. 이와 같이 치료자는 반응의 강도를 높여 가족에게 변화가 필요하다는 인식을 하도록 한다.

가족의 특성에 따라 좀 더 적절한 반응을 하여야 하는데 통제에 관심 있는 가족을 치료할 때 치료자는 편안하고 수용하는 분위기를 사용할 수 있다. 또 지배적인 부위기에 관하여 다시 명칭을 붙이는 것도 도움이 된다. 예를 들어, 어머니가 지나치게 간섭한다면 치료자는 자녀에 대한 관심의 표현이라고 불러 준다. 이러한 새로운 명칭은 자녀들에 대해 눈에 보이지 않았던 감정을 부각시켜 주는 방법이다. 어머니의 관심을 강조함으로써 치료자는 어머니–자녀 사이에 새로운 의사교류 유형이 나타나는 것을 촉진할 수 있다.

⑦ **지지, 교육, 안내:** 지지, 교육, 안내는 일반적으로 합류하는 데 사용되지만 재구조화하는 기능을 하며 가족체계를 유지하기 위해 필요하다. 치료자가 가족구성원들에게 부모가 서로 상호작용하는가를 가르치기도 한다. 그렇게 함으로써 일시적으로 하나의 모델로서 그 기능을 수행하여 부모가 그 기능이 어떻게 수행되는지를 볼 수 있도록 돕는다. 혹은 치료자의 한 가족구성원이 어떻게 외부 세상의 사람들과 상호작용하는가를 가르칠 수도 있다(이영분 외, 2008).

제3절 종결단계의 실천기술

가족실천기술의 마지막 단계인 종결단계에서는 최초 클라이언트 및 가족과의 계약에서 맺어진 모든 목표를 성공적으로 완수하거나 여의치 못한 사정으로 인하여 종결하는 경우가 있다. 종결의 시점에서 어떤 유형이든 긍정적인 자세로 마무리하는 것이 중요하다.

종결단계에서는 개입을 통한 가족성원들의 변화를 확인하고, 가족이 변화를 유지할 수 있도록 지원하며, 필요한 경우 사후 면접을 계획한다. 사후 면접에서는 가족의 항상성을 유지하기 위한 자원을 규명하고, 가족이 성취한 목표를 점검하는 데에 초점을 맞춘다.

가족실천기술의 주요 과업은 실천의 종결과 평가이다. 또한 종결 단계의 주요 목적은 가족들이 긍정적인 변화를 지속적으로 유지할 수 있도록 하는 것이며, 이는 종결된 이후에도 가족성원들이 독립적으로 문제를 해결할 수 있는 기술을 발전시킨 경우에만 가능하게 된다.

가족과 함께하는 가족실천기술의 종결단계는 제시되었던 가족의 문제나 욕구가 충분히 해결되었는지 평가하고, 실천과정에서 얻어진 변화를 계속 유지할 수 있도록 안정화하고, 필요한 경우 사후지도 및 의뢰 과정이 진행되는 것을 포함하고 있다.

종결은 보통 계약이 이루어지는 초기단계에 가족과 함께 다루어져야 하고, 계약한 시기가 되거나, 목적을 달성한 경우 종결이 이루어진다. 이상적으로 종결은 예견되어야 하고 프로그램 개입 초기부터 계획되어 있어야 한다. 그리고 사회복지사는 현재까지 진행되어온 진전을 가족과 함께 정기적으로 재검토하면서 계획된 종결 모임 훨씬 이전부터 종결 모임을 향한 계획과 준비를 해야 한다(종결 계획하기). 물론 가족을 대상으로 하는 사회복지실천과정에서 사회복지사와 대상 가족의 사정으로 갑작스럽게 종결하는 경우도 있다.

1. 종결의 판단/의뢰 기준

1) 종결의 판단 기준

실제로 많은 가족들은 바라던 결과를 달성하기 전에 프로그램에서 탈락하거나 조기에 종결하기도 한다. 이러한 종결은 여러 방식으로 이루어질 수 있다(Collins et al., 이화여자대학교 사회복지연구원 역, 2001 재인용).

(1) 제시된 문제가 성공적으로 해결되었기 때문에 상호 동의하고 종결

(2) 계약상 미리 계획했던 기간이 끝날 즈음 클라이언트가 주도하는 종결(특정 기간을 계약하는 것은 개입을 효율적으로 만드는 시간의 틀을 제공한다.)

(3) 실천과정에서 더 이상 진전이 보이지 않아 상호공동으로 동의하고 종결

(4) 클라이언트가 적극적인 저항을 보이고 과정 및 결과에 대해 의심할 때, 한 사람 혹은 그 이상의 클라이언트가 드러내 놓고 비협조적이며 적대시할 때

(5) 반복하여 약속을 취소하거나, 클라이언트가 정식 철회를 하지 않은 채 약속을 지키지 않을 때

(6) 클라이언트가 종결하겠다는 결정과 이유를 알리거나 혹 알리지 않으면서 대개 전화통화를 사용하여 직접적으로 철회할 때

2) 의뢰 결정 기준

가족실천과정에서 종결은 사회복지사와 가족이 상호 합의하에 순조롭게 종결되는 것이 가장 합당한 방법이다. 그러나 가족실천과정 중간에 사회복지사가 직장을 이전하여 더 이상 클라이언트를 관리할 수 없을 때나 갑작스런 이사 또는 사회복지사의 능력을 더 이상 신뢰할 수 없는 등의 사유가 발생할 수 있다(윤선오 · 김현진, 2016). 따라서 조기종결이나 다른 사회복지사에게 의뢰를 결정해야 할 경우 고려해야 할 요인은 다음과 같다.

(1) 가족을 의뢰하는 경우에 가족실천과정을 담당하는 사회복지사가 해당 가족문제를

감당할 수 있는지 파악한다.

(2) 가족이 자연적으로 종결할 수 있는 단계에 얼마나 가까이 접근해 있는지 고려하여 종결을 인식한 시점부터 남은 기간 동안 그들이 원하는 목표를 최대한 달성할 가능성을 파악한다.

(3) 가족이 보다 빨리 자기 힘으로 변화해 나갈 수 있는지 검토해 본 결과 가능한가를 파악한다.

(4) 가족실천담당자는 종결 마지막 결정을 내리기 전에 가능할 때마다 자신의 감정을 검토하고, 클라이언트로 하여금 자신의 감정을 솔직히 직면할 수 있도록 도와서 클라이언트가 원하는 욕구가 무엇인지 파악한다(윤현숙 외, 2002).

2. 종결에 관련된 정서 다루기

가족실천과정에서는 개인 단위 실천이나 집단 단위 실천에서와 같이 종결 시 사회복지사와 가족들은 성취감, 자신감에서부터 상실감, 두려움, 후회 등의 폭넓은 감정을 경험한다. 많은 경우에서 분리와 상실의 정서를 강조하지만, 실제로는 그렇지 않을 수도 있다. 대부분의 클라이언트와 사회복지사에게 있어서 종결은 달성한 것에 초점을 두기 때문에 본질적으로 긍정적이다. 따라서 긍정적인 반영(positive reflection)은 클라이언트의 자기 확신을 증가시키고, 개인의 유능함을 강화한다. 가족은 원조 관계에서 배운 새로운 기술들을 시도하기 원할 수 있다. 이와 비슷하게 사회복지사도 클라이언트와 함께 설정한 목표가 달성되는 것을 느낄 때 자존감이 강화되고 이후의 작업에서 자신을 쇄신하게 된다.

그렇지만 가족과 사회복지사가 과도하게 책임감을 느끼거나 의존적인 방식으로 적절한 경계를 유지하지 않은 경우에는 오히려 종결 시기가 분리에 대한 불안과 상실감을 불러일으키는 시간이 될 수 있다. 개별실천에서와 마찬가지로 가족들은 사회복지사에게 더욱 의존적이 된다든지, 이전의 재발을 보고한다든지, 새로운 문제를 제시한다든지, 사회복지사를 대체할 만한 대안을 찾는다든지, 종결 자체를 부정한다든지 다양한 방식으로 종결을 중단하게 할 수도 있다. 이러한 경우 사회복지사는 종결이 다가올 때 종결에 대한 가족의 느낌을 탐색함으로써 종결을 다룰 수 있어야 한다.

또한 사회복지사도 다양한 방식으로 종결에 반응한다. 과도하게 가족에 개입했다든지 또는 가족과 깊고 의미 있는 관계를 맺었던 경우 서비스를 중단하고 종결로 이끄는 것을 주저할 수 있다. 종결은 놓아 주고 앞으로 나아가게 하는 것을 의미한다. 클라이언트 가족의 삶에 대한 자신의 책임의 한계를 인식하고(종결 이후에 의사결정의 책임은 가족에 달려 있다는 것을 받아들이는 것), 클라이언트 가족이 스스로 해결해 나갈 수 있는 기반을 마련하고, 클라이언트가 비공식적인 지지망과 연결될 수 있도록 지원하는 등의 방법을 활용함으로써 클라이언트 가족에 대한 종결감정을 마무리할 필요가 있다(도강조, 2014).

3. 종결을 위한 준비

종결을 위한 준비에서 사회복지사는 자신의 감정 직면과 클라이언트 가족의 종결준비에 대한 평가, 종결에 대한 클라이언트 가족의 반응 예측, 종결 개입을 위한 계획 등을 준비한다.

1) 전문사회복지사의 감정 직면

가족치료자인 사회복지사는 가족치료 상담이 끝나는 것에 대한 자신의 감정에 직면해야 한다. 대부분의 경우 매우 친밀하고 적극적으로 이루어 왔던 가족 치료상담을 갑자기 중단한다는 것은 누구에게나 힘든 경험이 될 수 있다(설진화, 2011).

따라서 보통의 가족치료자는 이러한 자신의 고통스러운 감정을 직면하지 않을 때 역기능적인 방법으로 대처하게 된다. 그러나 가족치료자인 사회복지사가 지금까지 순조롭게 이루어져 왔던 치료상담의 모든 것을 자연스럽게 종결의 단계에 이르게 한다면 사회복지사는 상실의 감정과 함께 성취감을 느끼게 된다.

2) 종결준비에 대한 클라이언트의 평가

가족치료자가 종결에 대한 자신의 감정을 직면하는 것이 그가 종결을 위해 할 수 있는 첫 번째 과제라면 클라이언트가 종결시기의 판단기준에 얼마나 근접해 있는지를 평가하는 것이 두 번째 과제이다(윤선오 · 김현진, 2016).

클라이언트가 종결한 시기에 근접한 상태라고 판단된다면 가족치료자는 종결의 가능성에 대한 토의를 시작할 수 있다. 그리고 종결을 전제로 클라이언트와 이야기를 시작한 경우에는 이를 격려하는 방향으로 나아갈 수 있다.

3) 클라이언트 가족의 반응 예측

가족치료자인 사회복지사가 종결 또는 다른 가족치료자에게 인수인계를 돕기 위해 준비해야 할 내용 가운데 하나가 종결 또는 다른 가족 치료자에에 인수인계하는 것에 대한 가족의 반응이 어떠할지를 예측하는 것이다(전남련 외, 2011).

가족도 클라이언트와 마찬가지로 슬픔과 상실감 그리고 분노 및 죄책감과 안도감 등으로 많은 혼란을 느끼겠지만, 대부분의 클라이언트와 그 가족들은 마지막까지 최선을 다해준 가족치료자에게 그동안 이루어 놓았던 크고 작은 성과에 대한 성취감과 종결에 대한 수용 및 진심 어린 감사의 마음을 전하게 될 것이다,

4) 종결 개입계획

가족치료자인 사회복지사가 마지막으로 종결 또는 다른 가족치료자에게 인수인계 등의 준비 내용들에 대해 클라이언트에게 이야기를 하지 않았다면 종결에 대한 이야기를 언제 시작할 것인지와 종결을 위해 구체적인 개입을 어떻게 시작해야 할 것인지 계획한다. 가족이 자연스럽게 종결에 이르는 때나 가족치료자의 직장 이전과 같은 외부적인 요인 때문에 중단해야 할 때와 같이 어느 정도 시간 조절이 가능한 경우에는 잠정적으로 생각하고 있는 마지막 상담치료 일자를 늦어도 6주 이전에 마칠 수 있도록 계획을 수립해야 한다.

가족치료자가 종결에 대해 이야기할 때 종결에 대한 이야기는 가족치료 상담 초기에 시작하여야 한다(최선화, 2012).

가족치료자는 클라이언트가 나타낼지도 모르는 분노 또는 자신의 죄책감 때문에 종결에 대한 이야기를 가족상담 마지막에 꺼낼 수도 있다. 이러한 경우 대부분의 클라이언트는 자기의 감정에 대해 철두철미하게 방어 자세를 취하는 경우가 있다. 그래서 사회복지사는 종결에 대한 이야기를 하기 전에 모든 가족들이 다음 상담시간에 모두 참여해 줄 것을 말하고, 혹시 불참석의 뜻을 밝힌 가족이 있는지의 여부를 확인하는 것이 좋다. 그 후 사회복지사는 클라이언트와 그 가족들로부터 예상되는 반응에 대해 어떻게 대처할 것인지를 사전에 계획해 본다.

4. 종결과정에서 다루어야 할 내용

종결과정에서 구체적으로 다루어져야 할 내용들로 클라이언트와 그 가족에게 있어서 종결은 중요한 정서적인 욕구를 충족시켜 온 긍정적인 관계가 사라진다는 고통스러운 과정을 의미하므로, 스트레스를 최소화하면서 효과적으로 종결하기 위해서는 사회복지사와의 분리에 대한 클라이언트와 가족의 정서적인 반응을 잘 해결해야 한다.

이때 다루어져야 할, 구체적으로 확인해야 할 내용은 다음과 같다.

1) 변화를 확인하기

사회복지사는 사회복지실천서비스를 통해 어떤 변화가 일어났는지, 무엇이 변화를 일으켰는지 이해할 수 있도록 원조와 경험에 대한 평가를 한다.

2) 변화에 대한 자각 유도하기

사회복지사는 사회복지실천서비스를 통해 자신이 변화를 일으키는 데 기여한 것을 기억하게 될 때 이후의 도전을 해결할 역량을 갖추게 된다.

3) 구체적 확인사항

사회복지사는 사회복지실천서비스를 통해 현재의 문제 상태는 어떠한지, 어떤 변화가 일어났는지, 유사한 문제가 다시 생긴다면 어떻게 다룰 것인지, 문제에 대한 가족성원들의 생각은 어떻게 달라졌는지, 종결에 대해 어떻게 느끼는지 등을 구체적으로 하나하나 확인해 본다.

4) 진전을 견고하게 하기

사회복지사는 사회복지실천서비스를 통해 달성된 목표를 유지하고 확립하는 방법을 강조하기 위해 미래에 대해 이야기하여 미래의 목표를 성취하는 전략을 개발하도록 도와주어야 한다.

5) 종결 이후에 문제를 다룰 수 있도록 가족에게 준비시키기

사회복지사는 사회복지실천서비스를 통해 클라이언트 가족의 변화를 주의 깊게 추적해 온 가족치료를 가족이 종결하고자 할 때를 어림짐작할 수 있다. 따라서 종결이 완료되면 모든 것이 끝이 아니라 이후 어떤 사태가 일어날 것인지 아무도 모른다. 그러므로 사회복지사는 차후에 발생될 수 있는 사태에 대해 가족들에게 대처법을 알려 주어 준비하도록 하는 것을 잊지 말아야 한다.

5. 종결 시 사회복지사의 과업과 피해야 할 역기능 행동

콜린스 등(Collins et al., 이화여자대학교 사회복지연구원 역, 2001 재인용)은 가족대상 사회복지실천의 종결단계에서 사회복지사의 과업과 피해야 할 역기능 행동에 대해 설명하였다.

1) 사회복지사의 과업

(1) 가족대상 사회복지실천의 기능과 한계를 인식한다.

(2) 가족대상 사회복지실천과 가족치료의 차이를 인식한다.

(3) 가족이 종결 이후에 달성해야 할 목표를 규명하도록 원조하고, 사회복지사의 역할과 다른 원조자의 역할에 대해 비교 설명한다.

(4) 종결 이후에 가족을 지원할 수 있는 지역사회자원을 규명하고, 가족이 이러한 자원과 연결될 수 있도록 돕는다.

(5) 종결과 관련된 느낌을 나누도록 격려한다.

(6) 가족과 그 가족원들의 강점을 규명한다.

2) 피해야 할 역기능

(1) 가족과 종결을 토의하는 것에 대해 주저한다.

(2) 종결을 미루는 것이 정당화되지 않았음에도 종결을 연기한다.

(3) 작업 중단에 대한 가족 성원의 느낌에 대해 토론하기를 피한다.

(4) 가족대상 사회복지실천이 변화를 일으키는 데 기여한 역할을 과소평가한다.

(5) 문제해결 노력에 대한 가족의 공로를 인정하기 싫어한다.

제10장

집단대상 실천기술

학습목표

1. 집단대상 실천기술의 기본개념을 이해한다.
2. 집단대상 실천기술의 유형을 학습한다.
3. 집단대상 실천기술의 방법을 학습한다.

키워드

집단, 집단지도, 집단응집력, 집단수단, 자폐적 태도, 집단 상호작용 유형, 물리적 환경, 집단대상의 실천기술, 과제집단, 성장집단, 사회화집단

10

집단대상 실천기술

제1절 집단대상 실천기술의 기본개념

1. 집단대상 실천기술의 기본개념

1) 집단과 집단실천의 개념

사람은 사회적인 동물이기 때문에 가족, 친구 등 다양한 유형의 집단과 서로 상호작용을 하면서 살아간다. 일반적으로 집단이라 하면 2인 이상의 일정한 구성원을 갖고 있으며, 성원들은 소속감 및 공통의 목적이나 관심사를 가지며, 성원들끼리 정서적 결속과 함께 상호 의존적이며 상호작용이 이루어지고, 성원의 기능과 역할을 규제하는 규범을 갖고 있는 인간 집합체를 말한다. 또는 두세 사람 이상 일정한 구성원을 말할 수 있는 데 집단 구성원들의 소속감 및 공통의 목적과 관심사를 가지고 결속되고 상호의존적, 상호작용하는 범주에 속한 집단을 말한다.

머튼(Merton, 1957)은 '상대방과 유형화된 방식으로 상호작용하고 스스로 집단성원으로서의 소속감을 느끼며, 타인에 의해서 집단성원으로 간주되는 사람들의 집합'이라 하였다.

피들러(Fiedler, 1967)는 '공동운명체에 속해 있는 사람들을 의미하는 것으로서, 이들은 상호 의존적이므로 한 성원에게 영향을 미치는 사건은 다른 성원 모두에게 영향을 미친다'고 하였다.

김종옥과 권중돈(2000)은 2인 이상의 집합체로서 일정한 성원이 있고, 서로가 동일한 집단에 소속하고 있다는 집단의식이 있고, 공통의 목적이나 관심사가 있으며, 이들 목적을 성취함에 있어 상호 의존적이며, 의사소통, 인지 그리고 반응을 통하여 상호작용하며, 단일한 행동을 할 수 있는 능력이 있을 때 이를 집단이라 한다고 정의하였다.

한덕웅(2002)은 '집단이란 적어도 집단의 일부 성원들이 서로 타인의 존재를 알고 있으면서, 직접이든 간접이든 서로 영향을 미치고, 서로 상호작용하며, 성원들이 동일한 집단의 범주에 소속된다고 인식하는 두 사람 이상의 집합체를 말한다'라고 정의하였다.

최옥채 등(2004)은 '서로 관련되어 있는 사람들의 집합으로서 개인들의 단순한 집합이 아니라 그 안에 있는 사람들의 관계가 구조화되고 유형화되어 있는 조직된 체계'라고 정의하였다.

집단은 인간의 집합체로서 태어나면서부터 가족이라는 작은 집단에 소속되어 있으며, 이후 계속적으로 여러 집단에 소속되어 집단을 통해 성장과 발달을 경험한다. 따라서 집단은 인간의 집합체로서 지역사회나 사회가 형성될 수 있는 공식적 · 비공식적 구조를 제공하는 사회의 기본적 구성단위이다. 이러한 집단 구성원들 간의 상호작용의 형식과 내용을 그들이 가지고 있는 문제를 적용해 보고자 하는 것이 집단 사회복지실천이라고 볼 수 있다. 집단은 개인 · 가족과 집단 그리고 환경 변화를 위해 의미 있는 힘을 가지고 있기 때문이다.

1960~70년대에는 사회복지방법론의 통합화에 관심이 모아지고, 방법론별 접근방법으로는 급격한 사회변동이나 문제에 대처하기 어렵다고 보아 사회복지실천의 통합적 방법을 지향하게 되었다(이신영 · 박선영, 2012).

집단사회복지실천은 동일한 문제를 가지고 있는 다수의 클라이언트들을 대상으로 이루어지고, 개별실천보다 시간이나 노력 면에서 상대적으로 적게 들 수 있기 때문이다. 그리고 사회생활 속에서 집단 활동이 이루어지는 경우가 많기 때문에 집단사회복지실천 전문분야에 적극적 기술이 요구되게 되었다.

집단사회복지실천은 집단을 매개 수단으로 목표지형적 활동을 통하여 개인이 가진 문제를 해결하거나 개인의 강점을 더욱 강화시키고, 집단이나 지역사회가 당면한 문제에 효과적으로 대처해 나가도록 돕는 사회복지의 한 실천방법이다(신성자 외, 2012).

집단을 대상으로 하는 사회복지실천은 집단을 도구 또는 매개체로 활용하여 의도적인 집단 경험을 제공함으로써, 집단이 가진 힘을 활용 · 활성화하여 집단의 사회적 기능을 강화 · 회복시키고, 집단을 구성하는 개개인들의 사회적 기능의 회복이나 성장을 촉진할 수 있도록 원조하는 사회복지실천방법의 하나이다. 집단을 대상으로 하는 사회복지실천은 전통적으로 집단사회사업(group work, social group work)으로 발전되어 왔고, '집단지도', '집단사회사업실천', '집단사회복지실천', '집단수준 사회복지실천'이라는 이름으로 사용되기도 한다(도광조, 2014).

2) 집단사회사업

집단사회사업은 역사적 발달과정에 따라 변화되기도 하고 또 집단사회사업 내의 상이한 접근법으로 인해 아직까지 전문가들 사이에서 합의가 이루어지지 않고 있다. 집단사회사업의 상이한 정의들은 강조점이 다르더라도 공통적으로 집단의 영향력을 서비스 매개물로 취급하며, 사회복지사가 담당해야 하는 개입역할의 유형을 제시하는 공통된 개념을 가지고 있다. 집단사회사업에서 집단은 서비스의 수단과 환경 그리고 상호 원조체계로서 이해된다.

집단사회사업실천의 두드러진 특징 중의 하나는 개인, 집단, 그리고 환경수준에서 개입이다. 개별성원에 대한 개입은 집단과 화합의 범위 내에서 또는 그 범위 밖에서 수행될 수 있다. 집단수준에서 개입의 목적은 집단이 원조, 지지 그리고 과업완수를 위한 단위로 성장할 수 있도록 도와주는 데 있다. 환경수준의 개입은 개인과 집단의 과업수행을 지원하고 촉진하는 데 필요한 지원 및 연계를 제공할 수 있다.

집단수준의 개입은 집단사회복지사의 전문적 기술의 핵심으로 집단이론 및 체계관점에 관한 지식을 기반으로 하고 있다.

집단사회사업이란 다음과 같이 정의를 하고 있다.

코일(Coyle, 1930)은 집단사회사업은 집단 내 개인의 성장과 발전을 위한 수단으로 집단 내에서 경험하는 사회적 관계를 활용하는 사회복지방법론 중 하나이며, 사회적 책임성을 발달시키고, 민주사회를 진보시킬 활동적 시민 양성에 관심을 가지는 특성이 있다고 하였다.

트랙커(Trecker, 1972)는 사회복지의 한 방법론으로, 집단에 속한 개인은 프로그램 활동을 통하여 상호작용을 지도하는 전문가의 도움을 받아 그들의 욕구와 능력에 따라 타인과의 관계나 성장의 기회를 경험하며, 나아가 개인, 집단, 사회의 발전을 도모하고자 노력하게 된다고 한다.

남세진과 조흥식(1997)은 '집단지도란 사회사업방법 가운데 하나로서, 전문가에 의한 의도적인 집단과정과 경험을 통해 개인의 사회적 기능수행을 향상케 하며, 또한 개인, 집단, 지역사회의 당면 문제들에 대해 보다 효과적으로 대처해 나갈 수 있도록 도움을 주는 것'이라고 정의하고 있다.

3) 집단의 분류

(1) 상호작용과 정서적 결속 정도에 따른 구분

① 일차집단은 공통의 규범을 갖고 있고, 상호 지속적으로 광범위한 영역에 걸쳐 영향을 미치는 사람들로 구성되어 있으며, 아주 친밀하면서 긴밀하게 개인적으로 접촉하면서 관계를 맺는 가족, 친구, 소규모 집단 등을 말한다.

② 이차집단은 목적달성을 위해 인위적 계약에 의해 형성된 집단으로 공식적으로 연관되어 있고 약간의 관심만 공유하고 있다.

(2) 구성방법에 따른 구분

① 자연발생적 집단은 자연적으로 발생한 사건, 인간관계상의 매력, 성원의 욕구 등을 기초하여 자연발생적으로 구성된 집단이다. 가족, 또래집단, 친구들, 개인 집단 등이 있다.

② 인위적 형성집단은 외부의 영향이나 개입을 통해 의도적으로 만들어진 집단이다.

(3) 집단목적에 따른 분류

집단의 목적에 따른 분류는 치료집단과 과업집단으로 구분한다. 집단의 목표와 실천방식, 집단 내 성원의 역할과 집단과정, 그리고 특성에 따라 분류한 것은 다음 〈표 11—1〉 집단 분류표와 같다.

〈표 10-1〉 집단 분류표

구분	치료집단	과업집단
집단의 목표	성원의 사회 정서적 욕구에 대한 만족 증가	과업달성, 성과물 산출, 명령수행
실천방식	공개적인 의사소통과 적극적인 상호작용을 위하여 격려한다.	의사소통은 특정 과업에 관한 논의에 집중되어 있다.
집단 내 성원의 역할	성원의 상호작용을 통해 결정	각 성원에게 과업이 할당된다.
집단과정	집단에 따라 유연하거나 형식적	보통 형식적인 일정과 규칙
특성	자기공개성이 높고, 진행과정은 집단 내에서만 이루어진다.	자기공개성이 낮고, 진행과정은 은밀할 수도 있고, 대중에게 공개적일 수도 있다.

2. 집단사회사업의 원칙

1) 개별화 원칙

개별사회사업실천과 공통적이지만, 상황설정 장면에서는 다르다. 즉, 집단 안에서 집단관계를 통한 개인으로서의 입장을 명확히 하고 개인의 욕구에 대응한다는 원칙으로 집단 그 자체를 하나의 유기체로 다룬다.

2) 수용의 원칙

집단성원 각자가 여러 태도, 행동, 감정을 표현하고 어떤 가치관을 가졌다 하더라도 그 사람을 있는 그대로 인정하고 받아들이는 것이다. 그러나 수용은 반사회적 · 파괴적 행위를 인정하는 것이 아니라 행위 그 자체는 바르게 평가하되, 그 사람이 그 같은 행위를 할 수밖에 없었던 배경을 이해하고 감정을 충분히 받아들이는 것이다.

3) 참가의 원칙

집단사회사업실천과정에서 참가의 원칙은 매우 중요하다. 집단성원의 참가가 없다면 집단은 의미가 없다. 그러므로 성원 각자에게 참가의욕을 갖게 하는 단계에서부터 집단지도자의 역할이 요구된다. 이때 집단성원끼리 서로 참가동기를 부여하고 서로를 소중히 여기도록 상호 주체적 관계를 만들어 가는 것은 매우 의미 있는 과정이다.

4) 체험의 원칙

집단의 특색은 집단과정에서 일어나는 여러 문제 및 과제 해결을 통해 성원의 능력을 기르는 데 있다. 집단성원은 그때그때 상황을 잘 파악하고, 적절한 시기에 각자의 문제 및 과제를 스스로 해결할 수 있다는 느낌을 체험할 수 있어야 한다.

5) 갈등해결의 원칙

집단 내 갈등이 생겼을 때 갈등으로부터 도피하지 않고, 직면하여 문제를 해결하기 위해 노력하는 과정을 중시하는 것이 갈등해결의 원칙이다. 이를 위해 집단지도자는 항상 집단 전체의 움직임에 관심을 기울이고, 집단을 구성하고 있는 개개인의 집단의식화 과정을 관찰함으로써 개개인의 갈등해결을 원조할 수 있어야 한다.

6) 규범의 원칙

집단성원은 집단 내에서 개인적 욕구가 충족되지 않은 경우, 다른 성원의 방해 때문이라고 착각하거나 다른 성원에게 그 원인을 전가하는 자폐적 태도를 갖기도 한다. 이러한 무의식적 행동이 많은 사람에게 때로는 상처를 주기도 하고 활동을 저해하기도 한다. 규범을 통한 제한으로 집단성원이 공통된 체험을 할 수 있도록 원조 역할을 한다.

7) 계속평가의 원칙

집단 목적의 하나는 집단에 참가하여 체험과 경험을 키우고 이를 통해 개인의 성장과 집단 자체의 성장을 가져오는 것이다. 계속적 · 연속적으로 집단과정을 분석, 평가하고 그 평가에 기초하여 다음 단계로 이행하는 것이 중요하다.

제2절 집단대상 실천기술의 목적과 유형

1. 집단대상 실천기술의 목적

집단대상 실천기술의 목적은 집단에 참여하는 개인 구성원들과 집단이 달성하고자 하는 지향점을 말하는 것으로 기관, 집단사회복지사, 집단 및 성원들의 욕구와 기대가 상호작용하여 설정된다. 집단의 목적은 집단이나 성원들이 나아가야 할 방향을 제시하고, 집단 프로그램의 방향을 결정하는 지침이 된다. 따라서 집단의 목적이 분명하지 않거나, 의견이 일치하지 않는 경우 집단은 실패하게 된다. 또한 집단의 목적은 집단 경험과 활동을 통하여 집단과 성원들이 발전하고 변화하기 때문에 사회복지사와 집단성원들의 요구가 토의에 의해 수정이 가능하다.

1) 집단대상 실천기술의 목적

집단대상 실천기술 또는 집단대상 사회서비스의 제공 목적은 집단경험을 선택할 기준을 개발하는 것(여러 실천방법 중 집단을 선택하는 이유)이기도 하고, 집단대상 서비스가 지향점이라고도 할 수 있고, 집단서비스가 효과적인 부분을 설명하는 것일 수 있을 것이다.

집단대상 실천기술에서 집단을 활용하는 목적은 다음과 같다(노충래, 2006).

(1) 사회적 관계능력 향상

하트포드(M. Hartford)는 '집단사회사업의 중요한 목적 가운데 하나는 사람들이 사회관계에서 발생하는 문제를 해결할 수 있도록 돕고, 정상적인 사람들은 사회적으로 더욱 성숙하도록 돕는 것'이라고 했고, 골드스타인(H. Goldstein)은 '집단은 종종 관계의 부적응적 양상을 교정하는 데 목표를 두고 있다'라고 주장하였다. 집단역동은 사회관계에서 발생하는 어려움이나 부족한 면(의존-독립, 형제 갈등, 권위를 가진 사람과의 갈등, 폭력, 따돌림, 소외감 및 외로움과 같은 문제를 가진 사람들)에 대처하는 데 이상적인 사회적 상황을 제공해 준다.

(2) 사회적 능력의 향상

집단은 사회적 기능의 문제를 예방할 목적으로 활용될 수 있고, 집단의 목표는 집단성원들이 그들의 사회적 역할을 보다 적절하게 수행할 수 있도록 돕는 것이며, 생애주기를 따라 전환해 갈 때 발생하는 역할 기대의 변화에 적절하게 대처할 수 있도록 돕는 것이다. 새로운 심리사회적 발달단계나 전환단계에서 새로운 혹은 변화된 역할을 수행할 때, 적절히 대처할 수 있는 지식과 경험, 기술이 부족하여 어려움을 겪은 경우 집단사회복지실천이 효과적일 수 있다. 예를 들어, 예비 위탁가정 부모들은 아동이 새로운 발달단계나 교육과정에 진입할 때 어떻게 적절한 결정을 해야 하며, 무엇을 고려해야 하는지에 대한 정확한 지식정보가 없을 수 있다.

(3) 스트레스에 효과적으로 대처하는 능력 개발

생애 전환기, 문화적 차이, 생명을 위협하는 질병, 이혼, 강간, 신체적 폭력 등과 같은 상황으로 인해 발생하는 스트레스에 효과적으로 대처할 수 있는 능력을 개발하기 위한 것이다. 동료로부터 지지나 자극은 이러한 문제들을 해소하고 손상된 자긍심을 향상시키며 스트레스 상황과 문제의 현실에 대한 새로운 대처 방법을 발견할 수 있도록 돕는다.

2) 집단의 목적을 설정하기 위해서 고려해야 할 내용

집단의 목적이 집단 경험과 활동을 통하여 집단과 성원들이 목표를 설정하려면 다음과 같은 내용들을 사전에 고려해야만 정확한 목적을 설정해야 할 고려사항은 다음과 같다(윤현숙 외, 2001 재인용).

(1) 목적 또는 표현되지 않은 목적

집단목적에 대한 이해, 집단성원의 기대, 집단 내에서 성취될 것이라고 믿는 욕구나 목적 또는 표현되지 않았던 목적까지도 고려되어야 한다.

(2) 실천방법에 대한 사회복지사의 기대

집단에 대한 사회복지사의 가정과 기대, 각 성원의 욕구와 기능수준에 대한 사정, 실천방법에 대한 사회복지사의 기대 등을 고려해야 한다.

(3) 목적과 기대의 일치

집단을 이끌어 가는 기관의 논리와 집단 선정의 목적 및 실천방법이 일반적인 사회적 기대와 목적에 일치되어야 한다.

(4) 성원의 목적과 집단의 목적이 일치

집단에 참여하는 모든 성원들은 개인적인 목적과 목표를 가지고 참여하기 때문에, 성원의 목적이 집단의 목적과 일치하여야만 집단에 헌신하고 적극적으로 참여하게 된다.

2. 집단대상 실천기술의 유형

집단대상 실천현장에서 사회복지사는 여러 집단들을 만나게 된다. 따라서 집단의 유형에 따른 많은 학자들이 분류한 다양한 분류를 전제로 정리하여 살펴본다. 집단대상 실천현장에서는 하나의 목적만을 가진 집단은 없으며 대개 한 집단은 여러 목적을 동시에 가지고 있다는 것이다. 따라서 많은 학자들이 주장한 집단들 중 선별적으로 선택하여 정리하였다.

토스랜드와 리바스(Toseland & Rivas, 1995)는 집단대상 실천 현장에서 활용될 수 있는 집단으로 집단의 목적에 따라 치료집단(therapy group)과 과제집단(task group)으로 나누고 있다. 치료집단은 개별성원의 사회 심리적 욕구를 충족시키는 데 주목적을 두는 집단으로 구성원들 간의 의사소통이 공개적으로 이루어지고, 구성원들 간의 적극적인 상호작용이 격려되고, 상호작용을 통해 역할이 발달되고, 자기표출 정도가 높으며, 집단 내에서 이루어진 내용의 비밀보장을 원칙으로 한다. 치료집단은 집단 성원의 교육, 성장, 행동변화, 또는 사회화에 대한 욕구의 충족을 주목적으로 두는 집단으로서 교육집단, 성장집단, 치유집단, 사회화 집단으로 나뉘며, 과제집단은 과제의 달성을 목적으로 하는 집단으로 위원회, 행정집단, 협의체, 팀, 치료회의, 사회행동집단 등으로 나눈다. 과제집단은 성원의 개인적 성장보다는 방침을 만들어 나가면서 의사를 결정하고 산출물을 만들어 내는 것에 집중한다. 과제집단에서는 의사소통이 특정 과업에 관한 논의에 집중되고, 역할도 각 성원들에게 할당되는 경향이 있고, 집단과 형식적인 일정과 규칙들이 있다(허남순 외, 2004).

다음은 토스랜드와 리바스(1995)가 분류한 치료집단을 중심으로 그 특성을 살펴본다.

1) 지지집단

대부분의 성공적인 치료집단은 지지집단(support group)으로서의 특성을 가지고 있다. 지지집단은 성원들이 스트레스를 주는 생활상의 사건에 잘 대처하고 효과적으로 적응할 수 있도록 원조하는 데 목적을 둔다. 아이디어 제안, 조언을 공유하고 지지를 제공하기 위한 것이다. 지지집단에서 사회복지사의 역할은 자조 및 상호원조를 통해 대처기술을 향상시키도록 동기화시키며 미래에 대한 희망을 촉진시키는 것이다. 지지집단의 성원은 대개 유사한 문제와 경험을 갖고 있어서 유대가 빨리 형성되며, 자기표출의 정도가 매우 높다. 경우에 따라서는 유사한 어려움을 가진 사람들이 자발적 집단을 만들어 동료끼리 경험을 나누어 개인적으로 바람직한 변화를 가져오도록 하는 자조집단도 지지집단으로 볼 수 있다. 지지집단은 일종의 자조집단으로 볼 수도 있지만 자조집단에 비해 보통 사회복지사나 전문가가 이끌게 된다. 지지집단의 사례는 다음과 같다(도광조, 2014).

(1) 이혼한 부부의 자녀집단
(2) 암환자나 그 가족으로 구성되어 질병의 영향과 대처방법을 논하는 집단
(3) 아동양육의 어려움을 함께 나누는 편부모 집단
(4) 정신병원에서 퇴원하여 지역사회에서의 적응을 다루는 집단

2) 교육집단

교육집단(educational group)의 주목적은 성원들의 지식, 정보 또는 기술의 향상에 있다. 정보의 제공은 주로 전문가에 의해서 강의 형태로 이루어지며 성원 간의 토의를 통해서 학습이 강화된다. 집단성원들이 지식을 습득하고 더 복잡한 기술을 배우는 데 초점을 두는 집단으로서, 주목적은 성원들의 지식, 정보 또는 기술의 향상에 있다. 성장 집단은 사회 심리적 병리를 치료하기보다는 사회 심리적 건강을 향상시키는 데 초점을 두며, 자신의 성장기회로 집단을 활용하려는 사람들에 의해 구성된다. 그러나 교육집단 성원들의 자기개방은 비교적 낮은 편이기 때문에 집단사회복지사는 성원의 지식, 기술, 경험 등을 고려하여 모든 성원이 최상의 학습효과를 얻도록 해야 한다. 교육집단은 주로 강의를 중심으로 구조화되므로 성원들의 자기표출은 비교적 낮은 편이다. 교육집단의 사례는 다음과 같다.

(1) 예비부모 교육을 받는 집단
(2) 위탁 가정 부모교육을 받는 집단

(3) 성교육을 받는 집단

(4) 특정 약물이나 질병에 대한 정보를 획득하려는 집단

3) 성장 집단

성장 집단(growth group)의 주목적은 성원들이 자신과 타인에 대해서 그들의 생각, 감정, 행동을 인식, 확장, 변화시킬 수 있는 기회를 통하여 자신의 잠재력을 최대한 발휘할 수 있도록 하는 데 있다. 성장 집단은 심리사회적 병리를 치료하기보다는 심리사회적 건강을 향상시키는 데 초점을 두며, 집단을 자신의 성장 기회로 활용하려는 사람들로 구성된다. 성장 집단의 초점은 인식(awareness)을 증진시켜 행동과 태도의 변화를 일으키는 것이다. 따라서 집단은 성원들이 통찰력을 얻을 수 있고, 새로운 행동을 시험해 볼 수 있으며, 피드백을 받아 올바른 인간으로 성장할 수 있는 지지적인 분위기여야 한다.

성장 집단은 주로 성원들이 자기개발, 잠재력 개발, 인간관계 개선 등을 목적으로 하므로 다른 집단에 비해 자기개방이 많은 편이며, 성장 집단의 초점은 인식을 증진시켜 행동과 태도의 변화를 일으키는 데 있다.

성장 집단은 특성이 다양한 성원들로 구성되는 경우 이질성 그 자체로 성장을 강화할 수 있으며, 유사한 특징을 가진 성원으로 구성되는 경우 성원 간의 감정이입과 지지를 증가시킬 수 있다. 성장 집단에서 자기표출의 정도는 높은 편이다. 성장 집단의 사례는 다음과 같다.

(1) 부부를 위한 참 만남 집단

(2) 청소년을 위한 가치명료화 집단

(3) 여성을 위한 의식고양 집단

(4) 은퇴 후의 삶에 대해 초점을 맞추는 노인 집단

4) 치료 집단

치료 집단(therapy group)의 주목적은 성원들의 행동의 변화, 개인적인 문제의 개선, 또는 사회적 · 의학적 외상(trauma) 뒤에 상실된 기능의 변화(재활)를 원조하는 것이다.

심각한 문제를 지닌 성원은 대부분의 경우, 집단사회복지사에 의해 치료집단이 적합한지를 사정한 후에 공통적인 문제를 겪고 있는 사람들로 구성한다.

이 집단에서의 사회복지사는 전문가, 권위적인 인물, 또는 변화에 개인의 역할을 수행하며, 집단 내에서 일대일 치료적 관계를 맺게 되고, 집단의 공동목적 내에서 개별 성원의 목적을 구체적으로 수렴하여 이를 달성하도록 원조한다. 자기표출 정도는 비교적 높은 편이나 성원들이 겪는 문제에 따라 차이가 날 수 있다. 치료 집단의 사례는 아래와 같다.

(1) 지역정신건강지원센터에서 심리치료를 받는 외래환자 집단
(2) 건강협회에서 지원하는 금연을 원하는 사람들의 집단
(3) 초범자로서 보호관찰 처분을 받은 청소년 집단
(4) 약물중독으로 치료를 받는 집단

5) 사회화 집단

사회화 집단(socialization group)의 주목적은 사회적 관계에서 어려움을 가지고 있는 사람을 대상으로 사회생활에서 효과적으로 기능하기 위해 필요한 사회기술 또는 사회적으로 받아들여지는 행동을 학습하게 하는 데 목적을 두고 있다. 즉, 집단성원으로 하여금 사회에서 수용 가능한 태도와 행동을 습득하도록 돕는 것이다.

집단사회복지사는 사회화 과제를 달성하는 하나의 수단이고, 사회화 과정의 매개체로서 적극적으로 가르치고 시범을 보이며 참여를 유도하여 사회적 역할을 학습할 수 있도록 원조해야 한다. 따라서 집단 성원들을 게임, 역할 연습, 레크리에이션, 여가 활동 등의 특정 프로그램 활동에 참가하게 하여 결속력을 발전시키며, 대인관계 기술을 향상시키는 등 행동함으로써 학습하는 접근 방식을 사용한다.

사회화 집단은 사회기술훈련 집단, 자치 집단, 그리고 여가 집단으로 구분된다. 사회기술훈련 집단의 대표적인 예는, 의사소통을 효과적으로 하지 못하거나 하지 않으려고 하는 사람 또는 만족스러운 사회관계를 맺는 데 어려움을 느끼는 사람들을 대상으로 하는 자기주장훈련 집단을 들 수 있다. 자치집단은 정신병동이나 시설에서 생활하는 사람들의 치료적 공동체에서 자신들의 역할, 책임, 권리 등을 분명히 할 수 있도록 하는 집단이다. 여가집단은 스카우트 활동, 캠핑, 스포츠 활동 등에서 근원을 찾을 수 있다. 여가는 그 자체가 목적일 수도 있으며, 여가활동을 통하여 치료적 효과를 얻으려는 경우 목적에 이르는 수단이 되기도 한다. 사회화 집단의 사례는 다음과 같다.

(1) 학교에서 공격적인 아동들의 집단
(2) 과거에 정신장애환자였던 사람들의 모임 집단
(3) 치료센터에 입소되어 있는 아동들의 주별 모임 집단
(4) 소풍, 춤과 같은 여가활동을 포함하는 편부모 집단

이상의 분류를 이해하는 데 유의해야 할 것은 사회복지실천현장에서 하나의 목적을 가진 집단은 없으며 대개 한 집단은 여러 목적을 가지고 있다는 것이다. 예를 들어, 다운증후군의 자녀를 둔 부모집단은 지지, 교육 및 성장을 목적으로 하며, 알코올 중독자 집단은 위의 목적을 모두 가지고 있다고 볼 수 있다.

3. 집단 상호작용의 유형에 영향을 미치는 요인

집단에 적합한 상호작용의 유형을 정립하고 유지하기 위해서는 다음과 같은 집단 상호작용의 유형에 영향을 미치는 요인들을 고려해야 한다(설진화, 2016).

1) 집단 응집력

집단이 집단성원들에게 소속감을 주는 감정적인 연대, 또는 집단성원들이 서로에게 끌리는 정도를 집단 응집력(group cohesion)이라고 하며, 집단성원들로 하여금 집단에 머물도

록 하는 데 영향을 미치는 요인들의 합이다. 즉, 집단응집력은 집단 내에서 각자의 개성을 표현할 수 있고 충분한 친밀감을 허용하는 서로 간의 유대를 말하는 것이며, 집단성원들의 서로에 대한 매력, 집단이 함께하는 행동이나 활동하는 목표에 대한 매력일 수 있으며, 함께하는 외적 압력의 결과일 수도 있다. 이러한 집단응집력은 개개인, 집단 활동 내용, 집단목표, 집단에 참여해야 하는 필요성, 지도력과 집단 의사결정과정, 집단의 분위기, 집단의 크기 등에 영향을 미친다.

집단응집력으로 인해 집단에 대한 소속감이 생기고 자신을 더 잘 표현하며 타인과의 관계를 활발하게 할 수 있어 집단을 통한 효과가 더 커질 수 있다. 집단의 응집력이 강할수록 성원들이 서로에게 미치는 영향력 또한 커진다. 그러나 지나친 소속감과 응집력은 비효과적인 의사소통을 유발할 수 있는 집단사고(group thinking)를 야기할 수 있다. 집단사고가 우세한 상황에서는 개인의 다양한 의견들이 무시됨으로써 의사결정의 잘못이나 역기능적인 의사소통을 야기하게 된다.

2) 집단의 크기

집단성원의 수를 말하는 것으로 집단의 목적과 유형, 집단성원의 성숙도와 속성 등에 의해 결정되며, 집단성원의 만족감, 상호작용, 개별성원의 목표달성, 집단 전체의 생산성 및 효과성 등에 영향을 미친다. 집단의 크기가 크면, 자원이 많아 과제의 성공적인 수행에 도움이 될 수도 있지만, 집단을 통제하기가 그만큼 어려워지므로, 집단성원들이 스트레스를 더 많이 느끼게 되고, 의사소통이 어려워지기도 하고, 개인적인 문제를 표현하거나 다루기 어려워지며, 익명성이 보장되어 집단 참여의 압박감이 적어질 수 있다. 반대로 집단의 크기가 작으면, 집단성원에 대한 사회복지사의 개별적인 접근이 용이하나, 집단성원에 대한 참여의 압박이 커지고, 풍부한 상호 작용을 기대하기 어렵다.

따라서 적절한 규모의 집단 크기를 유지해야 한다. 즉, 집단의 크기는 집단의 목적을 달성할 수 있을 만큼 작아야 한지만, 또 집단 성원을 만족시킬 수 있는 경험을 얻을 수 있을 만큼 충분히 커야 한다(Bertcher & Maple, 1985).

3) 집단문화

집단성원들이 집단 내에서 공통적으로 가지는 가치, 신념, 관습, 전통, 규범, 활동 등을 의미하며, 다른 집단과 구별되는 독특성을 말한다. 집단문화는 집단성원의 규범에 일치하는 행동으로부터 형성되기도 하며 서로가 의사소통을 통해 이해하고 거기서 공통성을 찾아내어 형성된다. 또한 집단문화는 집단에 대한 매력과 집단 내의 상호 지지적인 분위기, 집단의 목적달성에 상당한 영향을 미치게 된다.

이러한 집단문화는 성원들이 동질적일수록 빠르게 형성되고 이질적일수록 느리게 형성된다. 대부분의 집단성원들은 자신의 경험과 가치관, 종교 등으로부터 고유한 문화를 집단으로 가져오지만 이러한 가치들은 의사소통과 상호작용하는 과정에서 서로 섞이게 되어 새로운 집단문화를 형성하게 된다. 집단문화는 또한 응집력과 연계되며 응집력의 척도로 간주된다.

집단문화는 일반적으로 서서히 형성되지만, 일단 형성되고 나면 바꾸기가 어렵다. 따라서 집단사회복지사는 집단목적의 성취에 도움이 되는 긍정적인 집단문화를 형성할 수 있도록 집단성원들이 공통적으로 가지고 있는 신념체계에 도전하거나, 집단에서 논의될 수 없는 금기사항과 관련된 문화를 지적해 주는 등의 기법으로 실천해야 한다.

4) 물리적 환경

집단의 모임이 이루어지는 물리적인 환경은 집단성원들에게 비밀보장과 친밀감, 편안함 그리고 집중력 등 집단역동에 상당한 영향을 미친다. 따라서 집단사회복지사는 집단의 모임이 이루어지는 공간의 크기와 밝기, 가구 및 집기의 배치, 자리의 배치 등 세심한 주의와 배려를 하여야 한다.

집단의 모임 장소는 외부인의 방해가 없어야 하며, 조용하면서도 필요한 활동을 하기에 충분한 크기여야 한다. 너무 큰 방은 집단의 집중력과 친밀감을 떨어뜨리며, 너무 작은 방은 집단성원이 공포감과 불안감을 느낄 수도 있다.

자리의 배치도 신중하게 고려되어야 한다. 대화 위주의 지지를 목적으로 하는 집단은 적당한 거리를 두고 원형으로 배치하면 의사소통이나 상호작용이 활발해져 효과적이지만, 활동을 위주로 하는 집단은 집기가 없거나, 사각 또는 원형 테이블에서 여유 있게 활동할 수 있도록 충분한 공간이 확보되어야 한다.

5) 피드백(feedback)

피드백이란, 이전 단계에서 획득한 것에 대한 정보를 서로 교환하는 것을 말하며, 집단 내에서는 집단성원들이 그들의 역할 수행이나 사고를 어떻게 보는지에 대해서 명확한 정보를 서로 주고받는 것이다(Ivey, 1994). 솔직하고 명확한 피드백은 집단성원들이 자신의 행동이 다른 성원에게 미친 영향을 이해할 수 있게 하며, 긍정적인 변화를 이루는 좋은 계기가 된다. 효과적인 피드백을 위한 지침은 다음과 같다(엄명용 외, 2008).

(1) 클라이언트의 요청이 있을 때, 피드백을 제공하는 것이 자장 효과적이며, 클라이언트가 사용할 수 있을 만큼, 한 번에 한두 가지 정도의 피드백을 제공하는 것이 좋다.
(2) 클라이언트의 성장을 위해서 클라이언트의 장점 및 강점에 초점을 두는 것이 좋다.
(3) 특정 행동에 대한 구체적인 피드백을 제공함으로써, 제공된 피드백과 클라이언트 자신의 행동을 비교할 수 있는 기회를 제공한다.
(4) 피드백을 제공하는 사람과 피드백을 제공받는 사람 간의 관계를 직접적으로 다루는 것이 가장 좋은 피드백이다.
(5) 효과적인 피드백을 위해서는 피드백을 제공받는 사람이 제대로 이해했는지, 어떻게 받아들였는지를 확인하여야 한다.

제3절 집단대상 사회복지사의 실천기술

집단대상 사회복지사의 실천기술은 집단성원들의 개별적인 목표달성을 돕고, 집단 과제를 수행하여 집단의 목적을 달성할 수 있도록 돕는 일련의 행동과 활동을 말한다.

집단사회복지사의 실천기술을 기능에 따라 분류하여 살펴보았다(Toseland & Rivas, 1995).

1. 집단과정을 촉진하기 위한 실천기술

1) 집단성원에 대한 관여 기술

집단 내에서 다른 성원들과 어울리고, 다른 성원의 문제에 관여하게 하는 기술로서, 집단 응집력 및 서로 돕는 느낌과 의사결정을 공유하게 하는 데 필수적인 기술이다.

2) 관심을 가져 주고 표현하는 기술

집단성원의 수용과 응집력 강화, 라포의 형성에 유용한 기술로서, 눈짓이나 몸짓과 같은 비언어적 기술 및 존경, 온정, 신뢰, 솔직함을 전달하는 언어적 기술을 통해 이루어진다.

3) 표현적 기술

집단성원들이 문제가 과제, 논제 등에 대해 생각이나 느낌을 자유롭게 표현하도록 하는 기술로서, 집단과정을 촉진시키는 데 매우 중요하며, 자기개방이 대표적인 표현적 기술이다.

4) 반응 기술

향후의 집단과정에 영향을 줄 특별한 반응을 이끌어 내기 위해 선택적으로 반응기술을 활용한다. 집단사회복지사가 집단성원들의 노력에 긍정적으로 지지하며 반응하게 되면,

집단성원들이 더욱더 노력하게 된다.

5) 초점화 기술

명확화, 의제를 제안한 성원에게 질문하기, 특정한 대화나 대화과정의 반복, 집단성원들로 하여금 특정화제로 토론을 제한하도록 하는 등의 방법을 활용하여 집단의 활동이 집단의 목적에서 벗어나지 않도록 하는 기술이다.

6) 명확한 집단과정의 수립

성원들로 하여금 상호작용하는 방법에 대해 인식할 수 있도록 돕는 기술로서, 집단성원들로 하여금 집단 상호작용의 유형을 관찰하게 한 후, 집단 상호작용 방식이 편안한지, 변화를 바라는지를 물어볼 수 있다.

7) 내용의 명확화

성원들이 의사소통을 효과적으로 할 수 있도록 돕는 기술이다. 사회복지사는 특정 언어가 집단성원들에 의해 잘 이해되고, 명확히 표현되고 있는지를 파악하고, 집단 상호작용이 주제의 초점에서 벗어나거나 부적절한 주제에 빠져 있을 때 이를 지적하는 기술 등을 포함한다.

8) 집단 상호작용에 대한 지도

집단성원들의 대화를 이끌어 내거나 차단하는 기술, 다른 성원이 말하도록 장려하는 기술, 한 집단성원이 대화에 다른 집단성원의 대화를 연결하는 기술 등을 활용하여 집단 상호작용의 유형을 지도할 수 있으며, 집단의 목표달성에 많은 도움이 된다.

2. 자료수집과 사정을 위한 실천기술

1) 명확화와 설명기술

문제의 속성을 가능한 한 명확화하고 구체적으로 기술하고 표현하도록 노력해야 한다. 문제를 정확히 이해하기 위해 문제의 현재와 과거에 대해 구체적으로 묘사하고 규명하는 것도 유용하다.

2) 정보요구, 질문, 조사

집단성원들에 대한 기본적인 자료를 모으기 위한 기술로서, 유익한 정보수집과 집단 활동의 폭을 넓히고, 집단성원들의 문제와 관심을 명확히 할 수 있다.

3) 요약과 세분화

요약은 사회복지사로 하여금 집단 내에서 이야기되고 있는 핵심을 표현하고 되돌아볼 기회를 갖게 하며, 성원과 함께 다음 단계의 과제에 대해 생각할 기회를 제공한다. 또한 세분화는 다루기 어려운 문제나 논제를 다루기 쉽게 작은 단위로 분류하는 기술로서 집단성원들에게 동기를 부여하는 효과가 있다.

4) 종합

집단성원들의 생각, 감정, 행동, 즉 언어적 · 비언어적 의사소통을 표현하게 하고 분석하는 등 종합하는 기술로서, 집단성원들이 다른 사람들에게 어떻게 인식되는지에 대한 피드백을 제공하는 데 매우 유용하다.

5) 분석기술

확보된 자료의 유형을 밝혀내고, 자료의 차이를 규명하여 구조화하고 사정하기 위한 자료의 확보 등을 포함하는 기술이다.

3. 행동기술

집단이 과제를 수행하도록 돕기 위해 자주 활용되는 기술이다. 집단성원에 대한 지지, 재구조화와 재규정, 집단성원들 간 의사소통의 연결, 지시/감독, 조언/제안/교습, 자원의 제공, 모델링/역할 연습/시연/코치, 직면 기술, 갈등 해결의 기술 등이 있다.

1) 집단성원에 대한 지지

집단성원들이 집단의 주제에 적합한 느낌과 생각을 표현하도록 격려하고 환기시켜 주고, 자신의 견해를 표현하게 하고, 요구와 평가에 반응함으로써 성원들을 지지하는 기술이다. 집단성원들은 집단을 자신의 생각과 느낌을 받아 주는 안전한 장소로 인식하게 된다.

2) 재구조화와 재규정

집단성원들이 문제를 새로운 관점에서 볼 수 있게 하는 기술이다. 구조화된 것을 재구조화하고 재규명하는 구체적 개입을 위한 준비를 하는 것이다.

3) 집단성원들 간 의사소통의 연결

초기단계에서 집단성원들은 성원들끼리의 대화보다는 집단사회복지사와의 대화를 더 많이 하게 된다. 집단사회복지사는 이러한 의사소통에 대한 성원들의 반응을 묻거나, 다른 성원을 지목하여 답하게 함으로써 성원들끼리 의사소통하는 유형을 만들 수 있다.

4) 지시, 감독

집단성원들의 참여와 투입을 증대시키기 위한 노력을 기울일 때 효과적인 기술이다.

집단의 목표에 대한 성원들의 승인이 있어야 가능하며, 집단성원 개개인의 특성을 집단사회복지사가 잘 파악하고 있어야 한다.

5) 조언, 제안, 교습

집단 내에서 새로운 행동이 요구되거나 문제를 이해할 때, 문제 상황을 바꾸려 할 때 사용되며, 집단성원과 집단사회복지사가 모두 사용하는 기술이다.

6) 자원의 제공

집단성원들이 필요로 할 때, 정확한 사정과 의뢰를 통하여 의료, 건강, 재정지원, 직업 및 재활상담, 재정 자문 등과 같은 다양한 후원 집단이나 자원을 활용하고 제공하는 기술이다.

7) 모델링, 역할 연습, 시연, 코치

과제집단이나 치료집단 모두에게 유용하게 사용되는 기술이다. 과제집단은 과업의 달성을 위해서 만들어지고, 치료집단은 개별성원의 사회심리적 욕구를 충족시키는 데 목적을 둔다.

8) 직면 기술

집단성원들의 행동, 사고, 감정 사이의 왜곡과 불일치를 극복할 수 있도록 도와주는 도전적인 행동이나 명확화 그리고 수행능력을 말하는 것으로써, 집단성원들을 동기화하고 집단성원들의 저항을 극복하는 데 매우 유용한 기술이다.

9) 갈등 해결의 기술

집단 상황에서의 갈등은 필수적이며, 피할 수 없는 상황이다. 집단 사회복지사는 이러한 갈등이 부정적인 방향으로 흘러가기 전에 집단 규칙, 조정, 협상, 중재 등의 기술을 발휘하여 갈등이 공유되고 논의되어 긍정적인 방향으로 해결됨으로써, 집단성원들의 결속력을 강화하는 계기로 활용해야 할 것이다.

제11장

집단대상 실천기술 과정

학습목표

1. 초기단계의 실천기술을 학습한다.
2. 중기단계의 실천기술을 학습한다.
3. 종결단계의 실천기술을 학습한다.

키워드

저항, 라포, 신뢰감, 갈등, 집단, 집단 자조, 집단응집력, 집단 운영, 집단 역동, 상호작용 차트, 소시오그램, 직면

11

집단대상 실천기술 과정

제1절 초기단계의 실천기술

집단대상 사회복지실천기술의 과정은 집단이 집단 목표를 달성하기 위해 생성되어 해산되기까지 변화 · 진전해 가는 단계적 경과를 말하며, 각 학자들마다 집단발달단계를 통해 집단과정을 다양하게 설명하고 있다(윤현숙 외, 2001).

집단대상과정(group process)은 집단성원들 사이의 상호작용을 통해 이루어지고, 집단 내에서 성원과 성원 사이, 그리고 사회복지사와 성원 사이에서 발생하는 역동적인 상호작용 그 자체로도 볼 수 있으며, 개별성원뿐 아니라 전체로서의 집단에 크게 영향을 미치게 된다. 여기서 집단이 경과하게 되는 각 과정의 특성과 사회복지사의 역할, 과제 및 실천기술 등에 관하여 살펴보고자 한다.

집단대상 실천기술 발달단계란 시간의 흐름에 따라 집단에서 나타나는 변화와 성장의 과정을 말하는 것으로서, 집단발달과정에 따라 집단의 내부구조, 집단성원의 역할과 지위, 의사소통과 상호작용의 형태, 집단의 과제와 집단운영의 절차, 집단 응집력, 사회적 통제, 집단문화 등이 형성되고 변화되어 간다.

집단대상 실천기술과정에 대한 구분은 이론과 학자에 따라 다양하나, 초기단계, 중기단계, 종결단계로 구분하였다.

1. 초기단계

초기단계는 선정된 성원들이 최초로 모임에 출석하여 성원끼리 대면함으로써 집단이 시작됨과 동시에 집단에 대한 집단지도자의 직접적 개입이 시작된다. 집단성원으로 참석하여 보니 한두 사람은 이전부터 서로 알고 지내 온 성원들도 있겠지만 대부분이 처음 만나는 사람들로 구성되어 있어서 대화하기가 한정적일 수밖에 없다. 집단성원들은 낯선 사람들과 새로운 환경에 직면하여 상당한 불안감과 불신감, 두려움, 저항감을 나타낸다. 뭔가 문제가 있어 집단에 참여하게 되었다는 스스로의 인식들이 다른 사람들이 어떻게 생각할까 등의 불안감을 나타내면서 다른 성원들을 의식하고, 자신을 드러내야 한다는 점도 두렵게 작용한다.

따라서 새로운 사람과 접촉하기보다는 집단지도자에게 의사소통이 집중되기 쉽고 지도자로부터 성원에게 말을 전달하다 보면 일방통행적 의사소통이 되기 쉬우며, 성원들 사이의 대화는 거의 제한적이다. 집단지도자는 일방통행적 의사소통에서 성원중심의 의사소통으로 전환할 수 있어야 한다. 또 성원들도 서로 간에 몇 명씩의 성원들만 참여하는 대화를 하기 쉽다. 지도자는 성원들이 어떤 형태의 모습이 나타나든지 그 상황을 잘 파악하고 그에 적합한 의사소통방법을 적용하도록 지도하여야 한다.

그럼에도 집단성원들은 다른 성원들을 탐색하기도 한다. 신중한 태도를 가지고, 피상적인 내용을 중심으로 대화를 가지면서도 이 과정에서 이야기가 통한다고 인식하든지, 어떤 공통점을 발견하게 되면 서로에 대한 관심이 증가한다. 이러한 초기 단계 집단의 모습을 유현숙 등(2001)은 '접근과 회피가 공존', '성원들끼리의 평가 · 서열화 · 투쟁', '하위집단의 등장과 형성'으로 설명한다.

초기단계에서 집단성원의 특징은 '저항'이다. 특히 비자발적인 집단성원일 경우 저항의 강도가 더욱 심할 수 있다. 저항은 집단과 좀 떨어져 앉거나, 말을 지나치게 많이 하고, 질문이나 조언을 지나치게 많이 함으로써 집단과정을 방해하기도 하며, 상대방을 비꼬거나 관심을 끄는 행동으로 집단을 지배하려고 하는 갈등으로 표현되기도 한다(엄명용 외, 2008). 이러한 갈등은 다른 단계보다 초기단계에서 뚜렷하게 나타나며, 불심감과 관련이 있다.

집단 초기단계에서 사회복지사의 주된 노력은 개방적이고 솔직한 의사소통을 촉진시키며, 집단과정을 민주적으로 하여 신뢰할 수 있는 분위기를 형성하는 것이다.

1) 초기단계에서의 집단사회복지사의 과제

집단의 초기단계에서는 주로 오리엔테이션, 신뢰감 조성, 집단 구성원의 불안 및 저항 다루기, 목표설정, 집단운영 등의 내용을 다루게 되는 데 세부내용은 다음과 같다(이영호, 2009).

(1) 오리엔테이션

흔히 초기 첫 번째 모임에서 집단에 대한 오리엔테이션을 하게 된다. 클라이언트인 집단 구성원들이 처음 집단에 모이게 되면 낯설고 어색한 분위기를 경험하는 것은 지극히 당연하기 때문에 사회복지사는 이들을 상대로 오리엔테이션을 실시하되 앞으로 진행될 집단에 대한 정보를 제공해 주어야 한다(권대훈, 2016).

오리엔테이션에 포함할 내용은 진행자인 사회복지사에 대한 소개를 먼저 하고, 집단 구성원 각 개인을 소개한 다음 집단의 목적에 대한 설명을 한다. 구성원들이 동일한 문제 또는 관심사를 가지고 있다 할지라도 사회복지사는 집단의 목적에 대해 핵심 위주로 간결하게 설명한다. 그리고 집단 구성원들의 역할을 소개함과 동시에 각자의 임무를 부여하고, 집단의 규칙을 설명해 주어야 한다. 또한 서비스과정에 대한 단계와 일정과 주요내용도 설명해 주어야 한다. 설명을 할 때는 사회복지사는 잘 알고 있지만 클라이언트 집단은 처음으로 대하기 때문에 초년생에게 알리는 것처럼 구체적이고 자세하게 설명하고 인지 여부를 확인하면서 진행하는 것이 중요하다.

(2) 신뢰감 형성

초기단계에서는 집단성원들이 다양한 원인에 기인한 불안감이 크고, 상호작용 및 신뢰관계가 아직 형성되지 않았기 때문에 사회복지사는 집단성원들 간의 라포형성(rapport)에 주력해, 불안감과 긴장감을 해소해 주며, 구성원들 간의 친밀감을 형성할 수 있도록 도와주어야 한다. 초기단계에서 가장 뚜렷한 특징은 집단성원들 간 그리고 집단성원들과 사회복지사 간의 신뢰감 형성이다.

신뢰감 형성은 집단 초기단계에서 사회복지사에게 핵심적인 역할이 된다. 초기단계에서의 클라이언트인 집단 구성원들은 집단이라는 환경에 익숙하지 않기 때문에 사회복지사의 태도와 행동을 모방하는 경우가 많이 생긴다. 즉, 사회복지사가 이들에게 보이는 태도를 통해 가르칠 수 있다는 것이다. 예컨대, 사회복지사가 클라이언트인 집단 구성원들이 하는 말을 비심판적으로 경청하고, 각 개인의 경험을 존중하는 자세를 보인다면 이들은 보다 적극적인 경청의 가치를 인정하게 될 것이다.

사회복지사가 클라이언트인 집단 구성원의 문제나 배경과 관계없이 그들을 있는 그대로 수용하고, 사회복지사 개인의 가치관을 이들에게 적용하지 않는 자세를 보이게 된다면 자신의 가치관과는 다른 구성원들의 가치관을 수용하게 될 것이다(김혜란 외, 2006).

따라서 사회복지사가 집단 내에서 보이는 태도나 행동은 클라이언트인 집단 구성원들이 서로 신뢰하며 건설적이고 생산적인 방법으로 상호작용하는 방식을 가르칠 수 있는 강력한 힘이 될 수 있음을 알 수 있다.

(3) 목표설정

사회복지실천에서 사회복지사는 집단 목표와 더불어 클라이언트인 집단 구성원 각자의 개별 목표를 설정하도록 원조하는 것이 필요하다. 사회복지사와 클라이언트가 목표를 설정할 때 참고할 만한 효과적인 목표설정 기준은 다음과 같다(윤선오 · 김현진, 2016).

① 목표달성을 위한 기간을 명시하여야 한다.
② 목표는 명확하고 구체적으로 기술되어야 한다.
③ 목표는 측정 가능한 표현으로 기술되어야 한다.
④ 목표는 현실적이어야 한다.

⑤ 목표는 과정보다 성취로 기술되어야 한다.
⑥ 목표 달성은 문제 상황의 호전과 관련이 있어야 한다.
⑦ 목표는 클라이언트의 가치관과 문화에 어울려야 한다.

(4) 집단 운영

집단 초기단계에서 클라이언트가 집단을 이루고 있기 때문에 이들을 운영하는 것은 중요한 실천기술이다. 따라서 집단 운영을 위해 보다 효과적인 운영방식을 제안하기 위한 내용은 다음과 같다.

① 사회복지사가 집단 구성원의 역할 모델이 된다.
② 초기단계에서는 직접적인 지시와 교육이 집단 발달을 촉진시킨다.
③ 집단 구성원의 바람직한 행동에 대해 긍정적인 강화물을 제공한다.
④ 집단 내에서의 행동이 구성원 각자 생활에서 보이는 문제를 반영한다는 것을 인식시킨다.
⑤ 집단 내에서 특정 행동을 변화시키려는 노력을 하는 것이 중요하다는 것을 이해시킨다.
⑥ 자기 노출과 피드백 제공의 중요성을 인식시킨다.

2) 집단 사정

집단 사정은 원조과정에 기초하는 과정이자 산물이다. 사회복지실천에서 사정은 클라이언트 체계에 대해 정보를 수집하고, 수집한 자료를 조직화 또는 의미화해서 클라이언트의 문제와 강점(해결의 방향 등) 등을 판단하는 것이다. 이와 같이 사정은 단편이 아니라 지속적인 과정이다. 집단을 대상으로 한 사회복지실천에서도 집단의 목표와 개인의 목표를 충분히 달성하기 위해 사정은 지속적으로 이루어져야 하고, 진체집단에 대한 사정과 집단 내에서 활동하고 있는 개인에 대한 사정, 나아가 집단, 집단성원들의 행동특성이나 기능을 파악하고, 잡단 내에서 일어나는 상호작용에 대해 깊이 관찰하고, 이해하고, 변화시켜 나가야 한다.

집단의 목표를 달성하기 위해서는 의도한 과정대로 진행되어야 하고, 집단전체의 상호작용의 모습이 응집력이나 집단역동을 일으키기에 충분히 적절해야 한다. 개별성원들과 전체집단의 상호작용과정을 잘 관찰하여 정보를 수집하고, 수집된 정보에 기반하여 개개인들의 행위가 개별목표달성에 충분히 정(+)적으로 작용하고 있는가, 그리고 집단 전체의 상호작용과 집단목표달성에 충분히 정(+)적으로 작용하고 있는가를 판단해야 한다. 집단과정에서 개별성원과 집단전체를 사정해 보아야 한다는 것이다.

집단사회복지사는 집단성원 개개인, 집단 그리고 집단 환경 등 3가지 부분으로 집단에 대한 사정을 하게 된다(윤현숙 외, 2001).

(1) 개별성원에 대한 사정

① 집단성원의 특성에 대한 사정: 집단성원의 성장 발달과정에서 일어난 일, 현재의 건강상태, 심리상태, 정신건강, 교육정도, 직업, 수입, 취미, 신념, 기대, 동기 등에 대한 사정으로서, 의사, 사회복지사의 평가와 관찰 그리고 집단성원 자신의 자기보고 등에 대한 정보를 기반으로 하여 사정이 이루어진다.

② 대인관계와 집단성원 간 상호작용: 집단성원의 가족과의 관계, 친구와의 관계, 어떤 문제가 발생했을 때 이야기를 들어주고 정신적으로 의지할 수 있는 인간관계의 유무 등에 관하여 사정한다.

③ 집단성원의 환경에 대한 사정: 집단사회복지사는 집단성원의 환경이 각자의 목표와 집단 목표달성을 지지하는 환경인지 아닌지를 평가할 필요가 있다. 이때 사회복지사는 반드시 한 번 이상은 집단성원의 가정을 방문하여 실제적인 정보를 확인할 필요가 있다.

(2) 집단에 대한 사정

집단은 집단과정을 통해 개별성원뿐 아니라 전체로서의 집단에 영향을 미치는 독특한 힘을, 만들어진 이러한 힘을 집단역동이라 하며 집단역동을 활용하는 것은 집단사회복지사의 중요한 과제 중의 하나가 된다.

집단역동을 이해하는 데 필수적인 영역으로는 집단 구조, 집단 내 의사소통과 상호작용 유형, 집단에 대한 매력과 응집력, 집단의 사회적 통제, 집단문화, 집단발달단계에 대한 지식 등을 들 수 있다.

(3) 집단 환경에 대한 사정

집단 환경에 대한 사정으로는 집단사회복지사가 소속된 기관이나 시설을 비롯하여 이들 시설 간 환경 및 지역사회환경에 관해 사정하게 된다.

① 복지기관, 시설의 환경에 대한 사정: 복지기관, 시설 내에서 집단을 결성할 경우 집단의 목적이 기관 및 시설의 목적과 맞는지, 집단 활동의 장소는 있는지, 협력은 제공되는지, 집단에서 다루고자 하는 접근 방법이 기관이나 시설의 방침에 적합한지 등을 사정하게 된다.

② 시설 간 환경에 대한 사정: 다른 복지기관, 시설에서 새로운 프로그램이나 실천방법에 대한 연구회 등 특별사업이 행해지고 있는지 등 다른 기관에서 계획하고 있는 사업과 행해지고 있는 사업 등에 대한 정보를 수집하여 시설 간 환경에 대한 사정을 해야 한다.

③ 지역에는 어떤 사람이 살고 있으며, 어떤 직업, 수입, 종교를 가지고 있는지, 지역 내에는 어떠한 공공자원이 있으며, 부족한 자원은 무엇인지, 지역사회 관심사는 무엇인지 등에 대해서도 사정하도록 한다.

3) 집단 사정 도구

일반적으로 집단을 운영하는 사회복지사는 집단의 과정과 기능을 사정하기 위해서 자신의 주관적 관찰에 의존한다. 사회복지사의 주관적 관찰에 덧붙여 구조화되고 객관적인 방법으로 집단을 사정하는 것도 필요하다. 경험이 풍부하지 못한 사회복지사들의 경우 집단사정에 어려움을 가지기도 한다. 사회복지사는 실천현장에서 다양한 집단을 만나게 되는 데, 다양한 집단들을 효과적으로 사정할 수 있는 완벽한 방법이란 존재하지 않는다. 실천현장에서 가장 많이 사용되는 객관적이고 구조화된 방법으로 상호작용차트, 소시오그램(sociogram), 소시오메트리(sociometry), 소시오메트릭스(sociometrix) 방법 등을 활용할 수 있다(https://cafe.naver.com/manumfare/9558).

(1) 상호작용 차트

상호작용 차트는 집단성원들 간의 상호작용 또는 집단성원과 사회복지사 간의 상호작용의 빈도를 기록하는 것이다. 특정 행동이 발생할 때마다 기록하는 방법이 있으며 일정한 시간 동안 특정 행동의 발생빈도를 기록하는 방법도 있다(예: 60분짜리 모임일 경우 매 10분마다 2분 동안 특정행동의 발생빈도를 기록한다).

사회복지사가 집단을 직접 진행하면서 상호작용 차트를 활용하여 집단을 사정하는 것은 거의 불가능하기 때문에 관찰자를 따로 두어 집단성원들의 상호작용을 기록하거나 또는 집단모임을 녹화해서 모임이 끝난 후 녹화테이프를 보면서 집단성원들의 상호작용을 기록하는 방법을 취한다. 이때 사회복지사는 행동관찰에 대한 사전 동의를 집단성원들로부터 얻을 필요가 있다(엄명용 외, 2015).

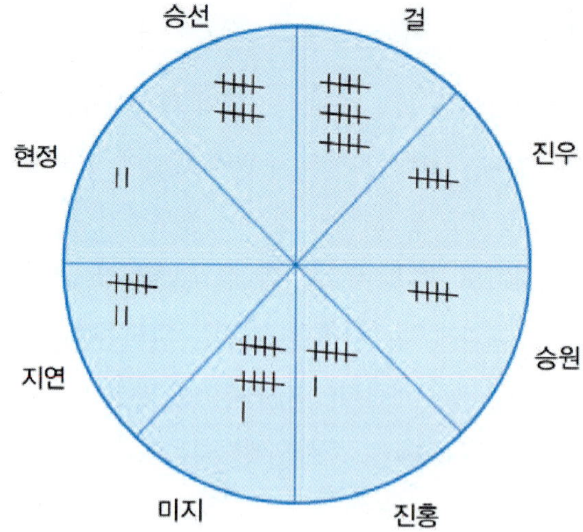

[그림 11-1] 집단상호차트

출처: Toseland & Rivas(2015: 240)

(2) 소시오그램

사회측정 연구에서 주로 사용되는 도구는 소시오그램(사회도, sociogram)이다. 소시오그램은 모레노(J. Moreno)와 제닝스(Jennings)가 개발한 것으로 상징을 사용해서 집단 내 성원 간 개인적 수용과 거부, 집단 내의 대인관계를 표현한 그림이다. 집단성원 간 선호도와 무관심, 배척하는 정도와 유형을 파악할 수 있고, 하위집단형성 여부, 소외된 성원 여부, 결속의 정도(응집력) 등을 파악할 수 있다. 소시오그램은 집단성원들 간의 관계를 통해서 표현하는 것인데, 실선은 호감(우호적)을 갖는 관계, 점선은 무관심(소원함) 관계, 끊어진 선은 불편한 관계(거부)를 의미하고, 화살표는 호감의 방향을 의미하며 화살표가 없는 선은 상호관계를 의미한다.

소시오그램은 집단 초기에 발생하는 일시적인 결속을 그림으로 나타내어 성원들 간의 관계를 언제 어디서 개입하고, 수정하고, 강화하고 또는 고정할지를 결정하는 데 매우 중요하다. 또한 소시오그램은 독창적으로 그리면 좋다. 유인과 반감 혹은 관계의 강도 등을 보여 주기 위해서 또는 정서적인 밀착과 거리를 나타내기 위해 성원들을 좀 더 가깝게 또는 좀 더 멀리 떨어뜨릴 수도 있고, 서로 다른 색들을 사용할 수도 있다(Hepworth et al., 하남순 외 역, 2004). 또한 다양한 시점에서 작성될 수 있고, 작성된 집단의 소시오그램을 비교해 보면 집단성원들 간의 안정성과 변화를 살펴볼 수 있다.

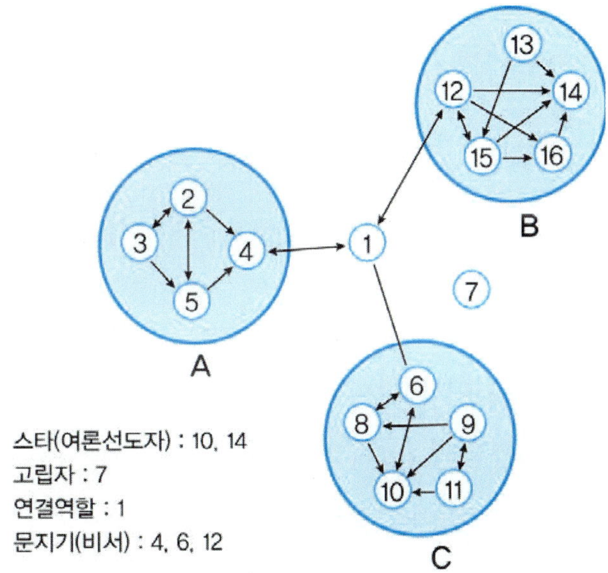

[그림 11-2] 소시오그램

출처: Toseland & Rivas(2015: 242)

(3) 소시오메트리(sociometry)

소시오메트리(sociometry, 사회도측정방법)는 좁은 의미로는, 특히 모레노와 그 학파가 체계화한 방법으로 집단 성원 사이에 끊임없이 변화하는 견인(attraction)과 반발(repulsion)에 역학적 긴장체계이며 이는 개인의 자발성의 성질과 문화적 역할에 대한 학습정도에 따라 상대적으로 안정된 구조를 만들어 낸다는 것이다.

이 관점에 입각하여 자발성이나 역할 연기의 진단과 훈련으로 안정된 인간관계를 창조하려고 집단요법이 연출되었으며, 또한 정서적 · 문화적 역할에 규정된 견인과 반발의 강도 · 성질을 분석 · 측정하기 위한 기술이다.

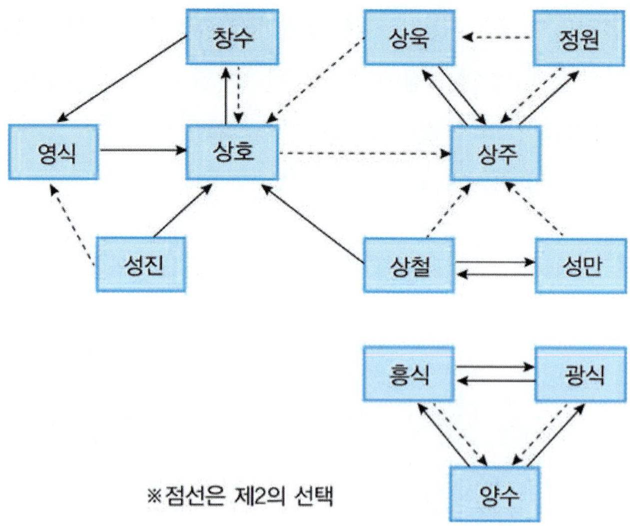

(4) 소시오메트릭스(sociometrix)

소시오메트릭스(sociometrix)는 소시오메트릭테스트에 의하여 밝혀진 소시오메트릭매트릭스(일정 범위의 사람들의 집합 내에서 상호적인 선택이나 배척의 배치)를 양적처리가 용이하도록 행렬형으로 정리한 것이다.

피선택자 / 선택자	A	B	C	D	E
A		○		○	
B	○				
C					○
D					○
E		○			

그림은 그 한 예로서 A와 B의 성원은 상호 간에 서로 선택하고 있다든가 또는 행과 열마다 표한 수의 합계를 구함에 의하여 선택하고 있는 수나, 선택되고 있는 수의 양에서 본 개인의 사회관계 범위 등을 읽을 수 있다.

이 매트릭스에 적당한 수학적 처리를 행하고, 또한 집합전체의 특성 등을 일정한 지표로 나타내는 연구 등도 행하여지고 있다.

4) 집단성원의 불안과 저항을 다룰 수 있는 실천기술

집단의 초기단계에서는 집단사회복지사는 집단성원들의 불안과 저항을 다룰 수 있는 기술이 있어야 한다(엄명용 외, 2008).

(1) 집단성원의 불안과 저항을 다룰 수 있는 실천기술

① 집단성원들의 불안은 특히 초기단계에서 자연스럽게 나타나는 현상임을 인식하고 이를 집단성원들에게 설명하여 준다.

② 집단성원들 간의 갈등 또는 집단성원과 사회복지사 간의 갈등이 잘 다루어지지 않는다면 상호 신뢰감이 저하될 뿐만 아니라 앞으로 전개될 집단과정에 부정적인 영향을 줄 것이다. 따라서 갈등은 반드시 인식되어야 하고 긍정적이고, 건설적인 방식으로 다루어져야 하며, 갈등이 성공적으로 해결된다면 집단성원들 사이의 신뢰감과 집단성원과 사회복지사 간의 신뢰감 형성에 긍정적인 영향을 줄 것이다.

③ 집단성원이 보이는 저항은 집단사회복지사의 태도와 관계가 있다. 예를 들어, 사회복지사가 집단을 위한 준비를 소홀히 했다거나 혹은 클라이언트를 대하는 사회복지사의 태도가 공격적이고 심판적이라면 대부분의 클라이언트는 사회복지사를 신뢰하지 못할 뿐만 아니라 저항할 수도 있다. 따라서 집단사회복지사가 세션을 철저하게 준비하고 집단 내에서 자신의 행동에 관해 주의하는 것이 집단성원의 저항을 줄이는 좋은 방법 중의 하나이다.

(2) 집단에서 저항을 다룰 때 보이는 사회복지사의 실수

① 사회복지사가 클라이언트의 감정을 너무 집중적으로 탐색하는 경우
② 집단에 참여하여 얻을 수 있는 혜택을 설명함으로써 저항감을 줄이려는 경우
③ 집단성원들에게 죄책감을 유발하여 집단참여를 종용하는 경우
④ 한 성원의 저항을 집단 전체의 저항인 것처럼 다루는 경우

집단사회복지사는 집단이나 집단성원이 저항을 보일 때 자기결정권을 강조할 필요가 있다. 즉, 집단성원들이 이야기하고 싶지 않거나 집단에 참여하고 싶지 않을 때, 이에 대한 최종 결정권은 클라이언트 혹은 집단성원 자신들에게 있음을 알려 줄 필요가 있다.

제2절 중기단계의 실천기술

집단성원들은 집단에 소속감이 증가하고 다른 집단성원과 사회복지사에 대한 신뢰감도 증가하게 된다. 집단성원들 간에 신뢰감이 형성되었다는 것은 자신의 생각과 감정을 집단 내에서 자유롭게 표현할 수 있다는 의미이며, 자신의 이야기를 털어놓기 시작함에 따라 감정의 정화작용이 일어난다. 중기단계에서의 집단사회복지사는 집단지도자와 집단성원끼리 상호작용하는 과정에서 자연스럽게 일어난다. 따라서 집단 사회복지사는 집단과 집단성원이 목표를 잘 달성할 수 있도록 격려하고, 목표달성에 필요한 집단의 문화와 규범을 발전시키고 유지하며, 목표 달성에 방해가 되는 장애를 극복할 수 있도록 원조해야 한다.

중기단계에서 사회복지사는 경우에 따라 나타날 수 있는 집단 내 갈등이나 저항을 다룰 수 있어야 하고, 집단응집력을 유지할 수 있도록 해야 한다. 또한 집단의 자유로운 의사소통과정을 포함한 집단과정을 촉진하고, 전문적 지식과 기술을 활용하여 집단의 변화 및 개인의 변화를 이끌어 낼 수 있어야 한다.

1. 중기단계의 특징

집단의 중간단계에 해당하는 중기단계에서 나타나는 일반적인 특징들은 다음과 같다. 우선 낮은 신뢰감과 소속감 그리고 불안 및 저항으로 특징지어지는 초기단계가 성공적으로 다루어졌다면 집단은 보다 생산적인 단계로 이동을 하게 된다. 초기단계와 비교해 볼 때 중기단계에 접어들면 클라이언트인 집단 구성원들은 집단에 대한 소속감이 증가하고, 다른 집단 구성원과 사회복지사에 대한 신뢰감도 함께 증가하게 된다(최미영, 2009).

클라이언트인 집단 구성원들 간에 신뢰감이 있다는 것은 자신의 생각과 감정을 집단 내에서 자유롭게 표현할 수 있다는 의미일 뿐 아니라 집단의 응집력을 강화시킨다. 일부 집단 내에서 활발하지 못한 성원이 있어도 이들은 언제든지 집단에 참여할 수 있다는 것을 알게 되고, 집단 구성원 존재 자체가 집단의 생산적 활동을 저해하는 요인이 되지 않는다. 그리고 신뢰감이 증가 및 소속감의 강화와 함께 중기단계에서 나타나는 특징 가운데 하나가 이들의 대인관계기술이 향상된다는 점이다. 따라서 클라이언트인 집단 구성원들은 다음과 같은 대인관계 기술을 갖추게 된다(전남련 외, 2011).

첫째, 경청능력 증진과 의사소통 원활로, 사회복지실천에 있어 사회복지사의 경청능력 증진 노력은 집단사회사업 실천의 개입을 통해 경청할 수 있는 능력이 향상된다. 따라서 의사소통 원활은 보다 공개적이며 클라이언트인 집단 구성원들은 집단 내에서 경험한 바를 보다 정확하게 표현해야 한다.

둘째, 상호작용 활성화와 자기노출 시작은 사회복지실천에 있어 클라이언트인 집단 구성원들 간의 상호작용이 보다 자유롭고 직접적인 가운데 활성화된다. 자기 노출 시작은 구성원 자신들을 다른 집단에게 알리게 되며, 자신들의 개인적 관심사를 집단 전체에게 말하게 된다.

셋째, 갈등 처리와 수용능력으로 사회복지실천에 있어 클라이언트인 집단 구성원들 간의 갈등이 처리되었다는 것은 구성원들 간의 인식의 융화가 되었다는 것이다. 그래서 어떤 문제를 효과적으로 다룰 수 있게 되었다는 것을 내포한다. 또 수용능력은 구성원들 간에 피드백을 주고받을 수 있으며, 사회복지사 또는 다른 집단 구성원들의 직면을 비방어적인 태도로 받아들일 수 있는 능력이 생기게 된다(최선희, 2012).

집단사회사업 실천에서 실제 개입할 때에 클라이언트인 집단 구성원들의 향상된 대인관계기술은 그들 자신의 자율성을 증진시키고, 사회복지사에 대한 의존도를 상대적으로 줄이게 된다. 즉, 중기단계는 집단 구성원들의 변화를 이끌어 내기 위한 사회복지사의 구체적인 개입이 이루어지는 단계이다. 따라서 중기단계에서 나타날 수 있는 집단의 특성과 전문사회복지사의 역할에 대해 정리하면 다음 〈표 11-1〉과 같다.

〈표 11-1〉 집단의 특성과 사회복지사의 역할

<table>
<tr><td rowspan="2">특성</td><td>집 단</td><td>• 집단의 문화, 행동, 규범, 갈등 발생 및 이를 해결
• 구성원의 지위, 위계질서, 역할, 리더 형성
• 구성원과 리더 실험, 신뢰할 수 있게 됨
• 구성원 간의 공통점 및 차이점 인정(존중), 집단응집력 발달</td></tr>
<tr><td>구성원</td><td>• 집단에 대한 탐색이 점차 감소됨
• 집단 구성원 간 소그룹 형성 및 하위집단 발생
• 집단 내 하위집단 간 알력 발생
• 자신의 지위 및 역할 모색
• 구성원의 독특함 인정, 집단 공헌 모색
• 집단의 중요성 내면화
• 사회복지사에게 의존하던 것이 감소되고 자기의사표현 시작</td></tr>
<tr><td colspan="2">사회복지사의 역할</td><td>• 집단의 현 위치 파악: 진행상황, 갈등, 협조체계 등
• 각 성원에 대한 평가: 태도, 관계, 행동, 동기, 목표 등
• 집단의 목적과 목표 재확인, 모든 성원 참여 유도
• 집단 구성원 간 공통점 및 차이점 파악
• 집단 리더에 대한 실험 인정
• 구성원 모두 다 다양한 경험을 익힐 수 있도록 협력
• 직면, 집단 갈등 해소</td></tr>
</table>

출처: 김성이 외(2005): 이영호(2009) 재인용.

2. 중기단계에서 사회복지사의 과제

중기단계에서의 주요 과제는 집단의 형태와 지도자의 유형에 따라 다르지만, 공통적으로 집단모임의 준비, 집단의 구조화, 집단성원의 참여와 권한부여, 집단성원의 목적달성 원조, 저항적인 집단성원의 독려, 모니터링 등의 과제를 수행해야 한다(김혜란 외, 2006 재인용).

1) 집단모임의 준비

집단사회복지사가 효과적으로 집단을 이끌어 나가기 위해서는 다음 모임을 위한 의제를 준비하고, 집단성원들의 토론을 자극하고 흥미를 유발할 수 있는 다양한 재료를 준비하며, 적절한 시간배분을 해야 한다.

2) 집단의 구조화

집단의 구조화란 집단성원들이 바람직한 방향으로 변화해 가도록 원조하기 위한 계획적이고 체계적이며 시간제한적인 개입을 의미한다. 집단을 구조화하는 경우 장점으로는 집단의 목적 성취를 촉진시키며, 집단사회복지사가 계획적이고 체계적으로 실천을 할 수 있도록 한다는 점이다. 집단구조화를 위한 활동으로는 각 모임의 시작과 종료 시간을 정확하게 집단성원들이 알게 하거나 이번 모임에서 다룰 것이 무엇인지를 명확히 하는 것이다. 또한 집단의 의사소통 및 상호작용의 유형을 설정하여 모든 집단성원이 참여할 수 있는 기회를 부여하도록 토론 과정을 구조화할 수 있다.

집단의 초점을 유지하는 활동, 지금까지의 일을 요약하는 활동 등도 구조화의 방법이다. 집단을 구조화하는 경우의 장점으로는 집단의 목적 성취를 촉진시키며, 집단 사회복지사가 계획적이고 체계적으로 실천할 수 있도록 한다는 점이다.

3) 집단성원의 참여와 권한 부여

집단성원의 참여를 촉진하고 권한을 부여하는 것은 집단사회복지사가 지도와 안내를 하지 않는다는 것이 아니며 집단을 지도하는 데 있어서 집단성원들의 투입과 피드백을 진지하게 고려해야 한다는 점이다.

4) 집단성원의 목적달성 원조

집단성원들의 목적을 달성하도록 원조하기 위한 활동으로, 첫째, 집단성원들이 자신의 목적을 인식하고, 둘째, 구체적인 실천계획을 발전시키며, 셋째, 그들이 문제를 극복하고 실천계획을 실행에 옮기려는 의지를 증진시키고, 넷째, 실천계획을 실행에 옮길 수 있도록 원조하는 것을 포함한다. 집단성원의 목적달성을 위한 개입은 개별성원, 전체 집단, 그리고 집단 환경 등의 세 가지 차원에 걸쳐 이루어져야 한다.

5) 저항적인 집단성원의 독려

집단사회복지사는 집단의 성원이 되기를 원치 않는 사람과 같이 일을 해야 하는 경우도 있다. 저항하는 집단성원에게는 자신의 문제에 대처하지 않음으로써 발생하는 결과에 대해 초점을 맞추어서 직면을 하게 하는 것이 도움이 된다. 또한 신념체계를 변화시키는 방법과 외부환경을 이용하는 방법을 활용할 수 있다.

6) 모니터링

집단과정을 점검하고 평가하는 모니터링을 통하여 집단성원과 집단사회복지사는 피드백을 얻을 수 있다. 모니터링은 서면이나 구두로 집단의 전 과정에서 수행되어야 한다. 평가 횟수는 집단에 대한 피드백을 어느 정도 받아야 하는가 하는 필요성에 달려 있으며, 각 집단 회기마다 모임이 끝났을 때 집단성원들이 그 모임에 대한 평가를 하거나 아니면 2~3번의 모임마다 한 번 정도 평가를 할 수 있다는 점이다.

3. 중기단계에서의 실천기술

중기단계에서 필요한 사회복지실천기술은 집단을 운영하는 사회복지사의 이론적 선호와 집단의 유형 등에 따라 매우 다양하다. 따라서 집단과정 가운데 중기단계에서 공통적으로 필요한 실천기술은 집단응집력 향상기술과 집단과정을 촉진하기 위한 기술 그리고 변화를 이끌어 내기 위한 실천기술로 구분할 수 있다(이영호, 2009 재인용).

1) 집단응집력 향상 기술

집단응집력은 사회복지실천 현장에서 개입할 때 클라이언트인 집단 구성원들이 서로에게 호감을 갖고 단결하는 정도를 말한다. 그래서 집단응집력은 집단 내에서 각자의 개성을 표현할 수 있고, 충분한 친밀을 허용하는 것으로 서로 간의 유대라고 할 수 있다. 따라서 집단응집력을 결정하는 요인은 다음과 같다.

(1) 클라이언트인 집단 구성원들이 참여하면서 집단 구성원들에게 사랑받는다고 느끼고 참여하는 것을 소중하게 생각하게 되므로 집단에 대해 매력을 갖게 된다.
(2) 집단응집력은 집단에 참여함으로써 제공되는 인센티브와 같은 자극제 등과 관련이 있다. 그리고 새로운 사람들과의 만남과 수준 높은 사람들과 교류 그리고 집단의 참여를 통해서만 얻게 되는 자원이 있다.
(3) 클라이언트인 집단 구성원이 집단에 대해서 높은 기대를 갖게 될 때에 집단응집력은 증가하게 된다.
(4) 클라이언트인 집단 구성원을 이전에 참여했던 집단과 비교를 했을 때 현재 참여하고 있는 집단에 더 만족할 경우 이들은 집단에 매력을 갖게 된다(전재일, 2010).

이와 같이 집단응집력을 향상시키기 위해서는 프로그램 활동과 집단토의들을 적극적으로 활용하여 클라이언트인 집단 구성원들 간의 상호작용을 촉진시키도록 한다. 또 그들이 집단과정에 적극적으로 참여하여 목표를 달성하고 변화를 이루어 낼 수 있는 유능한 존재라는 것을 인식할 수 있도록 돕는다.

클라이언트인 집단 구성원 각 개인이 스스로 가치 있고 능력 있는 존재로 믿게 되면 이들은 집단에 보다 적극적으로 참여하게 된다. 또한 그들이 기대하는 바를 명확히 하고 기대와 집단의 목적을 일치시키도록 하며, 구성원들 자신의 욕구를 집단 내에서 충족할 방법들을 파악할 수 있도록 돕는다.

집단응집력이 향상되도록 하기 위해서는 사회복지사뿐 아니라 클라이언트인 집단 구성원이 집단의 내용과 방향에 대한 책임을 갖고 있다는 공통된 인식이 갖추어져야 한다.

2) 집단과정을 촉진하기 위한 실천기술

집단과정을 촉진하기 위한 실천기술에는 자기노출 기술과 직면 그리고 피드백 활용 기술이 있으며 세부내용은 다음과 같다.

(1) 자기노출

이것은 특정 상황에서 어떠한 행동이 적합하고 효과적인지를 판단하기 위해 자신의 지식과 경험을 이끌어 내는 능력을 강조하는 기술이다. 그래서 자기노출은 언어적 표현 또는 비언어적 행동을 통해서 사회복지사가 자기 자신에 대한 정보를 의도적이며 의식적으로 누설하는 것을 의미한다(손광훈, 2009).

사회복지사가 자신의 경험이나 감정 그리고 생각 등을 클라이언트인 집단 구성원에게 솔직하게 노출하는 것은 자기노출에도 영향을 미칠 뿐 아니라 사회복지사와 클라이언트 간의 신뢰관계 향상에도 기여한다.

자기노출은 사회복지사가 자신의 생각이나 감정 등을 공개하는 것이다. 즉, 사회복지사가 집단에서 현재 발생하고 있는 것에 관해 자신의 생각과 감정을 공개하는 형식이다. 예컨대, 클라이언트인 집단 구성원이 사회복지사의 태도와 관련된 질문을 했을 경우 그 질문에 대해 사회복지사가 갖는 생각과 감정을 솔직하게 표현하여 노출하는 것이다. 또 사회복지사가 자신의 과거 경험 등을 클라이언트인 집단 구성원에게 제시하는 방법이다.

즉, 사회복지사 자신의 과거 경험이 집단과정에 도움이 된다면 이를 솔직하게 표현하는 것이다.

(2) 직면

여기에서 직면하기는 사회복지사가 자신이 클라이언트가 보이는 불일치를 알아차리고 주의집중기술을 활용하여 피드백을 클라이언트에게 제공하는 기술이다.

자기노출과 마찬가지로 건설적인 직면기술도 집단의 개입단계에서 필요한 핵심기술이다. 클라이언트인 집단 구성원의 말과 행동 간에 불일치를 보이는 경우 또는 그들이 전달하는 메시지의 내용들 사이에 불일치를 보이는 경우 사회복지사는 클라이언트인 집단 구성원을 직면하게 된다. 이러한 불일치를 보이는 상태에서 직면은 클라이언트인 집단 구성원이 자신의 행동과 태도를 검토해 볼 수 있는 기회를 제공하기 때문에 이들의 성장을 위해 도움을 줄 수 있으며, 집단 전체를 보다 생산적으로 만들 수 있는 방법이 될 수 있다.

사회복지사의 건설적인 직면은 클라이언트인 집단 구성원의 성장을 위해 필요한 실천기술인 것은 분명하지만 간혹 오해를 불러일으키거나 역효과를 낳을 수 있다. 그래서 직면하기 기술을 사용할 때는 특히 주의하여야 한다.

사회복지사가 직면하기 기술을 사용할 경우 타인을 존중하는 자세를 가져야 하며, 클라이언트인 집단 구성원들이 인식하지 못했던 부분을 볼 수 있도록 한다는 직면의 목적을 분명히 인식하고 있어야 한다. 또한 이들에게 미치는 영향을 자세하게 설명할 필요가 있으며 세부적인 내용은 다음과 같다(손광훈, 2009).

① 법규를 위반하거나 자신이나 타인에게 긴급을 요하는 위험이 있을 경우 사회복지실천단계에 관계없이 직면해야 한다.
② 가능하면 원조관계가 효과적으로 발전할 때까지 직면을 피한다.
③ 직면 기법을 함부로 사용하지 않는다.
④ 직면 전달 시 따뜻하고, 걱정하고, 보살피는 마음으로 한다.
⑤ CT의 정서적인 긴장상태가 극단적일 때는 직면을 금한다.

⑥ 직면을 사용한 후에는 감정 이입적 반응이 뒤따라야 한다.

⑦ 직면 후 즉각적인 변화를 기대하지 않는다.

(3) 피드백 활용

여기서 피드백은 클라이언트인 집단 구성원들에게 그들의 역할 수행 또는 서로를 어떻게 바라보는지에 대해 명확한 정보를 제공하는 것이다. 집단 내에서 학습이 이루어지는 가장 중요한 방법 가운데 하나로 구성원들 간에 자발적으로 피드백을 주고받도록 한다. 상대방에게 솔직한 심정으로 표현한 것이 인식되어져 피드백으로 제공된다면 이들은 자신들의 행동이 다른 성원들에게 끼친 영향을 이해할 수 있게 된다. 그래서 결국은 구성원 상호 간에 긍정적인 변화를 이루는 계기가 될 수도 있다. 또한 피드백은 구체적이어야 하며, 강점에 초점을 두는 것이 좋다. 그리고 클라이언트에게 지나친 피드백을 동시에 제공하는 것은 역효과를 낼 수 있다. 따라서 가장 의미 있는 피드백이 되기 위해서는 제공하는 사람과 제공받는 사람 간의 관계를 직접적으로 다루는 것이어야 한다(김현진, 2016).

효과적인 피드백 제공을 위한 방법으로, 첫째, 성격보다 행동에 초점을 두어야 한다. 둘째, 판단보다는 정보교환에 주안을 두어야 한다. 셋째, 충고나 해결방안보다는 대안을 제시하여야 한다. 넷째, 타인에게 자유로운 제안을 하되 강요하지 말아야 한다(이윤로, 2007).

3) 변화를 이끌어 내기 위한 실천기술

변화를 이끌어 내기 위한 실천기술에는 클라이언트인 집단 구성원의 내재적 변화에 초점을 두는 개입기술과 집단 구성원의 대인관계 변화에 초점을 두는 개입기술 그리고 구성원의 환경변화에 초점을 두는 개입기술이 있는 데 세부 내용은 다음과 같다(김현진, 2013).

(1) 집단 구성원의 내적 변화

클라이언트인 집단 구성원의 내적 변화에 초점을 두는 개입기술이다. 이것은 구성원의 인지적 측면에 초점을 두는 기술로서 역기능적이고 불합리한 사건은 구성원의 인지적 측면에 초점을 두는 기술로서 역기능적이고 불합리한 사고유형이다. 그리고 신념체계를 보다 기능적이고 합리적 신념체계로 대체할 수 있도록 원조하는 데 필요한 숙련기술을 갖고 있어야 한다. 이러한 기술과 기법을 인지재구성이라 하기도 한다.

인지재구성은 클라이언트인 집단 구성원들에게 원조를 잘하기 위해 하는 기술로서 사고유형에서 잘못된 논리를 밝혀내고 구성원들의 비합리적 사고과정을 논리적이고 합리적인 사고유형으로 대체할 수 있도록 하는 것이다.

(2) 집단 구성원의 대인관계 변화

클라이언트인 집단 구성원의 대인관계 변화에 초점을 두는 개입기술이다. 사회복지실천은 개별 클라이언트를 대상으로 하는 사회복지실천과는 다르게 타 집단 구성원의 행동을 직접 관찰할 수 있게 한다. 또 역할 연습을 통해 특정행동을 터득할 기회를 제공하기 때문에 특히 대인관계상의 문제를 다루는 데 매우 적절한 사회기술훈련의 개입방법이다.

사회기술훈련은 대인관계 기술의 향상을 목적으로 하는 대표적인 프로그램으로서 사회복지 현장에서 널리 활용되고 있다. 이러한 사회기술훈련에서 다루는 기술은 프로그램 대상자의 문제와 세팅(setting)에 따라 다양하다. 그러나 양육기술이나 자기주장하기 기술 그리고 말하기와 경청하기 등과 같은 의사소통기술과 친구 만들기 기술이 주로 활용된다. 이것들은 사회기술에 어려움을 갖고 있는 클라이언트에게 특히 유용하며 정신체계 클라이언트의 사회기술 향상을 위해서도 널리 사용되고 있다.

(3) 집단 구성원의 환경변화

집단 구성원의 환경변화에 초점을 두는 개입기술이다. 개인의 환경변화가 이루어질 때 변화의 효과는 극대화되기 때문에 사회복지사는 개인의 변화뿐 아니라 환경의 변화에도 유의해야 한다.

클라이언트를 이해하고 격려하며 지지해 줄 수 있는 지지망을 확보하여 확충해 나가는 데 초점을 두는 개입이 필요하고 이럴 때 사회복지프로그램의 효과성이 더욱 커질 수 있을 것이다. 예컨대, 약물남용이나 가정폭력 그리고 청소년 비행 등 사회복지실천 현장에서 흔히 발생하고 있는 다양한 문제 상황에서 환경의 변화를 이끌어 내는 것은 사회복지사의 핵심과제라고 할 수 있다.

4) 집단지도자의 개입기술

중기단계에서는 집단의 응집력과 생산성을 최대화시키기 위하여 다음과 같은 개입기술이 요구된다.

(1) 집단을 이끄는 기술을 들 수 있다. 집단을 이끄는 기술에는 집단을 통제 · 관리하는 기술뿐 아니라 충고, 조언, 상담하는 기술 등이 있다.

(2) 지지기술을 들 수 있다. 집단지도자는 집단 스스로가 집단을 유지할 수 있도록 지지하고, 가능한 한 성원들에게 지도력을 발휘할 수 있는 기회를 많이 주도록 노력해야 한다.

(3) 집단유지에 도움이 되는 프로그램 사용기술을 들 수 있다. 집단의 유지에 도움이 되는 프로그램은 집단일치의 결정을 지지하고 규범에 따라 행동을 촉진시키며 서로 다른 역할을 지지하고 성원들이 집단에 소속되어 있다는 기분과 안정감을 강화시킬 수 있는 것이어야 하고 중기단계가 끝날 무렵에는 집단으로부터 성원들이 독립하기 시작하는 과정을 지지할 수 있는 것이어야 한다.

집단사회복지사는 각 프로그램 활동이 집단의 목표 성취를 어느 정도 촉진시키며, 얼마만큼 도움을 주는지, 성원이 참가할 수 있는지, 시간 내에 마칠 수 있는지, 활동을 위해 어느 정도 비용이 드는지 등을 성원들과 함께 검토한 후 집단에서 결정하도록 원조한다.

제3절 종결단계의 실천기술

종결단계에서 사회복지사는 클라이언트인 집단 구성원과 긍정적인 감정 및 부정적인 감정을 동시에 느낀다. 여기에서 긍정적인 감정으로, 목표를 성취하고 다른 집단 구성원을 도울 수 있었다는 자기 만족감에서 오는 자부심과 유능감 등을 느끼게 된다. 그러나 부정적인 감정으로, 서로 간의 연대관계가 깨어진다는 불안감이나 상실감 등이 나타날 수 있다. 이러한 양가감정이 조화를 이루도록 종결단계에 관심을 가져야 한다.

성공적이든, 성공적이지 못한 종결이든 집단 종결은 집단의 시작 이상으로 중요하므로 종결과정을 적절하게 다룰 필요가 있다. 특히 집단성원의 목표가 달성되지 못한 경우의 종결인 경우라 하더라도 종결과정을 소홀히 다루어서는 안 된다. 우선 목적이 달성되지 못한 이유와 대안을 탐색해 보고 집단성원의 정서적 반응들을 고려해야 하며, 집단성원들은 해결되지 않은 문제를 다룰 시간을 가져야 한다(Zastrow, 2010: 213).

집단지도자와 집단성원들은 집단을 끝내는 것에 대한 강한 아쉬움을 경험한다. 집단성원들에 따라 그동안 이룬 성과를 부인 혹은 묵살하거나 종결 날짜를 망각하는 식의 반응을 할 수 있다. 집단지도자는 집단에서 성취한 것을 집단성원들이 유지하도록 도와야 한다. 또한 섭섭하더라도 집단 및 지도자와 이별할 수 있도록, 그리고 집단 없이 살아갈 자신의 미래를 위한 계획을 세우도록 도와야 한다. 이때 일부 집단성원들은 종종 과거의 상실경험에서 느꼈던 것을 재경험하기도 한다. 집단에서의 종결과정을 잘 다룸으로써 앞으로 인생에서 당면한 수많은 상실과 이별경험에서 보다 적응적으로 대처할 수 있는 역량을 갖도록 도와야 하고, 종결이 갖는 가치를 인정하고 개인과 집단의 경험에 의미를 부여하며, 전환을 위한 준비를 할 수 있는 능력을 증진하는 계기가 되도록 도와야 한다(이영호, 2011).

한편 집단성원들이 여러 가지 이유에서 집단을 연장하고자 할 수도 있는 데, 집단사회복지사는 정해진 회기 제한을 지키는 것이 좋다. 사후관리모임 기회가 있고, 시간이 경과한 후 필요하면 다시 집단구성을 할 수도 있으며, 집단사회복지사에게 언제든지 연락할 수 있고 다시 만날 기회는 얼마든지 있다고 설득해야 한다.

집단 종결단계에서는 집단 종결단계의 특성과 발생 가능한 문제와 사회복지사의 주요 과제에 대하여 살펴본다.

1. 종결단계의 특성과 기술 및 기법

1) 종결단계의 특성

(1) 종결에 따른 헤어짐으로 인해 다소 현실적인 슬픔과 노여움이 있을 수 있다.

(2) 클라이언트인 집단 구성원들은 강도가 낮은 방법을 찾다 보니 한발 물러선 자세로 집단 종결에 참여할 것이다.

(3) 클라이언트인 집단 구성원들은 자신들이 취해야 할 행동과정들을 결정하려고 한다.

(4) 집단 실천현장에서 경험한 일부의 것들을 일상의 생활 속으로 이행할 수 있는 것에 대한 두려움뿐 아니라 이별에 대한 다소의 두려움이 있을 수 있다.

(5) 클라이언트인 집단 구성원들은 그들의 두려움과 희망 그리고 서로에 대한 관심을 나타낼 수 있다.

(6) 클라이언트인 집단 구성원들이 일상생활에서 중요한 다른 사람들을 만나도록 준비하는 데 일부나마 도움이 될 수 있다. 예컨대, 역할극이나 다른 사람들과 보다 효과적으로 관계 맺기 위한 행동 준비와 같은 것들이 여기에 해당된다.

(7) 클라이언트인 집단 구성원들은 집단경험의 평가에 대해 적극적인 자세를 취할 수 있다.

(8) 클라이언트인 집단 구성원들이 종결 후 사후회의 및 모임에 관하여 계획을 수립할 수도 있다.

(9) 변화에 대한 그들의 계획을 수행하도록 용기를 갖게 한다(남연희 외, 2012).

2) 종결단계의 실천기술 및 기법

(1) 종결단계의 실천기술

집단에서 종결은 집단 구성원들의 새로운 출발과 연결된다. 종결단계에서는 집단의 종결에서부터 새로운 경험으로 성원들의 이행을 원조하는 기술이 필요하다(윤현숙 외, 2001).

① 집단에서 학습한 주된 내용을 분명히 한다.
② 집단 종결 이후에도 계속해서 각 성원들의 노력이 필요하다는 것을 분명히 한다. 집단 그 자체는 자신들의 변화를 도와주고, 계기를 마련해 준 하나의 도구에 불과하며, 배운 것이 무엇인지, 어떻게 그렇게 될 수 있었는지, 그러한 통찰을 이후에 어떻게 할 것인지가 중요한 것이다. 따라서 집단에서 배운 점과 깨달은 점을 바탕으로 끊임없이 변화를 위해 노력해야 한다는 점을 강조해야 한다.
③ 새로운 경험과 지지체계로 이행할 수 있도록 원조한다. 집단성원이 다른 집단을 계속 필요로 할 경우 집단 사회복지사는 새로운 집단으로 원활히 이행할 수 있도록 원조해야 한다.

(2) 종결단계의 실천기법

집단의 종결은 집단경험을 통한 성과를 잘 유지하도록 이를 강화하는 것이 중요하므로 이때 활용할 수 있는 실천기법을 소개하면 다음과 같다(도광조, 2014).

활동명: 최상급 표현

1. 목적: 긍정적으로 집단을 종결하기
2. 준비물: 모든 집단 구성원의 이름이 적힌 종이와 필기구
3. 방법
   - 집단을 종결하고자 하는 마지막 회기에 집단 구성원들에게 자신을 포함한 모든 집단원의 이름이 적힌 목록을 나누어 준다.
   - 각 집단 구성원에게 집단 경험을 하고 난 후 그 사람이 성취할 수 있어 보이는 긍정적인 행동을 '가장 … 할 것 같다'라는 최상급 표현을 사용하여 적어 준다.
     예컨대. '준수는 미루는 버릇을 가장 먼저 없앨 것 같다', '영미는 가장 먼저 학교를 졸업할 것 같다'라고 쓰도록 한다.
   - 모든 집단 구성원이 다 쓴 후에, 이름이 적혀 있는 성원에게 돌려 준다.
   - 내용을 읽어 보고 느낀 점과 생각한 바를 함께 이야기하고, 이에 대해 피드백 한다.
   - 이와 같이 긍정적으로 확신을 주는 말과 집단으로부터 피드백을 받음으로써 종결을 맞는 것은 모든 집단 구성원에게 매우 긍정적인 효과를 가져올 수 있다.
   - 응용: 이러한 활동에서 '최상급 표현'을 변형해서 '긍정적이고 사적인 메시지'를 적게 하고, 이를 발표하게 하며, 피드백하는 형태로도 활동할 수 있다. 이때 긍정적인 메시지 내용은 상대가 받아들일 수 있는 정도의 긍정적인 태도, 외모, 성공, 그 밖의 특별한 메시지를 쓸 수 있다.

활동명: 자신에게 편지쓰기

1. 목적: 개인의 성격 중에서 긍정적인 것을 찾아 확인해 보기
2. 방법
   - 자신의 긍정적인 특징 및 속성에 초점을 맞추어 편지를 쓰게 한다.
   - 이때 자신의 성공과 희망, 가능성에 대한 메시지를 적어 보도록 한다.

2. 집단 구성원의 과업과 발생 가능한 문제

집단 사회사업 실천의 종결단계에서 클라이언트인 집단 구성원들이 직면해 있는 주요 과업은 그들의 학습을 강화시키고, 이러한 학습을 외부환경으로 이동시키는 데 있다. 과업을 위해 클라이언트인 집단 구성원들은 집단 경험의 의미를 검토하여 인식체계를

주입하고자 다음과 같은 과업을 갖게 되고 집단 종결단계에서 발생 가능한 문제점들 또한 발생하게 된다.

1) 집단 구성원들의 과업

(1) 이별과 종결에 관해 클라이언트인 집단 구성원들의 느낌을 다루게 한다.
(2) 학습준비를 위해 일상생활에 대한 구성원들의 학습의 일반화를 준비한다.
(3) 피드백 제공을 위해 다른 사람들에게 그들이 인식하고 있는 방법에 대해 보다 나은 영상을 부여할 피드백을 제공한다.
(4) 문제점 그리고 집단 내의 다른 사람들과 관련되어 있는 것을 다루게 한다.
(5) 클라이언트인 집단에 대한 영향을 평가하는 것이다.
(6) 변화 계획으로 클라이언트인 집단 구성원들이 원하는 변화와 그 변화를 가져오게 할 방법과 관련된 결정과 계획을 내리는 것이다(김혜란 외, 2006).

2) 집단 종결단계에서 발생 가능한 문제점

(1) 학급의 일반화 제한이다. 클라이언트인 집단 구성원들은 그들의 경험을 재검토화는 것을 회피할 수 있으며, 그 경험을 어떤 인식체계로 주입시키는 데 실패함으로써 그들 학습의 일반화를 제한하게 된다.
(2) 접근 조심이다. 이별의 걱정 때문에 집단 구성원들은 자신들을 가까이 하는 것에 매우 조심하게 된다.
(3) 성장 중단이다. 클라이언트인 집단 구성원들은 집단을 본질적인 목적으로 여기며, 집단 경험을 계속적으로 성장시키는 방법으로 사용하지 않는다.

3. 집단 종결단계에서 사회복지사의 주요 과제

1) 종결 감정 다루기

종결단계는 집단지도자와 집단 구성원 모두에게 강한 정서적 경험의 시기이다. 이 종결단계에서는 집단 경험결과에 만족한 집단 구성원도 있고, 좌절하는 집단 구성원도 있을 수 있다. 집단 종결에서 클라이언트인 집단 구성원과 사회복지사는 긍정적인 감정과 부정적인 감정을 동시에 갖게 된다. 우선 긍정적인 감정은 최초의 목표를 성취하고, 타 성원들을 도울 수 있었다는 자부심과 만족감 그리고 자신에 대한 자존감 등이다. 그리고 부정적인 감정은 서로 간의 연대관계가 무너져 간다는 불안감이나 자신이 거부되었다는 느낌 또는 상실에 따른 슬픔이다. 그래서 클라이언트인 집단 구성원들은 집단이 종결된다는 사실을 무시하거나 자신의 문제가 해결되지 않아서 집단을 여전히 필요로 하고 있다는 점을 나타내기 위해 퇴행을 하기도 한다(김현진, 2016).

사회복지사는 집단의 종결 시점에서 자신의 감정을 클라이언트인 집단 구성원과 상호 공유하면서 양가감정을 토론하며 격려해야 한다. 따라서 집단 종결에 대한 부정적인 감정을 완화하기 위해 클라이언트인 집단 구성원들의 강점을 인식하도록 하고, 종결이 되더라도 필요한 경우 집단 사회복지사와 후원기관이 함께 성원해 줄 수 있는 역할을 함께 모색하는 것이 필요하다.

2) 불만족스러운 종결사유에 대한 이해

집단 종결단계에서 종결의 유형 가운데 최상으로 꼽히는 것은 클라이언트인 집단과 집단 내의 개별성원의 치료목적이 성공적으로 달성되어 더 이상의 서비스가 필요 없는 상태로 종결되는 것이다. 그러나 어떤 예기치 못한 상황으로 인하여 조기에 종료되는 경우가 있을 수 있다(김현진, 2016).

클라이언트인 집단이나 집단 내 개별성원이 계획에 없는 종결을 하는 경우 사회복지사는 그 원인을 파악하여 성원이 탈락하는 것을 방지하고 자신의 기술을 증진시키도록 해야 한다. 클라이언트인 집단 구성원은 집단이나 사회복지사를 통해 자신의 목적을 달성하는 데 전혀 도움이 되지 않을 수 있다는 것을 생각해야 한다. 그리고 어떤 갈등의 문제 및 불만으로 인해 조기에 종결해야 할 경우가 있다는 것을 항상 염두에 두고 준비해야 한다.

3) 변화노력의 유지와 일반화

사회복지실천의 사회복지사는 클라이언트인 집단 구성원들이 참여를 통하여 성취한 변화를 유지하고, 구체적인 변화를 성원의 주요한 생활영역으로까지 일반화할 수 있도록 도와야 한다.

변화의 유지와 일반화를 위해서는 다음과 같은 방법이 있다.

(1) 클라이언트인 집단 구성원들의 일상생활과 밀접한 관련이 있는 현실적인 사례를 집단에서 다룬다.
(2) 클라이언트인 집단 구성원들의 문제에만 초점을 맞추지 말고 자신의 능력을 확인할 수 있게 하여 자신감을 고취해 나가도록 한다.
(3) 변화유지 능력을 방해하는 어려운 상황에 대비할 수 있도록 다양한 상황과 환경을 활용한다.
(4) 변화를 통해 발생할 수 있는 긍정적인 결과에 초점을 맞추도록 한다.
(5) 공식적 · 비공식적인 모임을 통하여 변화를 유지하기 위해 자신의 노력을 재검토할 수 있게 한다.
(6) 클라이언트인 집단 구성원들이 외부의 갈등인 비우호적인 환경에 대해 어떻게 대응해야 할지 미리 준비시킨다.
(7) 클라이언트인 집단 구성원들이 그동안 배운 것들에 대해 자신감을 갖고 있는 능력을 육성하도록 한다.

4) 집단에 대한 의존성 줄이기

사회복지사는 클라이언트인 집단 구성원들이 집단에 대한 의존성을 줄이기 위해 외부의 지지와 성원 자신의 기술 및 자원을 활용하도록 원조해야 한다.

집단 종결이 끝나기 몇 주 전부터 클라이언트인 집단의 종결에 대해 논의하도록 하고, 집단의 매력을 줄여 나가기 위해 그동안 성취한 것을 요약하게 하거나 요구문제가 완성되었음을 자체적으로 토론하게 한다. 또한 집단 종결단계에서의 회합 시간을 장시간으로 계획하였다가 실제 시간은 단시간 내에 마치도록 통제한다.

5) 미래에 대한 계획

집단 종결단계에서의 모든 것이 마무리된 다음에 클라이언트인 집단 구성원의 요구가 충족되지 않거나 성취하고 싶은 다른 목적이 있어서 부가적인 서비스가 필요한 경우가 있을 수 있다. 이러한 경우 구성원들이 부가적으로 회합을 희망한다면 재계약을 맺을 수 있다. 또한 사회복지사의 지도 없이 구성원끼리 만나는 자조집단을 만들도록 조언할 수도 있다. 그리고 구성원들이 새로운 위기상황 또는 문제의 재발 등으로 인해 서비스를 필요로 할 때 부가적인 서비스를 받을 수 있는 방법에 대해 명확하게 설명해 주어야 한다. 아울러 사회복지사는 조기에 종결한 것에 대해서도 필요한 서비스가 제공되도록 배려하여 미래에 대한 계획을 수립한다.

6) 사후관리 모임의 계획과 평가

사후관리 모임은 집단이 끝난 이후 매우 중요한 평가도구가 될 수 있고, 종결단계의 부정적인 정서를 어느 정도 다룰 수 있는 도구이기도 하다. 사후관리 모임을 갖는다면 집단성원들이 자신들이 정한 목표를 얼마나 잘 지켰는지 모여서 평가할 것임을 알고 있기 때문에 더욱 열심히 변하려 할 수 있고, 시점을 두고 집단의 효과를 평가(집단의 성과평가)할 수 있다. 따라서 종결단계에 사후관리 모임을 구체적으로 계획할 필요가 있다. 집단종결 후 과제 수행을 포함한 일련의 경험들에 대해 이야기할 수 있는 사후관리 모임을 위한 일시를 함께 결정할 필요가 있다.

집단 활동의 평가는 과정평가와 결과평가로 나뉜다. 과정평가는 집단이 어떻게 진행되고 결속력, 규범, 역할, 의사소통 등의 속성이 어떤가에 초점을 두는 것으로, 평가 방법으로는 성원들로부터 피드백을 얻거나 과정기록을 활용하는 것 등이 있다. 결과평가는 집단시작 시점에서 설정한 목표가 어느 정도 달성되었는가를 평가하는 것으로, 집단 활동을 시작하기 전과 후에 검사 도구를 활용하여 비교할 수 있고(단일사례 설계), 집단성원들과 직접 인터뷰를 해서 평가할 수도 있다. 이 과정에서 만족도 설문, 주관식 질문지, 객관식 질문지(집단평가 양식들), 경험 보고서나 소감문 등을 활용할 수 있을 것이다(도광조, 2014).

7) 의례 행위

자격증서나 수료증을 주는 것, 종결파티(이별파티)와 같은 종결의식(의례 행위, ritual activity)을 통하여 성취에 대한 긍정적인 면을 강조하고 격려한다. 이는 집단 성원으로 하여금 이별이나 부족함보다는 성취에 대한 긍정적인 의미부여를 하고 자신을 존중하도록 하는 데 의미가 있는 절차이기도 하다. 아동집단의 경우 이것의 의미가 더욱 크며, 가족이나 친구들을 초청하여 행사를 나누는 것도 좋다(이영호, 2012 재인용).

제12장

지역사회대상 실천기술

학습목표

1. 지역사회대상 실천의 기본개념을 이해한다.
2. 지역사회대상 실천의 과정을 학습한다.
3. 지역사회대상 실천기술을 학습한다.

키워드

지역사회, 지역사회기능, 옹호기술, 상호부조, 사회 통제, 사회화, 네트워크, 조직화

12 지역사회대상 실천기술

제1절 지역사회대상 실천의 기본개념

1. 지역사회의 개념

1) 지역사회

지역사회(community)란 공동사회 또는 지역공동체로 불리는 말로 원래는 생물학적 용어로서, '생물의 어떤 종(種)이 지역적 또는 공간적으로 분포되어 한 곳에 모여 생활하는 모습을 나타내는 것'이다. 지역사회에 대한 일반적인 견해는 '사람들이 단순히 일정한 지역에서 함께 거주하는 것, 그 이상으로 상호관계를 맺고 서로의 생활과 행동 등에 영향을 미치는 구성원들의 집합체'라고 할 수 있다. 지역사회가 지녀야 할 공통요소는 지리적 영역, 사회적 상호작용, 공동의 결속체와 소속감인 공동의 유대 등이다. 지역사회란 '일정한 지리적 범위 내의 사람들이 공동의 이해관계나 소속감을 가지고 상호작용하고 있는 집단의 단위'를 말한다.

'지역사회'란 단어는 사회적, 지리적, 인간 생태학, 심리학, 보건학, 사회복지학 등 많은 학문 분야나 지역정책, 보건정책, 복지정책 등의 정책 분야 또는 그와 관련된 많은 실천 분야에서도 사용되고 있다. 그러나 각 분야마다 의미와 내용은 다르다.

패린(Fellin, 1995)은 지역사회를 '상호 연결되는 공통적인 어떤 것을 가지고 있는 사람들의 집합체라 할 수 있으며, 구성원들이 공유하는 특성은 지리적 위치, 관심사, 문화, 정체감 또는 공통된 활동들을 포함한다.'고 정의한다.

최옥채(2000)는 '다양한 욕구 혹은 문제를 가지고 있으며, 주민의 상호작용이 활발하게 이루어지고, 지역사회의 욕구나 문제를 해결하기 위한 사회복지실천이 가능한 일정한 규모의 장'이라고 정의하여 사회복지실천에 있어서 지역사회의 중요성을 강조하였다.

지역사회란 라틴어의 친목, 정서적 지역사회를 의미하는 'communis'에서 유래한 'community'의 개념에 기초를 두고 있으며 이는 문화나 예술 같은 인간적 측면이 포함되고 공동의 관심을 가지는 공동체라는 의미를 가지고 있다.

2) 지역사회대상 실천기술의 개념

지역사회대상 실천이란 이상적 지역사회를 실현하기 위한 일체의 사회적 노력으로서 지역을 대상으로 하는 실천과 지역사회 내에서의 실천을 모두 포함하는 개념으로 다른 수준의 사회사업과는 구별된다.

지역사회조직사업은 공·사의 사회복지조직이나 기관에서 전문사회복지사에 의해 보다 조직적이고 의도적이며 계획적이고 과학적인 지식과 기술을 사용한다는 점에서 지역사회복지실천의 실천기술의 필요성은 요구되고 있다.

지역사회대상 실천기술은 '지역사회집단, 조직과 제도 그리고 지역사회구성원 간의 관계 및 상호작용의 행동패턴을 변화시키는 실천기술의 적용이라 할 수 있으며 조직과 지역사회에서 사회변화를 위한 전문적이고 직접적인 개입을 의미하는 거시적 사회복지실천 활동의 일부'라 할 수 있다.

이러한 거시적 활동은 지역사회 주민의 회생 및 심리사회적 손상 회복을 강조함으로써 상담, 임상치료 등 미시적인 개입과 관련될 수밖에 없기 때문에, 지역사회대상 실천기술이란 반드시 거시적 접근의 실천에 제한되는 것은 아니다. 사회복지사가 지역사회주민의 삶과 기능을 높이기 위해 지역사회자원의 개발, 연결, 관리는 물론 클라이언트가 사회적 환경을 활용하도록 도움을 제공하는 것처럼 미시적 지역사회 조직가, 계획가, 사회행동가 등의 거시적 사회복지사뿐만 아니라 직접적인 서비스 제공자 혹은 임상사회복지사도 지역사회복지실천과 관련된 지식과 기술을 필요로 한다.

3) 지역사회 유형

설진화(2016: 254-255)는 지역사회 유형을 크게 지리적 의미의 지역사회와 기능적 의미의 지역사회, 개인적 지역사회로 구분하였다.

(1) 지리적 지역사회

특정한 공간(장소)에 기초를 둔 지역사회로서, 동, 읍, 시, 도, 광역시, 특별시와 같은 행정구역 집단과 시장권, 학교권과 같이 자연스럽게 형성된 지역집단이 해당된다. 공간에 기초를 둔 지역사회는 크기, 영역, 조밀도 등에 따라 변하며, 근린 지역사회, 지방 지역사회, 대도시 지역사회로 가면서 확대된다.

(2) 기능적 지역사회

지역주민 간의 공통의 관심과 가치 그리고 이해관계로 형성된 공동체를 의미한다. '다른 지역과 구별되는 그 지역, 사회성원의 이념, 취미, 학연, 지연, 종교 등 공동의 관심과 기능을 함께하는 사람의 집단을 의미한다.

사회적 · 문화적 동질성을 가진 공동체나 공통의 이해와 관심을 가진 이익공동체 등이 해당된다. 동질성 공동체는 어떤 특성이나 신앙, 인종, 민족, 종교, 생활방식, 언어, 이념, 사회계층, 직업유형, 생활방식, 성적 지향성, 정치적 성향, 출신대학, 취미활동 등 다양한 정체성과 관심을 중심으로 형성되며, 이익 공동체는 전문직 집단, 직장 노조집단 등 구성원들의 공동 이익을 우선으로 하는 공동체이다.

(3) 개인적 지역사회

개인적 지역사회는 지리적 의미의 지역사회와 기능적 의미의 지역사회의 특성을 모두 포함하는 것으로 볼 수 있으며, 개인이 자신의 관점에서 규정한 지역사회에 초점을 둔다. 각 개인의 참여와 관심의 정도에 따라 다양한 차이가 있지만, 동시에 여러 지역사회에 속하게 되며, 각 지역사회에서 느끼는 소속감과 정체성은 각각 다르다. 따라서 개인적 지역사회 개념은 개인을 중심으로 한 사회적 상호작용의 형태와 공식적 · 비공식적 사회적 지지망을 포함한 사회적 자원의 범위를 이해하는 데 도움을 준다.

2. 지역사회의 특성

지역사회는 일반적으로 제한된 지역에 거주하면서 공동의식을 가지고 조직된 관계를 통하여 공통의 이익을 추구하는 제 활동을 수행하는 인간행동 집단이라 한다. 지역사회의 기초는 지역성과 공동체 의식, 공동규범에 두고 있으며, 지역사회의 보편적인 특징은 공동체적 사회집단을 기반으로 하는 공동 생활권을 가지고 있다.

1) 지역성

지역사회는 지리적 근접성을 기초로 하는 지역집단으로 지역사회의 지역성이 기초가 되어야만 사회적 단일성이나 문화적 동일성이 가능하고 상호 간 이해가 공통되어지고 경쟁보다는 상호부조(mutual support)의 방법을 추구하므로 주민들이 일상생활의 지역적 한계가 되고 그 지역적 한계 내에서 구성원들 간의 인간관계에 커다란 영향을 미친다.

지역감정이나 연대의식의 지역성은 교통 · 통신의 발달과 산업구조의 변천 또는 사회기능의 분화에 따라 점차 희박해지고 있는 경향이 있다.

2) 공동체 의식

구성원 상호 간의 강력한 공동체 의식은 불가결의 특징이다. 지역사회의 주민들은 자연적으로 일상생활과 생산 활동을 주로 함께하면서 공통적인 경험을 가지게 된다. 공통적인 경험이 그들 간에 차츰 관습화되고, 그 관습화가 우리 의식(we—feeling) 혹은 소속감인 공동체 의식으로 발전한다.

공동체 의식이 전통으로 발전하여 개인을 초월한 집단 의식화가 되어 타 집단과 이질감을 갖게 된다. 집단사회의 그 성원들 사이에 동질적인 경험이나 체험이나 기억, 관습, 전통을 갖게 되면 그만큼 그 집단의 공통감은 견고해져서 다른 집단과는 뚜렷하게 구별된다.

공동체 의식은 지역사회의 응집성 내지 단결을 공고히 하고, 지나치게 심한 경우에는 다른 지역사회에 대한 강렬한 반발 내지 배척을 가져올 수 있다.

3) 공동규범

지역사회의 가치체계(value system)와 제도(institution)를 그 기초로 한다. 지역사회 주민들은 실현하고 싶은 일정한 가치를 가지고 오랫동안 함께 살아가는 동안 동일한 관습과 전통을 형성하여 그 지역사회의 가치체계를 형성한다.

가치체계와 제도를 기초로 하는 지역사회의 공동규범은 현존 질서에서 일탈하는 구성원을 제거함으로써 소극적으로 지역사회의 안정을 유지할 뿐 아니라 구성원들에게 일정한 행위를 하게 함으로써 적극적으로 지역사회의 결속을 강화하는 기능을 수행한다.

3. 지역사회의 기능

지역사회란 사람들이 단순히 일정한 지역에서 함께 거주하는 이상으로 상호관계를 맺고 서로의 생활과 행동에 영향을 미친다. 지역사회가 수행하는 제 기능은 인간 활동(자녀 양육, 물자의 생산 · 분배 · 소비 · 여가 등)을 의미하는 것이나 모든 지역사회가 공통적으로 수행하는 주요 기능에 대해서 길버트(Neil Gilbert)와 스펙트(Harry Specht)는 생산 · 분배 · 소비 기능, 사회화(socialization) 기능, 사회통제(social control) 기능, 사회통합(social intergration) 기능, 상호부조(mutual support) 기능 등 다섯 가지로 나누어 설명하고 있다.

1) 생산·분배·소비의 기능

지역주민들이 일상생활을 영위해 나가는 데 필요한 기본욕구를 충족하기 위한 재화와 용역을 효율적으로 생산하고 이를 일정한 경로를 통하여 분배하여 주민 각자의 욕구에 따라 소비하도록 하는 환경을 제공하는 기능을 한다.

현대사회에 있어서 재화와 서비스를 생산하고 분배하는 기능은 주로 기업을 통해서 이루어지고 있으나, 그 외 정부를 비롯한 각종 전문기관, 종교단체, 교육기관 등도 이러한 경제적 기능을 담당하고 있다.

2) 사회화의 기능

사회화 기능은 사람들에게 어떻게 행동해야 하는가를 가르쳐 주는 수단이다. 사회가 향유하고 있는 일반적 지식이나 사회적 가치 그리고 행동양태를 그 지역의 성원에게 전달하는 환경을 제공한다. 지역사회는 그 성원들이 살아가는 데 필요한 정보를 여러 경로를 통해 직·간접적으로 전달하고, 사회화는 일생 동안 지속적으로 이루어진다.

개인은 이러한 사회화 과정을 통하여 지역사회 내 적합한 삶의 형태를 선택하고, 지역사회는 지역사회 구성원들이 성숙하고 생산성이 있어야 지역사회 자체의 존속과 발전이 가능하다. 지역사회가 학교, 교육제도 등을 만들고 이를 통하여 그 구성원들을 훈련시키는 것도 사회화의 의미에 포함된다.

3) 사회통제의 기능

사회통제의 기능은 지역사회가 그 구성원들에게 사회의 규범(norm)에 순응하도록 하고, 주민에게 그 지역사회의 규범에 순응하게 하는 기능을 한다. 즉, 지역사회는 그 지역사회의 사회적 역할이나 가치, 규범 등에 순응하도록 하기 위하여 사회적 법률, 규칙, 규정 등을 제정함으로써 질서를 유지하고 사회해체를 막는 기능을 수행한다.

모든 사회는 그 구성원들이 지켜야 할 규범을 마련하고 이를 지키도록 정부가 그 일차적인 강제력을 갖게 되지만 이러한 강제력이 결여되면 사회질서가 파괴되어 비행과 범죄가 만연되는 사회해체 현상이 대두된다. 따라서 사회통제를 담당하는 정부는 경찰력과 사법권을 통해서 법을 집행하는 강제력을 가지는 정치기능과 제도가 있으며, 가정 · 학교 · 교회와 같은 기관도 이러한 기능을 부분적으로 수행한다.

4) 사회통합의 기능

사람들 스스로 규범을 준수하여 바람직한 행동을 하도록 하여 사회구성원 간 또는 사회 내의 여러 집단 · 단체 · 기관들이 서로 결속력을 갖도록 해 주는 것이다. 사회통합의 기능은 사회구성원 상호 간의 신뢰를 바탕으로 사기를 진작시킴으로써 사회에 대한 충성심을 불러일으켜 사회의 존속들을 유지코자 하는 것이다. 사회통합의 기능은 사회체계 성원의 관계와 기능으로 사회체계가 정상적 기능을 하기 위해서는 어느 정도 성원들의 결속력과 사기가 있어야 한다. 지역주민에게 다양한 집단 및 조직 활동 등의 사회통합 기회를 제공함으로써 이러한 상호작용은 지역사회의 유지와 결속의 역할을 한다.

사회통합 기능을 수행하는 대표적인 사회제도는 종교제도이지만 가정 · 학교 · 사회단체 등도 사회적 통합기능에 필요한 사회적 가치와 규범을 만들어 내는 조직체이다. 정치적 · 사회적 · 경제적으로 급격한 변화를 경험하고 있는 사회나 시대에서는 특히 강조되는 경향이 있는 데 가족에서 사회화 기능, 종교에서 사회통합 기능, 정치에서 사회통제 기능, 사회복지에서 상부상조의 기능을 담당하고 있다.

5) 상호부조의 기능

앞 네 가지 기능이 자기의 욕구를 충족할 수 없는 경우에 필요하게 되는 기능이다. 이렇게 사회 구성원 간에 서로 도와주는 기능을 수행하는 제도가 바로 사회복지제도이다. 전통적인 사회나 오늘날의 후진사회에서 상부상조 기능은 가족과 친족, 이웃사람들, 친목단체나 자선단체와 같은 일차적인 집단에 의해서 수행된다. 지역주민은 기본적 사회제도에 의해서 자신의 욕구를 충족할 수 없는 경우에 외부의 도움이 필요하다. 상호부조는 이러한 상황의 성원들에게 그들의 안녕(well—being)을 위해 도움을 제공하는 역할을 한다. 전통적으로는 가족과 친구, 이웃과 같은 1차적 집단이 그 역할을 수행하였지만 사회가 복잡다양해지면서 개인과 집단이 이러한 기능을 전문적으로 수행하게 되어 전문화에 따른 사회제도, 즉 정치 · 경제 · 종교 · 사회복지 등의 제도가 생성되었다.

제2절 지역사회대상 실천기술의 과정

지역사회대상 실천기술의 과정은 지역사회 문제에 대한 해결과정이라 할 수 있다. 이 과정은 문제인식 단계, 문제원인 분석 단계, 계획단계, 실행단계, 평가단계로 구분하였다.

1. 문제인식 단계

문제를 인식한다는 것은 지역사회에 바람직하지 못한 환경적 조건이 무엇인지, 그 사회환경적 조건이 어느 인구집단의 욕구와 관련되는지를 조사함으로써 문제의 특성을 이해하는 것이다. 문제인식 단계에서는 문제와 관련성을 갖는 사람이나 집단을 파악하고, 문제의 범위를 설정하며, 문제의 특성을 파악하고, 문제 확인에 필요한 자료의 수집방법을 찾는 단계이다.

1) 문제와 관련성을 갖는 사람의 파악

문제와 관련된 사람들, 집단을 파악하기 위해서 관련된 당사자들은 누구인지 그리고 그 문제의 집단은 어떤 집단인지를 파악하고 그 클라이언트나 집단과 다양하고 폭넓게 의견을 교환해야 한다.

2) 문제의 범위설정

문제의 범위설정이란 현재 드러나고 있는 문제에 대해 어느 정도의 경계를 설정해 파악할 것인가와 관련된다. 변화기회의 정도를 넓게 볼 것인지 혹은 좁게 볼 것인지, 변화기회에 포함시킬 지역사회 내의 체계가 무엇인지 혹은 배제시킬 지역사회 내의 체계는 무엇인지 등에 관한 결정을 내리는 것을 의미한다. 문제의 범위 설정 시 고려사항은 다음과 같다.

(1) 조직, 기초단위 범위의 지역사회, 광역범위의 지역사회 또는 전국적 단위 중 변화기회를 어느 수준으로 접근할 것인가?
(2) 그 변화기회는 본질적으로, 개인 · 심리적 문제인가, 집단 간 문제인가, 아니면 사회제도적 문제인가?
(3) 무엇이 상황에 영향을 미치는 결정적인 변수들인가?
(4) 조직, 지역사회 체계, 하부체계들 중 무엇이 변화를 위한 구체적 표적이 될 수 있는가?

3) 문제의 특성 파악

문제의 특성을 파악할 때는 다음과 같은 사항을 고려한다.

(1) 문제의 복잡성 정도
(2) 문제에 대한 감정적 개입의 정도
(3) 문제의 확산 정도
(4) 문제해결의 긴급성
(5) 문제의 지속성

4) 문제 확인에 필요한 자료수집방법

문제를 확인하기는 쉽지는 않지만 자료를 수집하는 방법이 중요하다. 어떤 자료를 수집하느냐에 따라 조사 대상자들이 정확하게 조사에 임할 수 있고, 그렇지 않을 수도 있기 때문이다.

(1) 집단조사법

사회복지사가 응답대상자(클라이언트)를 동시에 동일한 장소에 모은 후, 동일한 조건하에서 질문지를 나누어 준 후 간단한 설명 및 안내를 하면서 실시하는 조사방법이다.

(2) 우편조사법

사회복지사가 우편으로 질문지를 조사 대상자에게 송부하여 조사 대상자에게 문제를 기입하게 한 후, 우편으로 조사된 질문지를 회수하는 방법이다.

(3) 전화조사법

사회복지사가 홈페이지에 질문을 제시하고 응답자들이 해당 홈페이지에 접속하여 응답하게 하거나 메일로 질문을 발송하고 조사 대상자가 반송하는 형태의 조사방법이다.

(4) 인터넷조사법

인터넷 홈페이지에 질문을 제시하고, 응답자들이 해당 홈페이지에 접속하여 응답하게 하거나, 메일로 질문을 발송하고 조사 대상자가 반송하는 형태의 조사방법이다.

2. 문제원인 분석 단계

문제 확인하기가 문제의 속성과 특성을 파악하는 것이었다면, 문제원인 분석하기는 문제가 왜 생기게 되었으며, 어떤 역동성을 가지고 있고 어떤 의미를 가지고 있는가를 명확히 밝혀내는 것이다. 문제원인을 분석하는 단계에서는 기술적 측면에서의 분석, 대인관계 측면에서의 분석 등으로 구분하였다.

1) 기술적 측면에서의 분석

기술적 측면의 분석은 밝혀진 문제에 내재된 논리를 밝히는 것이다.

(1) 원인론적 분석

문제에 내재되어 있는 내용을 찾아내기는 쉽지 않지만, 원인론적 분석을 통해 문제 현상과 연관성이 있는 요인들을 가정하고 그 인과관계를 밝히는 것을 의미한다.

(2) 이론적 준거 틀 선택

이론적 준거 틀 선택 시 고려사항은 다음과 같다.

① 문제와 관련한 자료를 수집하는 데 있어 실현 가능한 이론인가?
② 선택한 이론을 통해 실증적 검증이 가능한가?
③ 활용 가능한 이론적 틀 중 무엇이 참가자들의 가장 중요한 가치, 신념을 반영하고 있으며 그리고 조직이나 지역사회의 지각, 참가자들의 변화 등과 가장 잘 어울릴 수 있는가?
④ 활용 가능한 이론적 틀 중 무엇이 생산적인 개입을 이끌어 낼 수 있는가?
⑤ 어떤 이론적 틀이 가장 단순하고 논리적인 설명을 제공하는가?

(3) 자료의 유형 파악

자료의 유형은 횡단적 분석에 의한 자료, 시계열적 비교 분석에 의한 자료, 다른 단위와의 비교 분석에 의한 자료, 기준 비교 분석에 의한 자료, 역학분석에 의한 자료 등이다.

2) 대인관계 측면의 분석

기술적 측면에서의 문제원인 분석이 합리적이고 체계적인 분석에 초점을 둔 것이라면, 대인관계 측면은 참여자들의 가치와 선호를 고려하고 지지기반을 획득하며 반대 의견을 최소화하기 위한 분석적 작업이라고 할 수 있다.

3. 계획단계

계획단계에서는 분석인식 단계로부터 문제원인 분석 단계를 통하여 얻어 낸 정보를 근거로 실행하기 위해 필요한 단계이다. 이러한 계획단계에서는 목적과 목표 설정하기와 실행 계획하기 등으로 구분하였다.

1) 목적과 목표 설정하기

목적은 원하는 미래 상황을 서술하는 것이고, 일반적인 방향을 제공할 수 있도록 광범위하게 진술하는 것이다. 목적에는 조직이나 지역사회의 이해나 정의가 반영될 만한 진술에 대해서 간략하게 기술해야 한다. 또한 목적은 변화에 대한 안내와 지침서의 역할을 한다. 개입에 대한 간략한 설명과 안내, 그리고 변화 노력의 주요한 방향도 제시해야 한다.

목표는 누가 보아도 이해될 수 있도록 구체적으로 기술해야 한다. 개입의 주요한 과정과 결과에 시간적 제한을 가지고 관련되어야 한다. 또한 변화과정의 이전 단계에서 개발된 준거 틀에 의한 일관성이 있어야 하며, 측정 가능하고 현실적으로 달성 가능하도록 설정해야 한다.

2) 실행 계획하기

실행 계획하기는, 목적과 목표가 설정되면 이것을 실행하기 위한 구체적인 하위 목표를 설정하고 그것을 어떤 조직을 가지고 어떻게 실행할 것인가를 계획하는 단계이다. 이 단계에서는 정책 접근법은 무엇인가, 프로그램은 어떤 것을 사용하며, 프로젝트는 어떤 것을 할 것인가를 계획하는 단계이다.

(1) 정책 접근법

정책 접근법은 자원의 재분배와 관련되기 때문에 중요하다고 할 수 있다. 특히 지역사회 수준의 거시적 실천에서 행해지는 정책은 구의회, 시의회, 국회 등의 입법부와 관련되므로 이들 기관의 정책변화에 민감해야 한다.

(2) 프로그램 접근법

이는 특별한 욕구를 가진 클라이언트 집단의 변화노력을 설계하고 구조화하는 데 적절한 접근법으로서 상세하고 구체적인 실행방법을 명시해야 한다. 프로그램 설계의 요소는 투입, 처리, 산출, 결과로 요약될 수 있다.

① 투입은 항목에 클라이언트 집단에 대한 정의, 문제에 대한 기술이 잘 드러나도록 서술해야 한다. 클라이언트 집단을 정의할 때 주로 사용되는 관점은 적격성, 자원 효용성, 적절성이다.

② 처리는 항목에 제공되는 서비스에 대한 명확한 정의와 개입방법, 서비스질의 표준화, 서비스 단위 요소 등을 세밀하게 결정하고 기록해야 한다.

③ 산출은 항목에 서비스 과정의 완성으로 무엇이 산출되는가의 내용을 제시해 주어야 한다.

④ 결과는 항목에 서비스 받는 클라이언트의 삶의 질 측면에서 변화를 측정할 수 있도록 고려되어야 한다.

(3) 프로젝트 접근법

프로젝트는 환경이나 사회문제, 욕구, 갈등하고 있는 쟁점 등에 대해 구체적인 서비스를 지시하거나 지원하는 활동이다. 프로젝트 접근법은 단기적이고 결과 중심적인 활동이다. 이는 1년에서 1년 미만의 기간에 구체적인 특정 대상들을 변화하도록 계획하는 방법이다.

4. 실행단계

실행단계에서는 분석인식 단계에 얻어 낸 문제의 성질을 파악했다면 문제원인 분석 단계를 통하여 얻어 낸 정보를 근거로 실행하기 위해, 계획단계를 통해 계획을 작성하여 그 계획을 가지고 이제 이것을 실제 사회복지현장에서 사용하게 되는 단계이다. 이러한 실행단계에서는 기술적 활동과 대인관계활동 등으로 구분하였다.

1) 기술적 활동

실행단계에서 기술적 활동은 매우 중요한 것으로 참여자 적응시키기, 활동 조정하기, 적응과 조정을 촉진하기에 대하여 필요한 내용을 기술한다.

(1) 참여자 적응시키기

변화에 대한 가치, 의도와 관련된 명확한 메시지를 전달하기 위해 기본 교육을 시키는 것을 말한다.

(2) 활동 조정하기

활동들을 통합하고 조화시키는 행위를 말한다. 성원통합이나 보상체계와 같은 것을 통해 각 요소들 간의 일관성을 유지하는 것을 의미한다.

(3) 적응과 조정을 촉진하기

계획이 제대로 실행되도록 적응하고 필요시 계획을 조정하는 것을 말한다. 적응과 조절은 계획상 어떤 한 부분 또는 근본적으로 결함이 있을 경우에 필요하다.

2) 대인관계 활동

(1) 저항과 갈등을 관리하기

기술이 부족하거나 격려나 보상이 부재한 경우 저항이 발생할 수 있는 데, 이 경우 변화에 대한 저항을 예측하고 직접적이고 분석적으로 접근하는 것이 바람직한 대처방법이다. 또한 자원이 부재하거나 기대가 불분명하면 갈등을 유발할 수 있는 데, 이 경우 법안을 통과시키거나 정책 · 행정명령 또는 규칙 등과 같은 권위와 힘을 사용하는 방법, 그리고 상호 간에 합의를 이루는 방법이 효과적일 수 있다.

(2) 자기규제 및 통제 개발하기

지역사회 실천에서는 자기규제 및 통제가 기본적이며 핵심적인 요소이다. 자기규제 및 통제하는 방법을 개발하는 노력은 계속되어야 한다. 스스로 자기규제를 발전시키며 지역사회 또한 주민들이 참여하여 촉진시키고 개발해 나가는 노력이 필요하다.

5. 평가단계

실행단계에서는 분석인식 단계에 얻어 낸 문제의 성질을 파악했다면, 문제원인 분석단계를 통하여 얻어낸 정보를 근거로 실행하기 위해 계획단계를 통해 계획을 작성하여 그 계획을 가지고 이제 이것을 실제 사회복지현장에서 사용하게 되는 실행하는 단계가 이루어졌다면, 이제는 실행단계에서 이루어진 결과가 과연 의도한 목표를 달성했는지에 대한 효과성과 예산과 자원을 투입하여 실행한 결과에 대한 효율성을 평가하는 것은 대단히 중요하다. 이것을 통해 차기 업무를 수행함에 있어 잘한 것은 무엇이며, 부족한 것은 무엇인지를 파악하여 그것을 기준으로 보완 · 발전하여야 하기 때문이다. 따라서 평가단계는 실천의 최종단계이면서 동시에 평가에 의해 얻어진 결과를 향후의 보다 나은 계획을 세울 때 사용할 수 있는 순차과정의 한 단계이다. 이러한 평가단계에서는 노력 및 활동한 내용, 성과 또는 결과, 성공했다면 성과의 적절성과 효율성을 평가하고 전반적인 실천과정에 대한 평가가 이루어지는 단계이다.

1) 노력 및 활동

활동을 시작해서 끝나는 과정까지의 전 활동의 통하여 활동의 기대수준과 실제수준을 비교하여 활동을 통제하거나 자원을 배분하기 위한 토대를 형성하도록 해 준다. 노력한 것에 대한 보람을 느낄 수도 있을 것이며, 반대로 미흡한 점도 있을 것이다. 그러나 여기서 잘잘못을 따지자는 것이 아니라 앞으로 더 잘 하기 위한 학습의 단계로 알고 노력이나 활동한 결과에 대한 평가를 실시하는 과정이다.

2) 성과 또는 결과

활동을 시작해서 끝나는 과정에서의 성과는 좋게도 나타날 수도 있고 나쁠 수도 있다. 성과나 결과가 어떠했는가에 머무르지 않고 이것을 세밀하게 분석함으로써, 더 나은 전문사회복지사로서의 변화노력의 결과로 이루어지는 클라이언트나 대상 집단의 삶의 질 개선에 일차적인 관심을 두는 평가를 말한다.

3) 성과의 적절성

한 프로그램을 시작해서 끝나는 과정을 통해서 적절성 평가란 프로그램 개입에 의한 충족된 욕구를, 계획과정 초기의 욕구사정 과정에서 파악된 기존 욕구와 비교 측정하는 것을 말한다. 이것을 가지고 잘잘못을 사회복지에서 판단한다는 것은 지극히 잘못된 일로 그것에 대한 두려움을 갖지 않는 것은 대단히 중요하다.

4) 효율성 평가

전 과정을 준비해서 계획하고 실행하여 얻은 결과에 대한 총 실행 효율성 평가는 개입활동의 투입(자원)에 대한 산출과 결과(산출물, 성과)의 비율을 평가하는 것을 의미한다. 여기에 비용 효율성과 비용 효과성 두 가지 유형이 있다. 비용 효율성은 투입된 자원에 비하여 성과가 더 있었는가에 있다면, 비용 효과성은 목적을 달성했는가 그렇지 않았는가를 평가한다고 할 수 있다.

5) 실행과정

실행과정 평가는 개입의 수행방식에 관심을 둔다. 참가자 관찰과 다양한 양적 · 질적 방법을 포함하고 주관적인 측정도구를 사용하기도 한다. 개입의 효과에 대한 귀중한 정보를 제공하며 새로운 접근방법으로서 개입이나 개입전략과 절차에 대한 수정사항들을 제공한다.

(1) 형성평가

형성평가는 개입 수행과정 중 발생하는 사건들을 파악하고 측정하며 사정하는 것이다. 개입과정이 실행되는 동안 평가되며 개입을 향상시킨다.

(2) 과정평가

총괄적 과정평가는 변화의 종결 시, 즉 개입 후에 평가하는 것으로 최종적인 결과자료를 포함한 완성된 자료를 사용한다.

제3절 지역사회대상 실천기술

지역사회대상 실천가인 사회복지사는 매우 다양한 역할을 요구받고 수행해야 한다. 지역사회는 주민들의 삶에 직접적인 영향을 미치는 자연환경적인 터전을 제공하고 있으며, 주민들의 욕구나 문제를 해결해 나갈 수 있는 자원을 포함하고 있는 곳이 지역사회이기 때문에 사회복지사는 지역사회를 필수적으로 이해하는 것이 필요하다. 지역사회대상 사회복지실천의 개입기술로는 옹호기술, 임파워먼트 기술, 조직화 기술, 네트워크(연계) 기술, 자원개발/동원 기술을 살펴본다.

1) 옹호(대변, advocacy)기술

옹호기술이란 클라이언트의 이익 또는 권리를 위해 싸우거나 대변하거나 방어하는 활동을 말하며 억압된 집단입장의 정당성을 주장하고 지도력과 자원을 제공해야 한다는 점에서 매우 중요하다.

옹호의 기술은 다양한 수준의 클라이언트로 하여금 문제해결에 적극적으로 참여할 수 있도록 돕고 그들의 이익을 대변하는 핵심기술이라 할 수 있다.

특별히 지역사회대상 실천기술에서 옹호기술은 지역사회 내의 클라이언트들이 정당한 처우나 서비스를 받지 못하는 경우에 활용되며, 강력한 영향력이 있는 표적 집단에 대하여 압력을 행사하는 것을 포함하고 있다.

(1) 옹호의 의미

옹호는 사회복지사가 사람의 사상이나 대상을 두둔하고 편들어 보호한다는 것이다. 약자의 편에서 편을 들고 두둔하여 보호하여 주는 것이며, 환자나 가족에게 최상의 건강상의 이득을 주는 간호 중재도 포함된다. 옹호는 사회정의를 지키고 유지하려는 목적으로 지역주민이나 지역사회의 입장에서 직접적으로 대변, 보호 개입, 지지를 하며 일련의 행동을 제안하는 것이다.

(2) 옹호기술

① 사회정의를 지키고 유지하려는 목적으로 지역주민이나 지역사회의 입장에서 직접적으로 옹호, 보호, 개입, 지지를 하는 일련의 행동이다.

② 지역주민이나 지역사회를 대신하여 일을 진행하고 대변하는 것으로, 특히 그들이 취약한 상태일 때 더 적절하다.

③ 많은 노력을 요구하며 크고 강력한 체계와 맞설 경우, 위험을 감수해야 한다.

④ 전문직으로서 사회복지사가 생겨난 이래 취약한 상태에 처해 있는 사람들의 옹호는 사회복지사의 책임이다.

(3) 옹호의 유형

옹호의 유형은 다음 표와 같다

유 형	개 념	사회복지사의 구체적 기술
자기 옹호	클라이언트 개인 및 집단이 스스로 자신을 옹호하는 활동	행정적, 기술적 지원
개인 옹호	사회복지사가 개인이나 가족을 대신하여 옹호하는 활동	개인 및 가족의 욕구파악 및 사정기술
집단 옹호	유사한 문제를 경험하는 클라이언트들로 구성된 집단의 공동문제를 해결하기 위한 활동	집단사회복지실천기술, 의사소통기술
지역사회 옹호	공동의 문제를 경험하는 지역주민들을 위한 옹호 활동	주민을 모으고 조직화 하는 기술
정책적 옹호	사회정의와 복지를 증진시키기 위해서 다양한 형태로 전개되는 조직활동	특정 법안의 통과를 제안하거나 지지하기 위한 로비기술
체계 변환적 옹호	근본적인 제 행동의 변화를 위해 구성원인 시민들과 사회체제 전체에 영향을 미치는 활동	캠페인, 조직화 기술

2) 임파워먼트(역량강화, empowerment) 기술

임파워먼트를 단어 그대로 해석하면 '파워(Power)를 부여하는 것'이라고 말할 수 있다. 그런데 여기에서 파워(Power)는 권한과 능력이라는 두 가지 의미를 가지고 있다. 실제로 Webster 사전은 'empower'의 뜻을 '권한을 부여하다(give authority to)'와 '능력을 부여하다(give ability to)'의 두 가지로 설명하고 있다.

따라서 임파워먼트란 실무자들의 업무 수행 능력을 제고시키고, 관리자들이 지니고 있는 권한을 실무자에게 이양하여 그들의 책임 범위를 확대함으로써 종업원들이 보유하고 있는 잠재능력 및 창의력을 최대한 발휘하도록 하는 방법이라고 말할 수 있다.

경쟁 환경이 급변하는 현 상황에서는 변화를 신속하게 인지하고, 여기에 적절하게 대응하는 클라이언트의 능력이 사회복지실천현장에서 성공의 가장 중요한 핵심 역량으로 부각되고 있다. 따라서 임파워먼트에 대한 관심도가 높아지고 있는 것이다.

임파워먼트 기술은 다음 2가지로 나누어 설명할 수 있다.

(1) 지역사회 또는 지역주민이 처해 있는 어려움의 해결방법은 치료가 아니라 그들이 원하는 것을 얻을 수 있는 능력, 타인의 사고 · 느낌 · 행동에 영향을 미칠 수 있는 능력, 자원배분에 영향을 미칠 수 있는 능력 등을 뜻하는 파워를 가짐으로써 가능하다고 본다.
(2) 클라이언트들이 파워를 가질 수 있는 충분한 잠재능력과 강점이 있다고 보고, 지역주민이나 자기가 속한 지역사회를 긍정적으로 바라보는 시각을 가지도록 한다.

3) 조직화(organizing) 기술

조직화의 기술은 사회복지실천과정에서 가장 기본적인 기술로서, 지역사회 전체 또는 일부 집단을 하나의 역동적 실체를 만들어 나가는 과정에서 활용된다. 조직화 기술은 클라이언트의 문제를 해결하기 위해 필요한 인력이나 서비스를 규합하고 나아가 조직의 목표를 달성하도록 합리적으로 운영해 나가는 과정이다(최옥채, 2000). 즉, 지역주민들을 선정하여 하나의 모임을 만들고 그 모임이 조직체계를 갖출 수 있도록 원조하는 기술을 말한다. 또한 조직화 기술은 지역사회에서 소외되고, 억압받는 사람들로 하여금 자신감을 갖게 하여 상호 관계망을 형성하고, 그들 스스로 행동에 나서도록 하는 지역사회복지실천에서 가장 기본이자 핵심적인 기술이다. 효과적인 조직화 기술은 다음과 같다(설진화, 2016: 264).

(1) 사적 이익에 대한 관심을 조직화에 활용한다.
(2) 조직화는 지속적인 관심과 노력이 요구되는 역동적인 과정이다.
(3) 갈등과 대립상황을 의도적으로 만든다.
(4) 조직화는 쟁점을 중심으로 이루어지므로 쟁점을 명확하게 한다.
(5) 지역사회의 불만을 공통된 불만으로 집약한다.
(6) 정서적인 활동을 포함한다.

4) 네트워크(연계, network linkages) 기술

네트워크 기술은 네트워크를 통하여 사회적 지지를 위한 공동체를 만들어 가는 것으로서 지역사회 내 사람 간의 관계를 강화하여 네트워크라 일컫는 사회적 자산을 형성하여 나가는 것이다. 네트워크는 지역사회 내 사람들의 관계를 강화함으로써 사회적 자산을 형성하는 것이다. 사회적 네트워크는 개인들 간의 접촉의 통로 또는 연계망의 역할을 한다.

지역사회 내에서 사회복지사의 네트워크 기술은 다음과 같다(설진화, 2016: 265).

(1) 지역사회 또는 지역주민들이 필요한 자원이나 서비스와 연결하는 것을 돕는다.
(2) 지역사회의 유용한 자원에 대한 정보나 그것을 이용할 지역주민의 능력이 부족할 경우, 더 적절하다.
(3) 서비스의 중복을 방지하고 자원을 효과적으로 관리하기 위하여 정기적인 모임 및 회의 등을 가진다.
(4) 다양한 욕구를 충족시키기 위하여 패키지 서비스 또는 one—stop service가 이루어질 수 있도록 한다.

5) 자원개발/동원(resource mobilization) 기술

자원개발/동원 기술은 지역사회복지 실천에 있어 매우 중요하다. 자원개발/동원은 결국 자원봉사활동과 연관이 있다. 자원봉사활동은 기본적으로 가장 가까운 지역사회에서부터 출발해야 한다. 이러한 자원봉사활동은 자신이 생활하는 지역사회에서 활동할 수 있을 때 시간, 금전 등의 절약과 책임감을 통해 지역주민이 스스로 지역문제를 해결하고, 안전하고 쾌적한 생활공동체를 만들 수 있게 될 것이다. 이러한 인적 자원개발과 관리기술이 필요하다.

자원개발/동원 기술은 지역사회 주민의 욕구충족과 문제해결을 위해 자원이 필요한 경우 자원을 발굴하고 동원하는 기술로 여기서 자원이란 지역사회복지실천의 목적과 목표를 달성하는 데 필요하고 도움이 되는 모든 것을 말하며, 자원개발/동원 기술은 지역사회

문제를 해결하기 위해, 필수적인 지역사회 내의 자원이 부족하거나 외부의 자원이 필요한 상황에서 활용된다.

지역사회복지실천에 있어서 자원은 매우 다양하나 인적 자원과 물적 자원이 가장 중요하며, 자원을 개발하고 동원하는 기술은 다음과 같다.

(1) 인적 자원

인적 자원의 개발/동원에서 가장 우선적으로 추진해야 할 작업은 주요한 인적 자원의 소재를 파악하고 접촉하는 것이다. 주요한 인적 자원은 지역토착 지도자, 사회복지 조직을 이용하는 소집단 지도자, 주민 공공조직 지도자, 잠재적 참여인물 등으로 구분할 수 있다.

사회복지사는 자원의 효과적인 활용을 위해서 각 인적 자원의 특성을 파악하여 접근하는 것이 중요하다. 특성 파악 후 인적 자원을 동원하는 기술은 기존 조직의 활용, 개별적 접촉, 사회경제적 네트워크의 활용으로 구분할 수 있다. 그 구체적 기술은 기존 조직의 활용, 개별적 접촉, 기존 네트워크의 활용 등이 있다.

(2) 물적 자원

대부분의 사회복지실천기관은 비영리기관이기 때문에 조직의 운영이나 클라이언트에게 전달되어야 할 서비스 경비에 필요한 현금 및 물품을 자체적으로 조달하는 것은 불가능하다. 이러한 자원들은 사회복지사의 모금 또는 후원을 통해 혹은 사업제안서 제출에 의해 마련된다.

자원의 개발/동원에서 중요한 것은 후원자에 대한 조직의 신뢰성을 유지하는 것이다. 이를 위해 현금이나 물품의 사용에 대한 투명성을 확보하고 조직구성원에 대한 꾸준한 교육과 책임성 확보 노력으로 바람직한 결과를 보여 주는 것이 필요하다. 그 구체적 기술은 회비, 조직의 홍보와 마케팅, 외부 지원금 신청, 모금을 위한 특별 이벤트 등의 모금방법이 있다.

참고문헌

길귀숙, 강희숙, 김상곤, 오영훈, 유용식, 이재호, 임승희, 천덕희, 현영렬(2015). 사회복지실천기술론. 경기: 양서원.

김인숙, 김용석(2002). 사회복지실천기술 연습. 경기: 나남.

김혜란, 홍선미, 공계순(2006). 사회복지실천기술론. 경기: 나남.

노충래(2006). 집단사회복지실천. 서울: 학지사.

도광조(2014). 사회복지실천기술론. 경기: 양서원.

박귀영, 간호옥, 김현희, 송운용, 양종승, 오현숙, 정명희, 조영선, 주민경(2020). 사회복지실천론. 경기: 양성원.

박귀영, 류미령, 오현숙, 이영희, 이용환, 현영렬(2017). 사회복지실천기술론. 경기: 양성원.

서혜석, 이혜숙, 이윤형, 한경리(2014). 사회복지실천기술론. 경기: 양서원.

설진화(2016). 사회복지실천기술론. 경기: 양성원.

손광훈(2013). 사회복지실천기술론. 경기: 공동체.

신성자 외(2012). 사회복지실천기술론. 경기: 양서원.

양정남, 이유리, 박순희(2014). 사회복지실천기술론. 경기: 양서원.

엄명용, 노충래, 김용석 (2015). 사회복지실천기술의 이해(3판). 서울: 학지사.

윤선오, 김현진(2016). 사회복지실천기술론. 경기: 양성원.

이영실, 나임순, 정명희, 황희숙, 최정자(2011). 사회복지실천기술론. 경기: 양서원.

이영호(2014). 사회복지실천기술론(2판). 경기: 공동체.

임안나, 곽정국, 장승전, 임현진, 신후경, 김한덕, 이순자, 김덕주, 배재덕, 강해자(2011). 사회복지실천기술론. 경기: 공동체.

장수미, 최정숙, 박형원, 김주현, 홍현미라, 이혜경, 이영선, 한인영(2010). 사회복지실천기술론. 서울: 학지사.

전재일, 이성희, 김연희(2015). 사회복지실천기술론. 경기: 공동체.

전희수, 최영주, 정백연, 박선태, 서민호(2018). 사회복지실천기술론. 경기: 양성원.

최영주, 정백연, 박선태, 서민호(2018). 사회복지 실천기술론. 경기: 양성원.

최옥채(2000). 지역사회실천론. 서울: 아시아미디어리서치.

하재영(2013). 메라비언 법칙. 법률신문.

한국사회복지교육협의회(2015). (2015—2016년도) 사회복지학 교과목지침서. 경기: 한국사회복지교육협의회.

Bowen, L. N. (1991). *Group for Growth and Change*. NY: Longman.

Corey, G., Corey, M., & Hatnes, R. (2006). 집단상담의 실제 : 진행과 도전. [Groups in action: evolution and challenges] (이은경, 이지연 역). 서울: 시그마프레스(원저출판: 2005년).

Dolgoff, R., Feildstein, D. & Skolnick, L. (1997). *Understand Social Services*. NY: Tavistock.

Duvall, E., & Miller, B. (1985). *Marriage and Family Development*. New York: Harper & Row.

Fellin, P. (1995, 2001). *Community and The Social Worker*. Itasca, IL: Peacock.

Gilliland, E. B., & James, K. R. (1997). *Crisis Intervention Strategies*. Pacific Grove, CA: Brooks/Cole.

Hollis, F. (1970). The psychosocial approach to the practice of casework, In R. W. Roberts and R. H. Nee (eds), *Theories of Social Casework* (pp.33-75). Chicago: University of Chicago Press.

Kagle, J., & Kopel, S. (2010). 사회복지기록. [Social work records] (홍순혜, 한인영 역). 서울: 시그마프레스(원저출판: 2008년).

Lantz, J. (1996). Cognitive Theory and Social Work Practice. In Turner, F.(Eds.), *Social Work Treatment* (pp.94-115.). NY: The Free Press.

Levy Strauss, C. (1969). *The Elementary Structures of Kinship*. Boston: Beacon. Press.

Maguire, L. (2007). 전문 사회복지실천기술. [Clinical social work: beyond generalist practice with individuals, groups and families] (배태순, 최명민, 김영미 역). 서울: 시그마프레스(원저출판: 2002년).

Mattaini, M., Lowery, C., & Meter, C. (2005). *The Foundations of Social Work Practice : A Graduate Text*. NASW Press.

McGoldrick, M., & Gerson, R. (1985). *Genograms in Family Assessment*. NY: Norton & Company.

Richmond, M. (1944). *Social Diagnosis*. New York: Free Press.

Sheafor, W., Horejsi, R., & Horejsi, A. (2010). 사회복지실천 기법과 지침. [Techniques and guidelines for social work practice] (남기철, 정선욱, 조성희 역). 경기: 나남(원저 출판: 2007년).

Trevithick, P. (2005). 사회복지실천기술: 실천을 위한 핵심기술 50. [social work skills](장인협, 우국희. 최경원. 황숙연 역). 경기: 사회복지실천연구소(원저출판: 2000년).

Zastroww, C. (1975). *Social Work With Groups*. Chicago: Nelson-Hall.

https://cafe.naver.com/manumfare/9558

http://www.koeadrung.org/psychosocialmodel.htm

찾아보기

[인 명]
골든버그(Goldenberg & Goldenberg) ········· 177
권중돈 ········· 245
그린우드(Greenwood) ········· 47
김인숙 ········· 45
김일융 ········· 15
김종옥 ········· 245
남세진 ········· 247
두발(Duvall) ········· 188
라자루스(Lazarus) ········· 116
라포포트(Rapoport) ········· 123
로버츠(Roberts) ········· 128
루트비히 폰 베르탈란피(Ludwig von Bertalanffy) ········· 181
리치몬드(Richmond) ········· 138
린더만(Linderman) ········· 116
맥골드릭(McGoldrick) ········· 190
머레이 보웬(Murray Bowen) ········· 218
머튼(Merton) ········· 244
메이어(Meyer) ········· 22
모라레스(Morales) ········· 14
모레노(J. Moreno) ········· 276
박귀영 ········· 15, 45
버지니아 사티어(Virginia Satir) ········· 222
번스(Burns) ········· 214
베어(Baer) ········· 31
빅터 프랑클(Viktor Frankl) ········· 90
살바도 미누친(Salvador Minuchin) ········· 227
시포(Shefor) ········· 14
얀카(Yanca) ········· 211
이성희 ········· 14
이윤로 ········· 51
전재일 ········· 14
제닝스(Jennings) ········· 276
조흥식 ········· 247
존슨((Johnson) ········· 14
존슨(Johnson) ········· 211
최옥채 ········· 245
카터(Carter) ········· 190
캐플란(Caplan) ········· 114
코프맨(Kaupman) ········· 214
패린(Fellin) ········· 302
펄먼(Perlman) ········· 39
페데리코(Federico) ········· 31
플렉스너(Flexner) ········· 16
피들러(Fiedler) ········· 244
한덕웅 ········· 245
헤프워스(Hepworth) ········· 205
호베(Howe) ········· 25
힐(Hill) ········· 188

[내 용]

ㄱ

가계도 ········· 214
가족 그림기법 ········· 226
가족 투사과정 ········· 221
가족개념 ········· 215
가족관계 ········· 175
가족구조 ········· 173
가족대상 실천기술 ········· 168
가족생활주기 ········· 174, 186
가족옹호 ········· 216
가족조각 ········· 224
가족조각기법 ········· 214
가족치료 ········· 29
가족화 ········· 214
가족환경 ········· 215
가치 ········· 41

갈등해결의 원칙 249
강점 관점 24
개별화 원칙 248
개인 옹호 320
개인대상 실천기술 138
개인적 지역사회 305
개인화 84
개입기술 18
건전한 자기상 125
격려 107
경계선 만들기 231
경험적 가족치료 222
계속평가의 원칙 250
계약하기 102
공감 40, 52
공동규범 306
공동체 의식 305
과잉일반화 83
과장 84
과정 140
과정론 20
과제부여 232
과제중심 모델 29, 97
관계론 20
관여기술 54
관점 42
관찰기술 54
교사 56
교육집단 254
구조적 가족치료 227
구조적 모델 28
구조화 106
규범의 원칙 249
긍정적 존중 52
기능적 지역사회 304
기술 71
기초기술 44

ㄴ

내적 의사소통 89
네트워크 322

ㄷ

다세대 가족치료 218
다세대 전수과정 221
대변자 56
동원자 56
동화 84

ㅁ

면접론 20
모델 43
문제 140
물리적 환경 259
물적 자원 323
민족 관점 24
믿음체계 82

ㅂ

반영하기 71
발달적 반영 73
발달적 위기 122
보호제공자 57
복수기초선설계 156
분위기 조작 233
브로커 56

ㅅ

사람 140
사회복지 13
사회복지 실천방법론 18
사회복지사 152

사회복지사 지식기반 39
사회복지실천 13
사회복지실천기술 13
사회복지욕구 37
사회복지전문직 현황 37
사회화 집단 256
삼각관계 220
상담기술 55
상호작용 모델 28
상호작용 차트 275
상호작용적 기술 14
상황분석 106
상황적 위기 122
생태체계 관점 23
선택적 추론 83
성장 집단 255
소시오그램 276
소시오메트릭스 278
소집단 이론 30
수용 64
수용의 원칙 248
스키마 81
시각 42
신속한 개입 124
실연화 230
실제 위기상황 120
실존적 위기 122
실천기술 19
실천기술론 18
실천적 관점 44
실천적 지혜 43
심리사회 모델 63

ㅇ

아웃리치 워커 56
암묵적 지식 43
역동성 72
역동적 진단 68
역설적 의도 90
역할극 225
역할수행 31
예술성 21
온화함 53
우편조사법 311
원가족 삼인군 치료 225
원인론적 진단 68
원조기술 53
위기개입 모델 29, 115
위기이론 116
위험 사건 120
윤리 41
의무 41
의사소통기술 54, 105
이론 42
이분법적 사고 83
이혼 가족 197
인간-중심치료 28
인식증진 107
인적 자원 323
인지-행동주의 이론 27
인지적 기술 14
인지적 오류 83
인지적 왜곡 83
인지행동 모델 81
인터넷조사법 311
일반사회복지사 관점 23
일반적 과제 99
일반적 원조관계 51
일반체계 관점 23
임상론적 진단 68
임의적 추론 83
임파워먼트 320

ㅈ

자기 옹호 ··· 320
자기결정 ··· 65
자기노출 ··· 286
자기분화 ··· 220
자기이해 ··· 41
자기주장 ··· 42
자기통제 ··· 41
자동적 사고 ··· 82
자료 관리자 ··· 57
자립 ··· 125
자문가 ··· 56
자원개발/동원 ··· 322
장소 ··· 140
재구성 ··· 227
재명명 ··· 150
재보증 ··· 164
재통합 ··· 121
재혼 가족 ··· 198
전문 사회복지사 ··· 39
전문적 원조관계 ··· 49
전문적 지식 ··· 38, 42
전문적인 관계 형성 ··· 65
전문직 정체성 ··· 38
전문직업적 정체성 ··· 46
전화조사법 ··· 311
정보 제공 ··· 150
정신역동 이론 ··· 27
정책적 옹호 ··· 320
제한된 목표 ··· 124
조작적 과제 ··· 99
조절 ··· 84
조직화 ··· 321
존중 ··· 40
준거 틀 ··· 21
중간믿음 ··· 83
중독모델 ··· 30
지리적 지역사회 ··· 304
지시 ··· 107, 149
지역사회 ··· 302
지역사회 옹호 ··· 320
지역사회 유형 ··· 304
지역사회계획가 ··· 57
지역성 ··· 305
지지 ··· 125
지지집단 ··· 253
지지하기 ··· 70
직관 ··· 43
직면 ··· 287
직접적인 영향주기 ··· 70
진솔성 ··· 53
진실성 ··· 40
집단 옹호 ··· 320
집단 응집력 ··· 257
집단대상 실천기술 ··· 244
집단문화 ··· 259
집단사회사업 ··· 246
집단조사법 ··· 311

ㅊ

참가의 원칙 ··· 249
책임성 ··· 42
철회설계 ··· 155
체계 변환적 ··· 320
체험의 원칙 ··· 249
초보 사회복지사 ··· 57
초점적 문제해결 ··· 125
촉발 요인 ··· 120
축소 ··· 84
충고와 설득 ··· 149
취약 상태 ··· 120
치료 집단 ··· 256

ㅋ

클라이언트 152
클라이언트체계수준 38

ㅌ

탐사 105
탐색 71

ㅍ

패러다임 42
페미니스트 관점 24
평가자 56
표적문제 97
플렉스너 신화 46
피드백 260
피드백 활용 288

ㅎ

해결중심 모델 29
해석 150
핵가족 정서체계 220
핵심믿음 82
행동 변화자 56
행동시연 90
행동주의 이론 27
행동지향성 124
행동형성 84
행정가 57
현실치료 28
협상과 중재 151
형제지위 221
환경적 위기 122
환경조정 153
환기 71
환기법 151
후원자 152
희망과 기대 124

AB설계 155

저 / 자 / 소 / 개

■ **박귀영**

한영신학대학교 일반대학원 사회복지학박사(D.S.W)
전, 서울한영대학교 사회복지학과 교수
〈저서〉 사회복지실천론, 사회복지현장실습 등

■ **류미령**

건국대학교 일반대학원 사회복지학박사
현, 강동대학교 사회복지행정과 교수

■ **오현숙**

대구대학교 대학원 사회복지학 전공 철학박사
현, 호산대학교 휴먼복지학부 학부장
〈저서〉 사회복지법제론, 사회복지실천론 등

■ **이영희**

청주대학교 일반대학원 사회복지학박사
현, 대전과학기술대학교 보건복지과 교수
〈저서〉 사회복지정책론, 사회복지행정론 등

■ **이용환**

한서대학교 대학원 사회복지학박사
현, 혜전대학교 사회복지과 교수
〈저서〉 지역사회복지론, 정신건강론 등

■ **현영렬**

서울시립대학교 대학원 사회복지학박사
현, 서정대학교 사회복지행정과 교수
〈저서〉 사회복지개론, 사회복지프로그램 개발과 평가 등

개정판

사회복지실천기술론

1판 1쇄 발행 – 2017년 8월 30일
2판 1쇄 발행 – 2021년 3월 5일

저　　자 - 박귀영 · 류미령 · 오현숙 · 이영희 · 이용환 · 현영렬
발 행 인 - 강철원
발 행 처 - 양성원
주　　소 - 경기도 파주시 검산로 173번길 29-20
전　　화 - 031-946-3861(代)
팩　　스 - 031-946-3864
이 메 일 - tnwpub@naver.com
홈페이지 - tnwpub.co.kr
출판등록 - 2015년 8월 31일 제 2015-000211 호

ISBN 979-11-6126-347-2

정가 19,000원